I0001452

## Université de France

### FACULTÉ DE DROIT DE DOUAI

# THÈSE

POUR

# LE DOCTORAT

PAR

Charles BOUCHER

*Avocat à la Cour d'Appel*

ARRAS

TYPOGRAPHIE DE SÈDE ET Cie, RUE DU VENT-DE-BISE

1880

# THÈSE

POUR LE DOCTORAT

4° F
199

ARRAS. — IMPRIMERIE DE SÈDE ET C$^{ie}$.

UNIVERSITÉ DE FRANCE

—o⦂⊛⦂o—

ACADÉMIE DE DOUAI        FACULTÉ DE DROIT

# DES OBLIGATIONS NATURELLES

## EN DROIT ROMAIN ET EN DROIT FRANÇAIS

# THÈSE

POUR

# LE DOCTORAT

L'acte public sur les Matières ci-après sera soutenu
le MERCREDI 17 NOVEMBRE 1880, à trois heures de l'après-midi

PAR

## CHARLES BOUCHER

*Avocat à la Cour d'Appel*

—◇⊛◇—

Président : **M. DANIEL DE FOLLEVILLE**, A. ⊛, Doyen.

Suffragants :
{ MM. DRUMEL, A. ⊛ }
    FÉDER,             } Professeurs.
    DANJON, A. ⊛ }
    MICHEL,      Agrégé chargé de cours.

Le Candidat devra en outre répondre à toutes les questions qui lui seront
faites sur les autres matières de l'enseignement.

**ARRAS**
Imprimerie G. DE SÈDE et Cie, rue du Vent-de-Bise, 16

1880

Ⓒ

# FACULTÉ DE DROIT DE DOUAI

MM.

DANIEL DE FOLLEVILLE, A. ❀, doyen, professeur de code civil et de droit des gens.

DRUMEL, A. ❀, député, professeur de droit romain.

FÉDER, professeur de code civil.

DANJON, A. ❀, professeur de code civil.

POISNEL-LANTILLIÈRE, agrégé, chargé d'un cours de droit romain.

JOBBÉ-DUVAL, agrégé, chargé du cours de droit administratif.

BEAUREGARD, agrégé, chargé du cours de droit commercial.

MICHEL, agrégé, chargé d'un cours de droit romain.

LEPOITTEVIN, agrégé, chargé du cours de procédure.

PIÉBOURG, agrégé, chargé du cours de Pandectes.

GARÇON, agrégé, chargé du cours de législation criminelle.

CHEVALLIER, A. ❀, chargé du cours d'économie politique.

VALLAS, chargé d'un cours complémentaire de code civil.

LACOUR, chargé d'un cours complémentaire de code civil.

DOYEN HONORAIRE. — M. BLONDEL, A. ❀ ❋ (I. P.), conseiller à la Cour de Cassation.

MOREL, licencié en droit, secrétaire, agent comptable.

COUSIN, licencié en droit, bibliothécaire.

A MON PÈRE

A LA MÉMOIRE DE MA MÈRE

A MES PARENTS

A MES AMIS

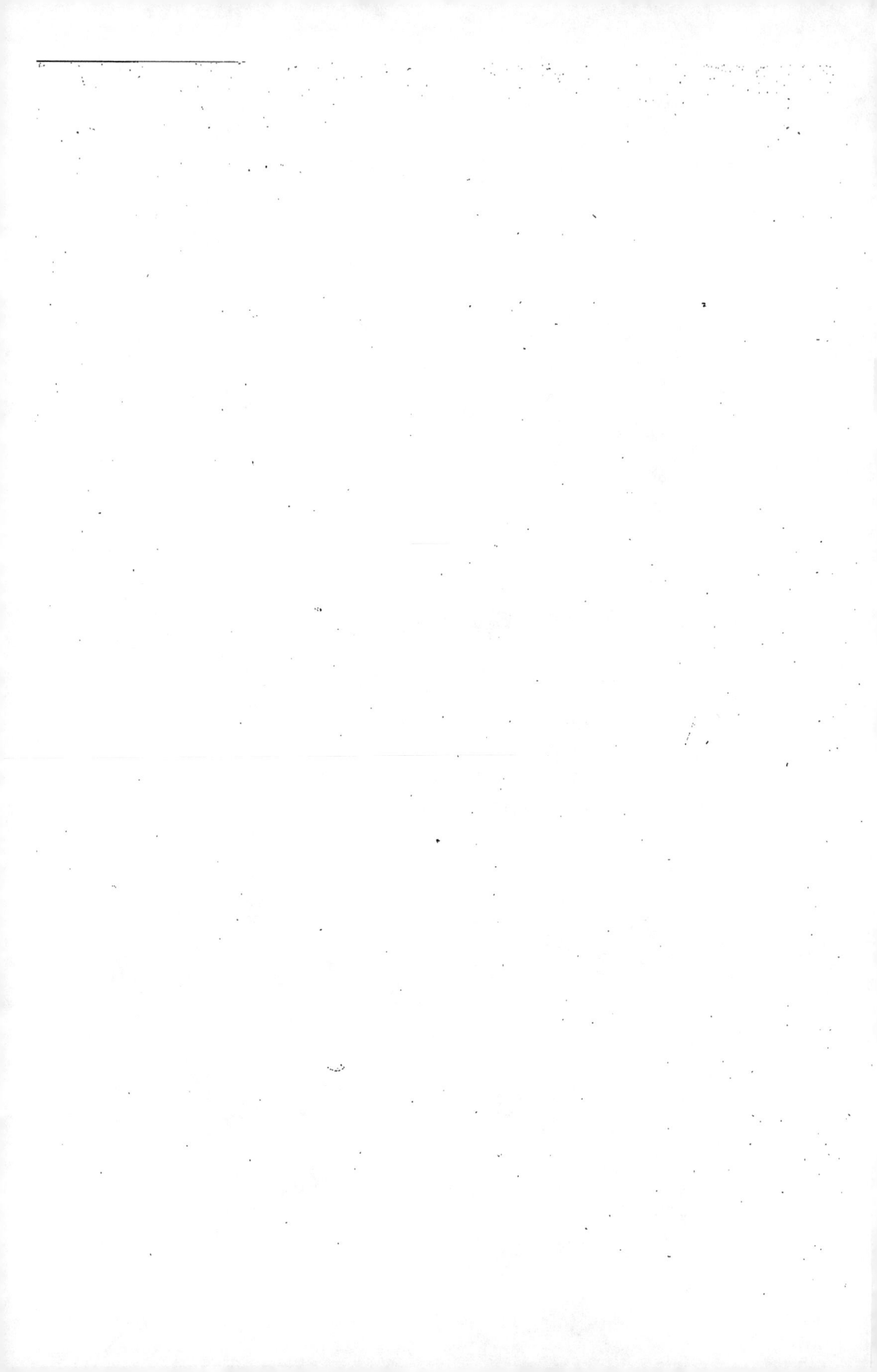

# DES OBLIGATIONS NATURELLES

## EN DROIT ROMAIN ET EN DROIT FRANÇAIS.

---

## INTRODUCTION.

---

Justinien, dans ses INSTITUTES, définit l'obligation : *Vinculum juris quo necessitate adstringimur alicujus solvendæ rei secundum nostræ civitatis jura :* Un lien de droit qui nous soumet à la nécessité de payer quelque chose, conformément au droit de notre cité.

Toute obligation suppose trois termes : un créancier, un débiteur, une dette. Sans ces trois termes elle ne saurait exister : mais dès qu'ils se rencontrent, il se forme entre le créancier et le débiteur un lien dont la force variera selon la nature des diverses obligations qui auront été créées. Suivant la plus ou moins grande énergie de ce *vinculum* le créancier sera plus ou moins favorisé, le débiteur plus ou moins protégé, et l'obligation plus ou moins efficace.

Il est donc non seulement très-intéressant, mais même

très-important au point de vue pratique, d'étudier la nature et la force de ce lien qui unit le créancier au débiteur : c'est cette étude que nous voulons essayer d'entreprendre en traitant des obligations naturelles.

Chez les peuples barbares l'homme trouve en lui seul la force nécessaire pour faire respecter les conventions qu'il a conclues avec ses semblables : lui seul exigera de son débiteur le payement de sa dette, lui seul en poursuivra l'exécution, il ne comptera que sur sa force physique et sur la faiblesse de son débiteur pour faire respecter ses droits : mais en agissant ainsi, il pourra, par un esprit de vengeance assez facile, à comprendre de la part d'un créancier non payé, outrepasser ses droits et méconnaître toute justice à l'égard de son débiteur malheureux. Chacun demandant les armes à la main l'exécution de son obligation, la guerre intérieure ne cessera de régner entre les différents sujets d'une même nation, et ces troubles journaliers la décomposant peu à peu, ne lui permettront que très-difficilement de résister aux attaques du dehors et la conduiront ainsi fatalement à sa perte.

Aussi, voyons-nous, dès les temps les plus anciens, le chef de la peuplade s'attribuer le droit de rendre la justice entre ses sujets mécontents : dans sa force propre il trouve le pouvoir de faire exécuter ses décisions ; il fera respecter les droits du créancier sans cependant nuire à ceux du débiteur.

Lorsque la peuplade s'augmente par la conquête, les sujets devenant plus nombreux les différends deviennent aussi plus fréquents. Le chef militaire ne peut lui seul rendre la justice, il est dans la nécessité de se faire remplacer par ses représentants. A ceux-ci il indiquera les règles à suivre pour que le droit soit le même pour tous, en même temps qu'il apprendra à son peuple les principes suivant lesquels il sera jugé. Le chef devient législateur.

Ayant le pouvoir et l'autorité, le législateur accorde à l'obligation la force et la valeur qui lui plaisent. Mais, désormais, par le fait même de la reconnaissance du lien qui unit le débiteur au créancier, ce dernier n'aura plus à s'inquiéter de l'exécution de l'obligation : il n'aura plus à courir les chances de cette lutte avec son débiteur, lutte inégale dans laquelle la force primera toujours le droit. S'adressant à la loi, il lui demandera son appui, et celle-ci défendra efficacement ses intérêts.

Le législateur, représentant le peuple, comme le chef barbare représentait sa troupe, édictera la loi pour le peuple qu'il gouverne, et pour le temps où il écrit. C'est ce qu'exprime Justinien lorsqu'il dit : *Jura civile est quod quisque populus ipse constituit.*

Toute bonne loi écrite devra, en effet, au moment où elle est faite, correspondre aux besoins sociaux des peuples qu'elle veut régir. Précisément parce que tel sera son but, elle changera constamment : bonne aujourd'hui, elle sera médiocre demain, et deviendra mauvaise au bout de plusieurs générations. « Le genre humain n'est-il pas, a dit Pascal, cet homme qui ne meurt jamais et qui se perfectionne toujours. » Suivant les aspirations de ceux pour qui elle est écrite, la loi se perfectionnera sans cesse, elle suivra le progrès des idées et des mœurs, en se transformant successivement elle-même.

On connaît l'histoire de ce Romain, dont le plaisir était d'appliquer la paume de la main sur la joue d'un homme libre. Un esclave le suivait avec une bourse pleine d'as, et à mesure que le maître avait donné un soufflet, l'esclave, selon la prescription de la loi des XII Tables, comptait vingt-cinq as (1). Certes, à l'époque de la rédaction de cette loi, le taux de l'amende était suffisamment élevé pour punir les citoyens et les empêcher de s'insulter ; mais avec le temps, lorsque la valeur de l'argent eut baissé, sa prescription devenait tout à fait insuffisante, et les personnes des citoyens n'étaient plus du tout protégées par elle.

Tous les législateurs ont été obligés d'admettre cette loi supérieure qui leur montrait que leur œuvre ne pouvait être que temporaire. Justinien avait défendu qu'on fît aucun commentaire sur les lois qu'il avait édictées, parce qu'il prévoyait que les écrivains et les jurisconsultes, par leurs critiques et leurs doctrines, demanderaient au bout d'un temps relativement assez court, l'abrogation de certaines dispositions législatives qui n'étaient bonnes que pour l'époque où il vivait, et qu'ainsi son œuvre ne pourrait subsister éternellement et porter aux nations les plus reculées sa renommée de grand législateur. C'est cette règle que Napoléon avait voulu exprimer, lorsque, à la lecture du premier com-

(1) Aulu-Gelle XX, ch. I.

mentaire sur le Code civil, celui de Maleville, il s'écria :
« *Mon Code est perdu !* »

A l'origine des sociétés, la loi écrite sera restrictive et
formaliste ; plus tard ses données s'élargiront, ses dispositions deviendront plus parfaites, elle se rapprochera de plus
en plus de ce droit appelé droit naturel, que Cicéron résume
ainsi dans son Traité de la République : « Il est une loi
vraie, droite raison, conforme à la nature, écrite dans le
cœur de tous, qui n'ordonne pas en vain les choses injustes
et ne défend pas sans raison les actes injustes ; puissante
sur les bons, elle se fait entendre aux méchants sans les
persuader. On ne peut ni l'infirmer par une autre loi, ni
en rien retrancher, ni l'abroger tout entière ; — ni le peuple
ni le Sénat ne peuvent se dispenser d'y obéir. — Elle est
à elle-même son interprète ; elle ne sera pas autre dans
Rome, autre dans Athènes, autre aujourd'hui, autre demain. — Partout, dans tous les temps, régnera cette loi
immuable et sainte, et avec elle Dieu, le maître et le roi
du monde, qui l'a faite, discutée et sanctionnée. — La
méconnaître, c'est s'abjurer soi-même, fouler aux pieds la
nature, et s'infliger par cela seul, la plus cruelle punition,
quand même la justice humaine n'aurait pas d'autres
supplices.. »

Ce droit idéal et parfait sera le but vers lequel toute loi
positive devra tendre, en tenant compte des aspirations et
des mœurs des peuples qu'elle régit : nous repoussons donc
formellement toute idée d'antagonisme entre la loi positive
et la loi naturelle, cette dernière n'étant que l'idéal pour-

suivi par la première : c'est, d'ailleurs, ce qu'exprime le savant Doyen de la Faculté de Droit de Douai lorsqu'il écrit : « le droit naturel est le fruit des tâtonnements législatifs des différents peuples et de l'idéal par eux poursuivi, — expression des besoins plus ou moins permanents des sociétés humaines, — combinaison harmonieuse enfin des résultats acquis par l'expérience et des révélations spontanées de l'intuition. Les préceptes du droit naturel forment la base de toute législation sage et éclairée (1). »

À cause de l'état d'imperfection dans lequel toute loi positive est obligée de se mouvoir, elle ne peut accorder, que d'une manière restreinte, sa sanction aux diverses obligations que les hommes ont pu contracter. Si la loi positive voulait sanctionner tous les principes de la loi naturelle, elle empiéterait sur le domaine du for intérieur, et ses décisions, la plupart du temps, seraient empreintes de l'arbitraire le plus absolu. Ne pouvant pousser ses investigations jusque dans la conscience humaine elle ne connaît qu'imparfaitement, et seulement par certains signes extérieurs, les intentions des contractants qui viennent lui demander sa protection.

La plus grande difficulté, lorsqu'une contestation est portée devant des juges, est celle de savoir si l'obligation qu'on allègue existe réellement : la théorie des preuves est en législation de la plus haute importance.

Les lois Romaines, au début de la République, n'ayant

(1) D. de Folleville. *Notion du droit et de l'obligation, page* 52.

pour contrôler la volonté des parties que des moyens fort imparfaits, étaient restrictives et formalistes. Tout acte dont les données ne rentraient pas dans une formule déterminée était proscrit ; toute obligation qui n'était pas enveloppée dans des termes sacramentels était considérée comme nulle et ne produisait aucun effet. Mais avec les progrès de la civilisation, les rapports juridiques des citoyens devinrent plus faciles, et la législation s'écarta peu à peu de ces premiers principes.

Les obligations civiles, c'est-à-dire, celles sanctionnées par le législateur, différeront selon les temps et selon les nations : c'est cette idée que Justinien met en relief dans sa définition, lorsqu'il la termine par ces mots qui en indiquent toute la portée : *secundum nostræ civitatis jura.*

Les obligations civiles seront donc celles qui auront été limitativement déterminées par la loi : quant aux autres, elles sont déclarées nulles ; et si parfois nous voyons se rencontrer les trois termes de créancier, de débiteur et de dette, en dehors des cas mentionnés par le législateur, nous devons admettre que le lien qui les unit est inefficace et ne saurait procurer d'avantages au créancier.

Gardons-nous cependant de professer ici des principes trop absolus : ce serait, en effet, une erreur de croire qu'il n'y a aucune place entre ces deux sortes d'obligations.

Pénétré de sa propre imperfection et des faibles moyens dont il dispose pour arriver à la découverte de la vérité, le législateur laisse encore subsister d'autres obligations : mais tout en en reconnaissant l'existence, il hésite à leur accorder toutes les garanties dont il a soin de munir les autres. Les trois termes de créancier, de débiteur et de dette seront toujours réunis, mais il laissera, en quelque sorte, à la conscience du débiteur, le soin de les acquitter. Si ce dernier les reconnaît, la loi les reconnaîtra ; elle en sanctionnera la reconnaissance, de telle façon que le créancier sera maître de son droit et ne pourra plus désormais se le voir enlever par un caprice de son débiteur : nous sommes en face des obligations naturelles.

Lorsque, par exemple, le législateur se trouve en présence de mineurs, c'est-à-dire en présence de personnes qui, par leur âge, semblent n'avoir pas toute l'intelligence désirable pour contracter avec une liberté parfaite, ou il déclare ces obligations nulles, ou il leur laisse le caractère d'obligations naturelles. Dans ce dernier cas, si le mineur devenu majeur et capable, reconnaît avoir agi en pleine connaissance de cause, il peut par sa ratification donner à cette obligation, imparfaite dès le début, la valeur de l'obligation civile. La loi positive a, dès lors, déterminé un âge avant lequel elle n'accordait qu'une capacité incomplète. La loi naturelle, au contraire, déterminera la validité du contrat selon l'intelligence véritable du contractant au moment de l'acte. On comprend que sous peine d'être arbitraire dans son application le droit écrit ne pouvait sanctionner cette règle.

Qu'il nous soit permis de faire remarquer en passant, que le terme d'obligation naturelle, dont on gratifie ces obligations, imparfaites au point de vue du droit civil, est un terme tout à fait impropre. On pourrait croire, au premier abord, qu'il s'agit d'établir une opposition entre celles qui ont leur base uniquement dans le droit civil et celles qui découlent directement des principes du droit naturel. Il n'en est rien cependant.

La plupart des obligations qu'on peut appeler naturelles, parce qu'elles dérivent de ce droit, sont reconnues par le droit civil et rangées parmi les obligations civiles. En sens contraire, nous voyons que certaines obligations du droit naturel n'existent pas à l'égard de la loi positive.

Ainsi, en droit Romain, un père pouvait, après avoir consenti au mariage de sa fille, l'obliger à répudier son mari (1) : n'est-elle pas contraire au droit naturel cette loi qui met au pouvoir d'un tiers la faculté d'obtenir le divorce ?

Nous emploierons cependant cette expression d'obligation naturelle, parce que tous les auteurs s'en servent, en faisant observer que bien des fois elle a amené la confusion dans les différentes théories qui ont été proposées : on s'est trop souvent arrêté à l'expression elle-même, sans se rappeler, lorsqu'on l'employait, ce qu'au fond elle devait signifier.

La loi donne sa force à l'obligation en la garantissant par l'action, c'est-à-dire, en accordant au créancier le droit de poursuivre son débiteur devant les tribunaux, afin de le

(1) L. 5. Code *de Repudiis*, liv. V, tit. 17.

forcer à exécuter ce qu'il a promis. Elle refuse cette sanction aux obligations naturelles.

En résumé, chaque fois qu'on rencontrera réunis les trois termes : créancier, débiteur, dette, on se trouvera en présence d'une obligation : ou cette obligation sera civile, et alors elle aura l'action, ou cette obligation sera naturelle et produira seulement ce que les Romains appellent l'exception, ce qui veut dire, qu'une fois exécutée, l'obligation sera regardée comme ayant existé véritablement, et sa valeur sera la même que celle de l'obligation civile. La loi permettra même au créancier de prendre, vis-à-vis de son débiteur, des garanties telles que si ce dernier n'exécute pas volontairement, il ne soit pas du moins totalement à sa merci.

Dans certaines hypothèses, cependant, où les trois termes se trouveront, l'obligation pourra ne pas exister ; en ce sens que son exécution ne sera pas possible : c'est le cas des obligations déclarées nulles par la loi, et dont nous avons déjà parlé. Mais remarquons que dans toute législation avancée, comme la législation romaine à l'époque classique, comme la législation française actuelle, la validité est la règle et la nullité l'exception. Il sera facile en consultant les textes, de connaître tout d'abord, en les éliminant, les obligations qui sont déclarées nulles.

Toutes les autres seront alors, ou civiles ou naturelles. Une seconde élimination nous apprendra celles qui sont civiles, puisque la loi, pour leur accorder sa sanction; doit nous les faire connaître limitativement.

Celles qui resteront après ce double travail seront, à nos yeux, des obligations naturelles.

En parcourant les auteurs modernes, on serait porté à croire que notre énumération des différentes sortes d'obligations est incomplète, et qu'il en existe encore toute une catégorie, que jusqu'ici nous avons paru négliger ; on pourrait plutôt se demander, pensons-nous, s'il est possible de trouver encore une véritable obligation qui ne puisse rentrer dans l'une des classes que nous venons d'établir. Il est vrai, que l'appellation d'*obligation morale* dont on se sert pour dénommer ces obligations, doit au début faire naître le doute.

Si, dans la dénomination des obligations naturelles, le qualificatif du mot obligation doit engendrer parfois la confusion, il faut reconnaître qu'on peut encore assez facilement l'éviter : mais dans l'expression *obligation morale*, c'est le terme principal, le mot obligation lui-même qui est inexact, pour ne laisser subsister comme vrai que le qualificatif. C'est donc surtout quand on parle des obligations morales, qu'il faut bien faire attention à la vraie signification de l'expression et non à la portée apparente des mots employés.

On a peut-être remarqué qu'en parlant des obligations nous avons toujours insisté sur la nécessité de la rencontre des trois termes : le créancier, le débiteur, la dette. Nous ne mettions cette insistance que dans le but d'indiquer les différences qui existent entre les obligations civiles ou

2

naturelles d'une part, et celles que l'on appelle obligations morales. Nous croyons, en effet, que ce qui distingue ces dernières des précédentes, c'est qu'il leur manque un des trois termes dont nous avons parlé : le plus souvent, l'existence de la dette.

Comment, dira-t-on, peut-il exister une obligation, avec un débiteur et un créancier, sans qu'il y ait une dette ? Le créancier ne se comprend pas, de même que le débiteur ne se conçoit pas, si entre eux deux la dette ne se trouve.

La réponse est facile. Sans doute, la dette forme la base de l'obligation et sert à mettre les deux parties en regard l'une de l'autre ; le créancier et le débiteur sont intimement liés à elle. Mais peut-on dire qu'il y ait dans l'obligation morale un véritable créancier ou un véritable débiteur ? C'est précisément là le côté de la question qu'il faut envisager : nous rappelions, il n'y a qu'un instant, la possibilité de la confusion qui résultait souvent de l'emploi d'expressions inexactes : nous en voyons ici déjà un premier exemple. Si on reconnait qu'il n'y a pas, dans le cas qui nous occupe, une véritable obligation, il est facile d'admettre que les parties qui se trouvent en présence sont à tort désignées sous le nom de créancier et de débiteur : il n'y a dès lors aucun obstacle à ce qu'il se forme entre elles un autre rapport que celui qui découle de l'existence d'une dette.

Pour que la dette existe, il faut qu'elle soit ou qu'elle puisse être suffisamment définie. C'est ce que le Code civil exprime de la manière suivante : « Il faut que l'obligation ait pour objet une chose *au moins déterminée* quant à son espèce.—La quotité de la chose peut être incertaine *pourvu qu'elle puisse être déterminée* (1). »

La loi française, comme toute loi positive, reconnaît qu'il ne peut y avoir de dette si l'espèce ou la quotité n'en peuvent être suffisamment déterminées : l'indétermination, et, par conséquent, l'absence de toute dette, se rencontrera dans l'obligation morale. Un exemple nous fera mieux comprendre.

Il est reconnu par tout le monde qu'en droit Romain la mère de famille qui dotait sa fille, accomplissait, en agissant ainsi, une obligation morale et non une obligation naturelle. La distinction est importante à faire : le seul effet de l'acquittement de ce devoir maternel était d'empêcher la mère, qui venait à se repentir de son action, de réclamer à sa fille ce qu'elle lui avait donné. La fille ne pouvait préalablement à l'exécution, munir cette obligation morale, comme elle eût fait garantir une obligation naturelle, par une fidéjussion ou par des hypothèques. La raison en est facile à saisir et nous aurions dû donner cette solution, quand même un texte formel ne serait pas venu la présenter.

En effet, dans l'hypothèse où le créancier d'une obligation morale aurait demandé un fidéjusseur pour s'assurer le payement de la prétendue obligation, et qu'il lui aurait été accordé, nous pouvons nous demander quelle serait la situation de ce fidéjusseur ? Peut-on lui permettre de s'en-

(1) Code civil, art. 1129.

gager civilement à promettre l'exécution d'une obligation dont il ne connaît ni les termes ni la quotité ? Car telle mère de famille, pour nous servir de l'exemple cité plus haut, donnera en dot à sa fille le quart, telle autre la moitié de sa fortune personnelle. Il y a là une indétermination qui existera à chaque instant selon les temps, selon les idées et selon les personnes. De même, le commerçant qui, par affection pour une de ses parentes, aurait garanti, par une hypothèque sur ses biens, le payement de la dot que doit lui donner sa mère, se trouverait dans une situation critique. Les créanciers, que son négoce lui crée chaque jour n'oseront plus traiter avec lui, de peur de perdre leur recours faute de garanties suffisantes : ils ignorent pour combien ses immeubles sont engagés, car le quantum de la dette est totalement indéterminé. La loi devait, dans un but protecteur, empêcher cette situation, c'est ce que les législateurs Romain et Français ont compris. C'est pourquoi ils ont dénié aux obligations morales le pouvoir de produire ces effets accessoires qui font la force des obligations civiles et même celle des obligations naturelles.

Il en sera de même de tous les autres effets que nous accorderons plus loin aux obligations naturelles : l'obligation morale les repoussera précisément à cause de ce caractère indéterminé de la dette, qui fait d'elle, en droit positif, une obligation tout à fait imparfaite.

Nous croyons donc pouvoir dire avec raison, que c'est cette indétermination dans la dette qui doit constituer le principal signe auquel on reconnaîtra l'obligation morale.

Bien plus, il arrivera quelquefois que non-seulement la dette sera indéterminée, mais même que le créancier lui-même sera incertain.

Le riche est obligé en conscience de faire l'aumône aux pauvres : c'est un devoir admis dans tous les temps et par tous les peuples. « Tu ne cultiveras point ton champ la septième année, dit Moïse, afin que ceux qui sont pauvres trouvent de quoi manger. » Des législateurs ont même réglé l'aumône, qui, dans ces cas spéciaux, devient, dès lors, une obligation civile. A certaines fêtes, le Coran impose à chaque croyant aisé, l'obligation de donner aux pauvres des aliments dont il fournit la nomenclature, et jusqu'à concurrence d'une somme qu'il fixe.

Chez presque tous les peuples, le soin de faire l'aumône est laissé à la conscience des riches ; et comme la quotité de cette dette sera toujours indéterminée, qu'elle variera selon les fortunes et avec les individus, nous devons la ranger parmi les dettes morales. De plus, et c'est ce que nous voulons retenir, le créancier, c'est-à-dire le pauvre, ne sera pas le même tous les jours. Rien n'eût été plus injuste que d'accorder à chaque pauvre en particulier le droit d'actionner son débiteur pour le forcer à exécuter son obligation ; les mêmes inconvénients que ceux que nous avons indiqués plus haut se reproduiraient, si le pauvre était regardé comme créancier naturel.

La loi laissera à la conscience seule du débiteur le soin d'acquitter les obligations morales dont il croira être tenu ; tout en ayant soin cependant de lui imposer certaines limites. Il existe, en effet, des devoirs, à l'exécution desquels la loi doit veiller. Nous voulons parler des devoirs de famille.

Le droit regardera les obligations morales comme de véritables libéralités, et considérera ceux qui en exagéreront la portée, comme agissant avec un esprit contraire au devoir lui-même qu'ils veulent remplir. Il leur appliquera les règles qu'il a édictées sur les donations. « Nous ne devons pas, dit Cicéron (1), étendre nos bienfaits au-delà de nos moyens. Ceux qui sont plus généreux que ne leur permet leur fortune sont doublement répréhensibles. D'abord ils sont injustes envers les leurs ; car ils transportent à des étrangers des biens dont ils devaient faire part, ou qu'ils devaient léguer à leurs proches........ Que de gens ne voit-on pas qui en réalité se préoccupent peu de faire du bien, mais courent après la gloire, en essayant de paraître bienfaisants. Toutes leurs largesses ne sont qu'ostentation et non bonté d'âme. De tels faux-semblants tiennent plus à la vanité qu'à la bienfaisance et à l'honnêteté. »

En résumé, nous devons admettre qu'en droit pur il existe trois sortes d'obligations :

L'obligation civile, ou celle sanctionnée par la loi ; c'est la plus parfaite de toutes ;

L'obligation naturelle : nous comprenons sous cette expression toutes les obligations qui, sans être en opposition

---

(1) Cicéron, de Officiis, liv. I. XIV.

avec les règles du droit civil, n'en sont pas moins dépourvues d'action ;

L'obligation morale, ou devoir de conscience que la loi
doit soumettre aux règles des donations, et qui se reconnaît à ce caractère que le montant de la dette sera toujours
indéterminé. Il pourra même arriver que le créancier soit
lui-même incertain. Ces obligations morales sont fort imparfaites au point de vue du droit. Leur exécution seule
sera ratifiée par la loi. Jusque-là on les regardera comme
inexistantes. Elles diffèrent, cependant, des obligations
nulles, en ce sens qu'elles pourront valablement servir de
base à la création d'obligations civiles. « Tous les jours,
en effet, a dit notre savant professeur, des personnes riches
créent des rentes au profit des hospices, des fabriques, des
bureaux de bienfaisance et autres établissements pieux :
mais on ne peut pas dire qu'il y ait dans ce fait, confirmation, ratification ou novation d'une dette de conscience :
il y a la création d'un engagement nouveau ; une dette
civile est imposée à un individu qui auparavant ne pouvait
être soumis à aucune réclamation *légale ;* aussi est-ce à ce
moment précis qu'il faudra se placer pour apprécier la nature et les conséquences du contrat....... Le juge est appelé
à statuer sur les faits du for extérieur ; tout ce qui ressort
directement du for intérieur échappe à sa juridiction et ne
peut rentrer dans sa compétence (1). »

Tels sont, à nos yeux, les principes qui doivent servir

(1) D. de Folleville, *Notion du droit et de l'obligation,* p. 81.

de base lorsqu'on veut étudier la nature, le caractère et les effets des obligations naturelles. Nous allons examiner maintenant comment ces principes ont été appliqués, par le législateur Romain et par le législateur Français.

# DROIT ROMAIN.

## CHAPITRE PREMIER.

### ORIGINE ET CARACTÈRE DE L'OBLIGATION NATURELLE.

Les jurisconsultes romains n'ont jamais donné un sens bien précis à l'expression *obligatio naturalis*. Tantôt ils l'emploient pour désigner les obligations naturelles, tantôt pour désigner les obligations morales. Dans quelques textes même, ils donnent cette épithète de *naturalis* aux obligations civiles munies d'action : telles sont la *condictio indebiti* (1) et la *locatio-conductio* (2).

L'empereur Antonin-le-Pieux éleva au rang d'obligation civile l'obligation naturelle du pupille qui a contracté sans l'*auctoritas* du tuteur, *in quantum locupletior factus est*, et

(1) L. 15. pr. Dig. *de condictione Indebiti*, XII 6.
(2) L. 1. Dig. *Locati conducti*, XIX. 2.

Ulpien, tout en enseignant que les créanciers du pupille auront une action contre lui, ajoute que : « *naturaliter tamen obligabitur* » (1).

Ce manque de précision dans les lois romaines tient non-seulement à la nature de notre sujet, mais encore à la manière dont le Digeste a été rédigé.

On sait, en effet, que la grande division en *jus civile* et *jus gentium* domine tout le droit Romain. Le *jus civile* est l'ensemble des règles applicables aux seuls citoyens romains ; le *jus gentium* comprend celles qui régissent les rapports des citoyens et des étrangers. Or, il résulte de différents textes que les mots *jus naturale* et *jus gentium* sont synonymes dans le langage des jurisconsultes (2). Qu'y a-t-il, dès lors, d'étonnant qu'ils emploient l'expression d'obligation naturelle pour désigner les obligations dérivées de ce *jus gentium*, obligations munies d'action comme les obligations civiles. C'est pourquoi Paul appelle *naturales* la *condictio indebiti* et la *locatio-conductio*. Dans leurs traités, les auteurs romains ne devaient pas confondre ces obligations naturelles avec celles qui se reconnaissent à ce caractère : « *Id quod natura... debetur, et peti quidem non potest, solutum vero non repetitur* » (3).

De plus, avons-nous dit, la manière dont fut rédigé le Digeste contribue à mettre de la confusion dans cette théorie.

(1) L. 5. pr. Dig. *De auctoritate et consensu*, XXVI. 8.

(2) Inst. § 11. *De divisione rerum*, II. 1. — Gaius Comm. I, § 180 et suiv. — Cicéron, *De Officiis*, III. 5, 17.

(3) L. 1, § 17. Dig. *Ad legem Falcidiam*, XXXV. 2.

Justinien, voulant donner à ses sujets un recueil complet des textes de lois encore en vigueur de son temps, chargea Tribonien de réunir tous les ouvrages des jurisconsultes dont les décisions faisaient autorité, d'en faire des extraits et de réunir ces extraits sous des titres spéciaux, afin de faciliter les recherches. C'est ainsi qu'on composa les cinquante livres du Digeste, en ayant soin de conserver aux divers fragments insérés le nom du jurisconsulte et le titre de l'ouvrage duquel il était tiré. Séparés des considérations qui les précédaient ou les suivaient, placés à la suite de textes de jurisconsultes de différentes écoles, ces fragments ont souvent un tout autre sens que celui que leur attribuaient leurs auteurs. L'expression *obligatio naturalis* désignait l'obligation naturelle du *jus gentium*, ou l'obligation naturelle appelée obligation imparfaite, selon tel ou tel jurisconsulte, tel ou tel ouvrage, ou même telle ou telle partie d'un ouvrage déterminé : et comme nous n'avons que des données très vagues sur les œuvres juridiques des auteurs romains, dont presque toutes ont été détruites, on comprend les dificultés du commentateur désireux de reconstruire la théorie d'ensemble des obligations naturelles.

Nulle part, en effet, au Digeste, nous ne voyons de règle générale sur notre sujet : suivant leur habitude, les jurisconsultes officiels résolvaient les cas spéciaux qui leur étaient soumis sans indiquer la théorie générale qui leur servait de base, et les compilateurs de Justinien, en empruntant leurs solutions, ne nous ont donné qu'un recueil de décisions particulières.

Il existait, en droit Romain, toute une classe d'obligations, appelées obligations naturelles, capables de produire tous les effets des obligations civiles, sauf l'action : de nombreux textes au Digeste en affirment l'existence, et c'est l'étude de ces textes que nous comptons entreprendre.

Pour ne pas revenir sur le texte de Paul que nous avons cité plus haut (1), nous invoquerons ici un passage d'un autre jurisconsulte, Papinien, qui établit de la façon la plus évidente que l'obligation naturelle était dépourvue d'action, lorsqu'il parle d'une dette *quœ peti quidem poterat, ex solutione autem petitionem non prœstat* (2). On peut remarquer que d'après ce fragment, si l'action n'est pas accordée par la loi comme sanction de cette obligation, la répétition est néanmoins refusée au débiteur qui se repentirait de l'avoir exécutée.

Ce n'est pas tout. Ces obligations n'auront pas seulement pour effet d'empêcher la répétition du débiteur, mais encore elles seront susceptibles de produire d'importants résultats : à l'égal des obligations civiles elles pourront être cautionnées, la fidéjussion pourra accéder aux obligations naturelles ; *Quod enim solutum*, dit Julien (3), *repeti non potest, conveniens est hujus naturalis obligationis fidejussorem accipi posse.*

Un texte, cependant, paraît admettre que l'obligation

(1) L. 1, § 17. Dig. *Ad legem Falcidiam.*

(2) L. 94, § 3. Dig. *De solutionibus*, XLVI. 3.

(3) L. 7 Dig. *De Fidejussoribus* XLVI. 1.

naturelle doit être munie d'action. Le jurisconsulte Julien (1) s'exprime ainsi : *Naturales obligationes non eo solo œstimantur si actio aliqua eorum nomine competit ; verum etiam cum soluta pecunia repeti non potest. Nam licet minus proprie debere dicantur naturales debitores ; per abusionem intelligi possunt debitores, et qui ab his pecuniam recipiunt debitum sibi recepisse (2).* L'expression *si aliqua actio eorum nomine competit* semble mettre ce jurisconsulte en contradiction avec les textes que nous avons précédemment cités.

Quelques auteurs n'ont pas craint, pour résoudre la difficulté, d'ajouter une négation dans le texte qui serait ainsi corrigé : *Si aliqua actio non competit* : nous avons même une traduction française du Digeste (3) qui, sans changer les termes du fragment de Julien, le traduit simplement comme si la négation existait, et qui, négligeant d'en prévenir le lecteur bénévole, risque de l'induire en erreur. Mais ce moyen est vraiment trop commode et nous n'hésitons pas à le repousser.

M. de Savigny (4) enseigne qu'il faut considérer, sous l'expression *obligationes naturales* les obligations qui engendrent des actions et qui ont leur origine dans le droit des gens ; telles sont la vente, le louage, le prêt. Nous rejetons

(1) L. 16 § 4 Dig. *De Fidejussoribus* XLVI 1.

(2) Le texte, jusqu'aux mots *non potest* est reproduit dans une autre partie du Digeste. C'est la loi 10, *de Oblig. et Act.* XLIV. 7. A cet endroit l'auteur serait, d'après les *Florentines*, Paul, d'après d'autres manuscrits Ulpien, ou Julien.

(3) Hulot, sur un exemplaire des *Pandectes Florentines*. Paris 1803.

(4) M. de Savigny, *Le droit des Obligations*, § 7.

encore cette explication, car elle est contredite par la fin même du texte, d'après lequel c'est *per abusionem*, que les débiteurs dans les obligations naturelles sont appelés *debitores* : or, en droit civil les obligés dans la vente, le louage, le prêt, sont de véritables débiteurs.

Nous préférons admettre l'explication donnée par M. Massol (1) : ce savant auteur pense que Julien avait en vue la théorie des contrats innommés et les développements de l'action *præscriptis verbis*.

L'Ecole Sabinienne tâchait de trouver une analogie entre le contrat innommé et un contrat de droit civil pour étendre l'action de ce contrat.

L'Ecole Proculienne admettait l'action *præscriptis verbis* comme pouvant se rapporter à tous les contrats innommés. Le Proculien Julien soutenait, conformément aux principes de son Ecole, que le pacte, obligation naturelle par excellence, dès qu'il était exécuté par une partie, procurait l'action à cette partie pour forcer l'autre au payement : c'est pourquoi ce jurisconsulte a pu dire que l'obligation naturelle était susceptible de produire une action.

Des textes formels, que nous avons cités plus haut, il résulte donc que non-seulement les obligations naturelles sont dépourvues d'action, mais encore que la *condictio indebiti* est refusée au débiteur qui a exécuté sa promesse. Il nous faut maintenant rechercher quelle est l'origine et le caractère de ces obligations.

Avant d'exposer notre manière de voir sur cette impor-

(1) Massol, *De l'obligation naturelle*, p. 30.

tante théorie, nous allons examiner rapidement les opinions des différents commentateurs du droit romain qui ont essayé de résoudre cette délicate question. Tous ont des noms célèbres dans la doctrine : aussi, est-ce avec le plus grand soin que nous allons exposer les règles qu'ils ont proposées.

Doneau (1) divise les obligations en trois classes : les unes sont *naturales*, les autres *civiles nudæ*, et les troisièmes *civiles justæ*.

Par *obligatio civilis justa*, il entend celles que dans le langage juridique ordinaire on désigne sous le nom d'obligations civiles : *quæ absolute in usu juris sine adjecto vocatur obligatio* (2).

L'obligation *civilis nuda* est celle qui, existant d'après le droit civil, ne produit cependant aucun effet par suite d'une exception introduite par le droit prétorien.

Enfin, l'obligation naturelle, qui est un *vinculum æquitatis* (3) *quia jus naturale est semper æquum*. Cette troisième branche de la distinction est la plus importante pour nous. Et, tout d'abord, nous constaterons que non-seulement dans la définition, mais même dans les développements qu'il lui donne, Doneau ne sépare jamais les obligations naturelles des obligations morales (4). Il les confond et les met sur la même ligne : ainsi, dans son énumération des différentes obligations qu'il étudie, il place les *operæ servi*, qui ne sont

(1) Doneau, Comm. liv. XII.
(2) Doneau, liv. XII. Ch. IV.
(3) L. 95 § 4 Dig. *De solutione* XLVI. 3.
(4) Doneau, Comm. liv. XII. ch. I.

qu'une obligation morale, immédiatement après le pacte nu, sans paraître soupçonner que les effets de ces obligations sont différents, et qu'en conséquence elles ne peuvent être rangées dans la même classe.

Nous basons tout d'abord notre théorie sur la distinction de l'obligation naturelle et de l'obligation morale, car on ne peut définir exactement la première sans insister sur la se-conde. Tous les jurisconsultes anciens savent où commencent les obligations naturelles, mais ils ne savent pas où elles finissent. Après avoir posé une définition généralement trop large, ils la restreignent par de nombreuses exceptions, qui deviennent par ce fait même, beaucoup plus importantes que la règle elle-même.

Un des auteurs qui est tombé le plus dans cet excès est certainement Cujas. D'après lui, il faut distinguer entre les obligations *juris gentium et naturales*, les obligations *juris gentium et non naturales*, et les obligations *tantum civiles*; puis subdiviser, pour les premières, entre les obligations *juris gentium primæri*, et celles qui sont *secundarii*; entre celles qui sont naturelles *ipso facto*, et celles qui le sont *ex simplici naturæ instinctu*, etc., etc. En approfondissant les divisions de ce juriste, on ne serait pas étonné de s'apercevoir qu'il y a à peu près une branche spéciale de sa division pour chaque obligation naturelle en particulier : on est donc loin de toute idée d'ensemble et de toute théorie générale sur la question.

Il eût été plus simple d'étudier séparément chaque obligation naturelle et d'en préciser les causes et les effets. C'est du reste cette méthode qu'a suivie M. Machelard.

M. Machelard (1) considère l'obligation naturelle en droit Romain comme n'ayant pas un type unique et comme se prêtant à des variétés considérables : c'est, suivant lui, embrouiller la matière que de chercher à établir avec des noms différents des catégories diverses, et complètement étrangères à la langue romaine.

Il faut reconnaître que les Romains ne semblent pas faire de distinction, dans leurs lois, entre ces deux sortes d'obligations : le Digeste, nous l'avons déjà dit, n'est qu'un ensemble de décisions particulières, mises souvent au hasard, où les règles générales sont souvent obscures, assez rarement exprimées, et où on ne voit que des applications à des hypothèses déterminées, mais les principes n'en existent pas moins.

Les jurisconsultes romains, appelaient *na'ura debitum*, dit M. Machelard, l'obligation dépourvue d'action, en général ; seulement l'énergie de ce *debitum* était susceptible d'avoir plus ou moins de puissance : c'est justement ce plus ou moins que nous voulons préciser et que le savant et regretté auteur laisse dans le vague.

Aussi ne pose-t-il pas de théorie générale dans son long *Traité des obligations naturelles*, et il étudie chacune de ces obligations tour à tour en examinant les effets particuliers qu'elles produisent. Arrivé à la fin de son ouvrage, sous le titre de généralisation, et en quelques pages seulement, l'au-

(1) Machelard, *Des obligations naturelles*. P. 234. P. 523 et suiv.

3

teur cherche à résumer les doctrines qu'il a professées, mais les conséquences auxquelles il arrive nous montrent, plus clairement que toute discussion, les défauts de son système.

M. Machelard pense que le criterium auquel on reconnaîtra l'obligation naturelle est le refus de la *condictio indebiti* et il ajoute : « On sait que c'est là l'effet unique reconnu par notre législation en faveur de l'obligation naturelle. Quoiqu'il en fût autrement à Rome, pour un grand nombre d'obligations naturelles, il ne faut pas néanmoins rejeter de la classe des obligations naturelles celles qui n'avaient pas plus de vertu. Comment les qualifiera-t-on si on ne les admet pas parmi les obligations naturelles ? Ouvrira-t-on pour elles au-dessous des obligations naturelles proprement dites une catégorie d'obligations inférieures à celles-ci ? Ce système ne nous a pas paru possible. »

Nous répondrons que cette catégorie nouvelle doit exister et qu'elle a existé, sinon dans les textes, du moins dans l'esprit des jurisconsultes romains. Quand toute une classe d'obligations diffère d'une autre classe par des dissemblances aussi profondes que celles que nous signalerons entre les obligations appelées obligations morales et les obligations appelées naturelles, il est rationnel et logique d'établir une classification distincte.

Un autre auteur moderne, qui a écrit des traités fort estimés sur les obligations, ne distingue pas non plus entre les obligations naturelles et les obligations morales, mais il rattache les différentes obligations naturelles à une théorie générale : nous voulons parler de M. de Savigny.

D'après cet auteur, la distinction de la *civilis* et de la *naturalis obligatio* est en corrélation évidente avec l'opposition du *jus civile* et du *jus gentium* : elle se lierait ainsi avec la division des modes d'acquérir la propriété en civils et naturels, de même qu'avec la parenté civile et naturelle (1). M. de Savigny s'appuie, pour exposer sa théorie, sur le texte suivant de Paul : *is natura debet quem jure gentium dare oportet* (2).

Cette doctrine ne doit pas, pensons-nous, être adoptée en entier, car, comme les précédentes, elle a l'inconvénient de ne pas tenir compte d'une classe d'obligations assez importantes, les obligations morales. M. de Savigny le reconnaît lui-même lorsqu'il cite des cas, « qui sont parfois indiqués comme des cas de *naturalis obligatio*, qui n'en produisent cependant pas les mêmes effets dans toute leur plénitude, mais qui se bornent à en offrir quelques-uns en apparence (3). » Sont comprises, par exemple, dans cette catégorie, l'obligation d'une femme mariée qui donne une dot à son mari, dans l'opinion erronée qu'elle y était obligée ; ou bien, les prestations de service d'un affranchi envers son patron, présentant un caractère analogue ; ou encore, l'obligation du père de famille attaqué par l'action *de peculio*, pour le surplus de la dette que cette action ne le contraint pas à payer. Actuellement, dans la science juridique, on est porté à repousser

---

(1) M. de Savigny, *Le droit des obligations*, traduct. de MM. Gérardin et Jozon, p. 27.

(2) L. 84, § 1. Dig. *De regulis juris* L. 17.

(3) M. de Savigny, *loc. cit.* p. 111.

tout lien rattachant les obligations naturelles au *jus gentium* ou au *jus naturale* qui en est le synonyme, comme nous l'avons dit plus haut, en citant des textes à l'appui. Les obligations naturelles, d'après M. Schwanert (1), sont des obligations civiles auxquelles la loi, pour certaines causes, a retiré le bénéfice de l'action : ces obligations ont dû naître, comme si elles étaient civiles, avec les mêmes formes, dans les mêmes termes, mais la loi les a rendues imparfaites, immédiatement après leur formation. Telles sont les obligations devenues vicieuses par suite de l'incapacité des parties : nous citerons, comme exemple, l'obligation du fils de famille empruntant contrairement aux dispositions du Sénatus-Consulte Macédonien. Telles sont encore les obligations dans lesquelles l'action a été éteinte, et dans lesquelles il subsiste une cause de payement, comme dans le cas de *litis contestatio* ou de *capitis diminutio*.

M. Schwanert base sa théorie sur un passage de Pomponius, ainsi conçu : *Ut debitor vel servus domino, vel dominus servo intelligatur, ex causa civili computandum est, ideoque si dominus in rationes suas referat,* se debere servo suo, *cum omnino neque mutuum acceperit, neque ulla causa præcesserat debendi, nuda ratio non facit eum debitorem* (2). Ce texte signifierait qu'on doit examiner si, entre l'esclave et le maître, il y a une *causa civilis obligandi,* pour que l'esclave soit débiteur naturel de son maître.

(1) *Die naturalobligationen des Rœmischen Rechts.*

(2) L. 49, § 2, Dig. *De peculio,* XV. 1.

Il est une règle qui est répétée à chaque instant dans les lois romaines et qui se formule ainsi : *in legibus servus non est persona;* par conséquent, l'esclave ne peut avoir la capacité nécessaire pour donner une *causa civilis* à son obligation. Le texte invoqué ne signifie donc pas ce qu'on veut lui faire exprimer. Il parle seulement d'un esclave auquel un pécule a été confié, et se place dans l'hypothèse suivante : un maître écrit sur ses tablettes qu'il est débiteur de son esclave, alors qu'aucune opération n'est intervenue entre eux, et, dans ce cas, Pomponius décide que le maître ne sera pas débiteur. Le jurisconsulte a eu d'autant plus raison de donner cette décision, que s'il était permis de diminuer ainsi le pécule fictivement, on porterait préjudice aux autres créanciers au profit du maître : d'ailleurs Pomponius lui-même déclare formellement : « *re, non verbis, peculium augendum est* » (1).

On voit que la théorie de M. Schwanert ne peut s'appuyer sur un tel texte, et qu'en outre elle est contraire aux principes généraux du droit, puisqu'elle veut exiger, au cas de l'obligation naturelle de l'esclave, une *causa civilis* chez ce dernier.

De plus, comme on a pu le remarquer, la doctrine de cet auteur ne laisse aucune place à une obligation qui a encore quelque importance en droit Romain : celle dérivant du pacte nu. Cette obligation n'a pu naître avec les mêmes formes et être conçue dans les mêmes termes que les obligations ci-

(1) L. 4, § Dig. *De peculio,* XV. 1.

viles, puisque précisément elle rejette toute formule. Aussi, M. Schwanert ne pouvant la faire rentrer dans son cadre, a-t-il pris le sage parti de la considérer comme obligation morale, malgré les textes formels qui lui reconnaissent le caractère d'obligation naturelle (1).

Cet auteur a cru trouver, dans les expressions quelquefois différentes dont se sert le Digeste pour désigner les obligations naturelles, la trace de notre distinction entre obligations naturelles et obligations morales.

Les termes *naturale debitum* ne seraient employés par les jurisconsultes que pour désigner les obligations morales (2), tandis que ceux *obligatio naturalis* n'auraient trait qu'aux véritables obligations naturelles.

Malheureusement, nous devons reconnaître que les jurisconsultes romains n'ont jamais eu de termes spéciaux pour distinguer ces deux espèces d'obligations, et qu'ils ont employé indifféremment les deux expressions. Nous pouvons même citer un exemple, où, dans des phrases à peu près semblables et pour exprimer la même idée, l'existence de l'obligation naturelle, deux jurisconsultes différents emploient les deux termes. Parlant de l'obligation du pupille contractant sans l'*auctoritas* de son tuteur, Neratius écrit (3) : *nec natura debet,* tandis que Licinius Rufinus (4)

(1) Voir le § 1 du chapitre III.

(2) Schwanert, *Die naturalobligationen,* p. 97.

(3) L. 41 Dig. *De cond. Indebiti,* XII, 6.

(4) L. 49 Dig. *De Obligationibus,* XLIV, 7.

dit : *ne quidem jure naturali obligatur ;* et pourtant qui prétendra que ces deux jurisconsultes ont exprimé des théories différentes ?

Il faut reconnaître que la doctrine de M. Schwanert a fait faire de grands progrès à la théorie des obligations naturelles. Par le soin qu'elle met à distinguer ces dernières des obligations morales, elle rend compréhensibles certains points demeurés jusque-là obscurs. Ce n'est pas cependant une raison pour que nous admettions sans réserve les principes qu'il professe, car, nous croyons l'avoir démontré, les arguments sur lesquels s'appuie ce savant auteur, pour les établir, ne sont pas sans réplique.

Suivant la voie qui lui était tracée par M. Schwanert, M. Massol prend pour base de son *Traité de l'obligation naturelle* la distinction entre les obligations naturelles et les obligations morales.

M. Massol définit l'obligation naturelle (1), celle qui dérive du droit positif admis chez les divers peuples et qui constitue une obligation civile imparfaite. Son criterium est celui-ci : elle fait partie des biens du créancier sans être cependant susceptible de produire ni l'action ni la compensation.

Pour lui, l'obligation morale est celle qui a son fondement dans la conscience et qui ne constitue pas une dette.

Le savant auteur définit ces obligations en nous indiquant les effets qu'elles produisent ; c'est pourquoi il nous

(1) Massol, *De l'Obligation naturelle*, p. 7.

semble que sa définition n'en est pas une. Les obligations naturelles ou morales produiront les effets qu'il nous indique, lorsqu'elles existeront, et lorsque leur nature et leur caractère nous seront connus; mais c'est ce caractère et cette nature qu'il n'indique pas. Nous voulons avoir un criterium digne de ce nom, c'est-à-dire tel que, à l'inspection de l'obligation, on puisse dire si le rapport juridique qu'on nous soumet est une obligation naturelle ou simplement morale. Un exemple nous fera comprendre.

Avec les définitions précédentes, quelle réponse devrait-on faire à la question suivante : Le testament irrégulier peut-il servir de base à une obligation naturelle? L'héritier qui aura acquitté les charges de ce testament aura-t-il payé une dette naturelle ou rempli un devoir de morale ?

Nous n'avons pas l'intention d'entrer dans les détails de cette question. Nous l'examinerons dans le chapitre III, en indiquant les raisons qui motivent notre opinion; mais nous ferons remarquer que, d'après M. Massol, l'héritier est simplement débiteur d'une obligation appelée obligation morale (1). Nous pensons, au contraire, qu'il est tenu d'une obligation naturelle, et nous appliquons, pour le démontrer ici, la définition de M. Massol.

Le jurisconsulte Paul, prévoyant le cas d'un héritier qui a restitué toute l'hérédité, sans retenir la quarte à laquelle il a droit d'après le Sénatus-Consulte Pégasien, enseigne

(1) Massol, *loc. cit.*, p. 195.

qu'il ne pourra intenter l'action en répétition : *Nec enim indebitum solvisse videtur* (1).

D'après ce texte, nous sommes en présence d'un héritier qui a payé *une dette* ; et comme cette dette n'était pas civile, elle ne peut être que naturelle. Il n'y a pas d'obligation morale, quoiqu'en dise M. Massol, puisque, d'après sa propre définition, l'obligation morale est celle qui ne constitue pas une dette ; tandis que l'obligation civile est celle qui en constitue une. On voit, d'après cet exemple, quel est le vice de la définition, puisque dans son ouvrage, l'auteur ne l'applique même pas. Il se borne, en effet, comme nous l'avons déjà dit, à nous signaler les conséquences de l'obligation naturelle sans nous dire exactement ce qu'elle est.

D'ailleurs, M. Massol, tout en affectant dans ses définitions de ne pas vouloir parler du droit naturel, est cependant forcé, lorsqu'il en arrive aux applications pratiques, de rechercher dans ce droit les origines des obligations naturelles.

Nous ne voulons pas dire que toutes les prescriptions du droit naturel soient la cause des obligations naturelles : ce serait une grave erreur, mais faut-il dire pour cela que ces obligations trouveront leur base autre part que dans ce droit?

Le droit civil, à part quelques règles qui lui sont propres, surtout le droit civil romain, n'a fait que confirmer les principes du droit naturel. Les obligations naturelles,

---

(1 Paul, SENT. liv. IV, tit. 3, § 4.

au sens large, qu'il n'a pas sanctionnées, seront, dès lors, à moins de prohibition formelle du législateur, soit des obligations naturelles dans le sens restreint, soit des obligations morales. Le droit naturel sera donc la base des obligations naturelles.

Nous remarquerons cependant qu'en droit Romain cette origine de nos obligations n'est pas la seule dont nous ayons à tenir compte : il en est une autre qui, à nos yeux, est beaucoup plus importante, car c'est à elle que les obligations naturelles doivent de faire partie du *Jus romanum*.

On connaît la rigueur des principes romains et le formalisme exagéré qui dominait au début tous les actes juridiques : on se rappelle l'exemple célèbre de ce Romain qui, ayant eu ses vignes arrachées, perdit son procès, parce qu'il avait agi *de succisis* VITIBUS, alors qu'il aurait dû agir *de succisis* ARBORIBUS : le mot *arboribus* se trouvant le seul dans l'album du Préteur pour désigner les diverses plantes qu'un particulier pouvait avoir dans son jardin (1).

Si nous supposons que dans notre droit actuel, droit plus large pourtant que le droit Romain, il n'y ait pas un article 1325 pour admettre l'existence de l'obligation naturelle, ces obligations se seraient-elles introduites dans nos lois comme elles l'ont fait dans les lois romaines? Car, il faut bien le remarquer, ni la loi des XII tables, ni les lois des empereurs, ni les plébiscites, n'ont parlé d'obligations naturelles, en tant qu'obligations naturelles. Nous sommes

(1) Gaius, Comm. IV, 11, 30.

donc en présence de ce phénomène de droits nouveaux s'introduisant dans une législation qui les exclut, car le silence d'une loi aussi formaliste que la loi romaine équivaut à une exclusion complète, et de droits produisant des effets fort considérables, puisque, en réalité, ils ont les mêmes effets que les obligations civiles, sauf l'action.

Cela tient à ce que, à côté de la loi, loi immuable, toujours la même pendant la République, sous l'Empire, sous Justinien, il s'était élevé un pouvoir qui la modifiait sans cesse, bien qu'il fût chargé de l'appliquer. Tout en respectant son sens et ses formules, le Préteur indiquait chaque année, avant d'entrer en charge, les principes qu'il comptait suivre pendant sa magistrature; et, au moyen d'exceptions ou de refus d'action, il arrivait à sanctionner un droit nouveau s'établissant à côté de l'ancien, et devenant, en réalité, plus fort que ce dernier, puisqu'il avait le grand avantage d'être appliqué. Que peuvent les doctrines et les théories, contre une jurisprudence maîtresse de ses décisions, et ne relevant que d'elle-même ?

Aujourd'hui, de pareils faits ne pourraient se reproduire : la séparation des pouvoirs législatif et judiciaire les préviendront ; mais dans les lois romaines, la confusion de ces pouvoirs permettait aux idées nouvelles de s'introduire chaque jour dans la législation et de la modifier sans cesse. Ces idées, entrant peu à peu, se manifestaient toujours par des demi-mesures : malgré sa force, le Préteur n'osait attaquer de face les textes formels de la loi, et cherchait seulement à tourner, par la subtilité de ses raisonnements, les dispositions légales. Aussi, arrive-t-on bientôt à la confusion la plus grande, et on ne s'étonne plus d'apprendre que les écrits des jurisconsultes, ouvrages ne devant avoir que la valeur qui s'attache à toute œuvre privée, aient eu la force des textes de la loi. Le juge voulant résoudre un point de droit qui lui était soumis devait consulter la collection des jurisconsultes officiels et était à l'abri de tout reproche s'il justifiait d'un texte en sa faveur (1). Ces juristes étaient en nombre assez considérable, puisque, lors de la rédaction du Digeste, Justinien, après avoir fait une large élimination, ne permit à ses compilateurs de puiser les doctrines à établir que dans trente-neuf d'entre eux.

Les obligations naturelles, basées sur l'équité, devaient nécessairement s'introduire dans une telle législation : employant ses procédés ordinaires, le Préteur ne leur laissa pas produire l'action, mais lorsqu'un débiteur, après avoir payé sa dette naturelle, vient à se repentir de son acte et réclame auprès du magistrat la faveur d'obtenir la *condictio indebiti* pour rentrer dans ses déboursés, cette demande est repoussée. L'obligation naturelle sera protégée par voie d'exception. Il est donc vrai de dire, que le Préteur a beaucoup contribué, par sa jurisprudence, à l'établissement, dans les lois romaines, des obligations naturelles.

M. Massol repousse cette théorie, en disant que si elle était exacte, il n'y aurait point d'obligations naturelles en

(1) Adrien, le premier, décida que l'unanimité des jurisconsultes officiels pouvait lier le juge (Gaius, Com. I. § 7).

France (1). Cette objection nous touche peu, car ce ne serait pas la première fois qu'on verrait des obligations ayant dans les deux législations des causes différentes et produisant les mêmes effets.

Nous trouverons l'origine des obligations naturelles tout d'abord dans le droit naturel, c'est même la seule origine indiquée par les textes : *Is natura debet quem jure gentium dare oportet* (2) ; puis, ensuite, dans l'organisation des pouvoirs publics à Rome : ce second point est démontré par l'histoire du droit Romain.

Toutes les prescriptions du droit naturel ne devront pas être prises comme obligations naturelles : le législateur jouit, dans la confection de son droit, de la liberté la plus absolue. Il a la faculté de repousser telles ou telles obligations, et même d'en créer qui lui sont propres.

La loi Voconia défendait au testateur d'instituer une femme héritière, pas même sa fille unique, pour une part égale à sa légitime (3). Cette loi est contraire, selon nous, au droit naturel (4), et Justinien, qui trouve barbare le droit de succéder des mâles à l'exclusion des filles, l'a abrogée. Mais puisqu'elle avait été édictée, chacun devait la respecter.

Les conventions contraires à l'ordre public ou aux bonnes mœurs ne seront pas susceptibles de produire les effets des

(1) Massol, *De l'obligation naturelle.* P. 16.

(2) L. 84. § 1. Dig. *De regulis juris*, L. 17.

(3) En ce sens, M. Lyon-Caen, *Revue critique de Législation.* T. III, 1874, p. 396.

(4) *Contrà* Montesquieu, *Esprit des Lois.* Liv. XXVI. Ch. 6.

obligations naturelles : *pacta*, dit une constitution d'Antonin, *quæ contra leges constitutionesque, vel contra bonos mores fiunt, nullam vim habere indubitati juris est* (1). Mais lorsque la convention, sans porter atteinte à l'ordre public ou aux bonnes mœurs, n'est prohibée que par suite de déductions rigoureuses du droit civil, nous devrons la considérer comme laissant subsister l'obligation naturelle. Comme exemple, M. Massol cite le cas de la stipulation *post mortem creditoris* prohibée d'après le droit civil (2). Cet auteur reconnaît à cette stipulation le caractère d'obligation naturelle, d'accord en cela avec un passage de Gaius, qui permet à cette convention d'opérer valablement une novation (3).

On ne peut trouver le caractère distinctif des obligations naturelles dans le refus d'action de la part du législateur : elles ont, en effet, ce point commun avec les obligations déclarées nulles par la loi.

On ne peut non plus reconnaître les obligations naturelles dans le refus de la *condictio indebiti* au débiteur qui s'est exécuté : elles ressemblent par là aux obligations morales, qui n'ont que ce seul effet admis par la loi.

Nous croyons que le *criterium* cherché nous est donné par Julien dans le texte suivant : *Quod enim solutum repeti non potest, conveniens est hujus naturalis obligationis fidejussorem accipi posse* (4). La fidéjussion pourra accéder à l'obli-

(1) L. 6. *C. de Pactis.* II. 3.

(2) Inst. § 13. *De inutilibus stipulationibus.* III. 19.

(3) Gaius, Comm. III. § 176.

(4) L. 7. *De fidejussoribus,* Dig. XLVI. 1.

gation naturelle, la garantir vis-à-vis du créancier, et, en quelque sorte, la sanctionner. Or, il est de principe que le fidéjusseur ne peut cautionner qu'une dette valablement existante ; nous sommes amenés par là à conclure que l'obligation naturelle constitue une véritable dette pour l'obligé.

D'ailleurs, l'examen des textes nous conduit à la même solution : ils sont tous unanimes pour décider que l'obligation naturelle est une véritable dette, et, qu'à ce titre, elle fait partie des biens du créancier.

Les rédacteurs du Digeste se demandant quels sont les biens qui, dans une hérédité, doivent être restitués, répondent que les obligations naturelles sont comprises dans ces biens : *Quamvis Senatus de his actionibus transferendis loquatur, quæ jure civili, heredi et in heredem competunt : tamen honorariæ actiones transeunt. Nulla enim separatio est. Imo et causa naturalium obligationum transit* (1).

Dans le même ordre d'idées, nous trouvons un texte de Mœcien ainsi conçu : *Si ejus pupilli, cui sine tutoris auctoritate pecunia credita erat, restituta ex eo senatus-consulto mihi fuerit hereditas : si solvam creditori, non repetam ; atquin heres, si post restitutionem solvat, repetet non ob aliud quam quod ab eo in me naturalis obligatio translata intelligitur* (2). Ce texte suppose un héritier qui a payé une dette naturelle qu'il trouvait dans l'hérédité et il déclare que

(1) L. 40. Dig. *Ad SCtum Trebellianum*, XXXVI. 1.

(2) L. 60. Dig. *Ibidem*.

la répétition ne pourra être accordée à l'héritier, parce que *in me naturalis obligatio translata intelligitur*.

Mais le passage le plus formel est celui que nous avons cité plus haut et dans lequel Julien, indiquant les caractères de l'obligation naturelle, enseigne que si le terme de débiteur est employé *per abusionem* pour désigner ceux qui sont tenus d'une obligation naturelle, il y a encore cependant quelque exactitude dans cette appellation, puisque le créancier qui a été payé, *debitum sibi recepit* (1).

L'obligation naturelle différera de l'obligation morale en ce que cette dernière, ne constituant pas une dette, sera regardée comme donation, et, par conséquent, soumise aux règles des libéralités. Cette doctrine n'est pas contredite par le texte suivant de Papinien (2) : *Aquilius Regulus juvenis ad Nicostratum rhetorem ita scripsit; quoniam et cum patre meo semper fuisti et me eloquentia et diligentia tua meliorem reddidisti, dono et permitto tibi habitare in illo cœnaculo eoque uti : defuncto Regulo controversiam habitationis patiebatur Nicostratus : et cum de ea mecum contulisset dixi posse defendi non meram donationem esse : verum officium magistri quadam mercede remuneratum Regulum*. Le jurisconsulte pense que, dans l'hypothèse particulière qui lui est soumise, on peut admettre (*posse defendi*) qu'il n'y a pas donation. On a l'habitude, en effet, de payer en argent les maîtres qui vous ont instruit, et on ne peut voir dans le

(1) L. 16 § 4. Dig. *De Fidejussoribus*, XLVI. 1.

(2) L. 27. Dig. *De Donationibus*, XXXIX. 5.

payement, l'acquittement d'une obligation morale : de plus, à Rome, on accordait souvent à des instituteurs ou à des serviteurs qui manquaient de ressources, le droit d'habitation dont il est parlé dans le texte (1). Ce n'est qu'à cause de ces circonstances particulières et pour le cas spécial qu'il résout, que le jurisconsulte consacre la disposition exceptionnelle que nous avons reproduite. L'acquittement d'une obligation morale sera donc toujours à nos yeux, une véritable libéralité.

Aucune obligation, ayant ce caractère, ne pourra être garantie par un fidéjusseur, ni produire par suite aucun des effets des obligations naturelles : nous remarquerons même que dans les hypothèses où il est question des obligations morales, les jurisconsultes, pour expliquer l'emploi de la *condictio indebiti*, évitent de dire qu'il y a une dette et de se servir du mot *debitum* (2).

On ne doit pas, d'ailleurs, s'étonner que la fidéjussion, par exemple, n'ait aucun effet lorsqu'elle accède à une obligation morale. Cette obligation accessoire doit avoir pour objet une obligation principale, suffisamment déterminée pour que la caution, en s'engageant, connaisse l'étendue de ses devoirs. Dans le cas de dette morale, l'indétermination, qui est l'essence de ces obligations, existera toujours.

Si nous prenons l'hypothèse de l'affranchi faisant à son

---

(1) Massol. *De l'obligation naturelle*, p. 48.

(2) L. 26, § 12. Dig. *De Cond. indebiti*, XII, 6. — L. 27, § 1. Dig. *De negotiis gestis*, III. 5. — L. 11, C. *h. t.* II. 19. — L. 17, C. *De post. reversis et redemptis hostibus*, VIII. 51.

4

patron des prestations, alors qu'il n'y était pas tenu : le patron n'avait aucune action pour réclamer ces *operæ serviles* ;
mais l'esclave qui les avait fournies, mû par un sentiment de
reconnaissance envers celui qui l'avait affranchi, n'avait pas
la *condictio indebiti* pour répéter. Quant aux autres effets, tels
que la fidéjussion, etc... ils ne pouvaient exister parce qu'ils
était impossible de savoir jusqu'à concurrence de quelle
somme cette caution serait tenue : l'indétermination de la
dette l'empêchait de produire tout effet juridique.

Ce qui distinguera les obligations naturelles des obligations morales, ce sera la détermination dans la dette, ou
même dans les obligés. Dès que nous trouverons un créancier déterminé, un débiteur déterminé, une dette déterminée et non munie d'action, nous serons en présence d'une
obligation naturelle, capable de produire tous les autres
effets de l'obligation civile. Mais l'absence d'action doit être
absolue et tout moyen de contrainte indirecte envers le débiteur doit être repoussé, autrement notre règle ne serait
plus exacte.

Ainsi, le créancier d'une obligation à terme est créancier
d'une obligation civile : l'action, il est vrai, n'existe pas
pendant toute la durée du terme, elle est suspendue ; mais
à l'échéance, elle pourra être valablement intentée au lieu
d'être refusée pour toujours. Jusque-là, cette obligation produira toutes les conséquences des obligations naturelles,
sans en être une cependant : *In diem debitor, adeo debitor
est, ut ante diem solutum repetere non possit* (1).

(1) L. 10. Dig. *De condictione indebiti* XII. 6.

Cette obligation est, en effet, parfaite à l'égard du droit civil, tandis que les autres manquent d'une des conditions requises par ce droit pour leur complète validité: soit la capacité chez les parties, soit les formes dans l'acte.

Il arrive, en outre, fréquemment, que deux personnes soient simultanément débitrices l'une de l'autre pour des choses de même espèce. Un payement effectif donnerait lieu à des frais de déplacement inutiles ; de plus, la partie la plus diligente pourrait se trouver lésée de son empressement en ayant à subir les chances d'insolvabilité de l'autre partie.

Aussi la loi, au moyen de la compensation, suppose qu'il y a un double payement effectué, éteignant les deux dettes et libérant les deux débiteurs.

La question de savoir si la compensation doit être admise en droit Romain, emprunte à notre sujet une gravité toute particulière, car si nous appliquons les principes de la compensation aux obligations naturelles, nous les munissons indirectement d'une action. Nous forçons le débiteur naturel, qui ne veut pas se libérer, ou qui ne reconnaît pas sa dette, à en faire le payement.

On peut remarquer que par la fidéjussion, la novation, le constitut, c'est le débiteur qui fournit lui-même au créancier des sûretés telles qu'il est obligé de s'exécuter: ici, rien de semblable, par l'effet le plus souvent du hasard, la rencontre de deux dettes exigibles, le débiteur pourra être, contre sa volonté, forcé de payer.

Ce sera donc avec le plus grand soin que nous allons

examiner cette délicate question. Avant de l'aborder, en ce qui concerne les obligations naturelles, nous indiquerons, en peu de mots, les principes de la compensation tels qu'ils ont été posés par la loi romaine : ce rapide exposé nous permettra de résoudre plus facilement les difficultés que nous rencontrerons dans cette étude.

Sous la procédure des *legis actiones* la compensation devait être rarement admise : dans le *sacramentum* et la *condictio*, les termes employés empêchaient les parties de demander le bénéfice de la compensation des dettes, sous peine de perdre leur procès ; dans la *judicis postulatio*, forme d'instance plus large que les précédentes, rien ne mettait obstacle à la compensation, mais seulement *ex eadem causa*, c'est-à-dire pour des dettes ayant même origine.

Sous la procédure formulaire nous devons distinguer les actions de droit strict et les actions de bonne foi.

Gaius enseigne que dans les actions de droit strict la compensation, sauf deux exceptions (1), n'était pas admise : le défendeur devait se laisser condamner, puis intenter une autre action contre son adversaire pour se faire désintéresser.

Dans les actions de bonne foi, la compensation était admise si les deux créances opposées provenaient *ex eadem causa* (2) : le juge réglant le différend d'après l'équité et la bonne foi pouvait tenir compte de toutes les prétentions des

(1) Gaius, Comm. IV, §§ 64 et 65.

(2) Gaius, Comm. IV. §§ 41 et 41.

parties qui avaient rapport à l'objet du litige. Les mots *ex fide bona* ou *quid œquius melius* (1) ajoutés à la fin de la formule lui donnaient toute liberté à cet égard.

L'empereur Marc-Aurèle introduisit dans le droit l'*exceptio doli generalis*, ce qui permit à la compensation de s'appliquer aux actions de droit strict. Les Prudents, en effet, formulèrent la règle : *dolo facit qui petit quod redditurus est* (2) et étendirent à notre sujet l'innovation de Marc-Aurèle.

Qu'on le remarque, dans les actions de droit strict, la compensation avait toujours lieu *ex dispari causa* : les *judicia stricti juris* n'ayant trait qu'à des contrats unilatéraux, les deux dettes ne pouvaient avoir la même cause.

Les actions de droit strict furent donc plus favorisées tout d'abord, au point de vue de la compensation, et la logique exigea bientôt que la règle que nous venons d'énoncer fût appliquée aux *judicia bonœ fidei* : cette extension eut lieu assez rapidement, et, déjà du temps de Paul, les dettes *ex dispari causa* pouvaient se compenser dans ces actions.

Jamais les Romains n'ont admis la compensation légale telle que la comprend aujourd'hui le droit Français : jamais le seul fait de la co-existence de dettes, dont deux personnes sont tenues l'une envers l'autre n'a suffi pour les éteindre. C'est toujours *exceptionis ope* que la compensation fut appliquée : l'exception était insérée dans la formule ou y était sous-entendue, selon que l'action était *stricti juris* ou *bonœ fidei*.

(1) Cicéron, *Topica*, nº 17.

(2) L. 8. Dig. *De doli mali..*, XLIV. 4.

Nous devons examiner maintenant si ces règles étaient suivies au cas d'obligations naturelles.

Si nous ne consultons que les principes généraux qui régissent les obligations naturelles, nous devrons repousser ici l'application de la compensation. Le but de la compensation étant de prévenir l'action que l'adversaire pourra intenter pour une autre dette, et d'éviter ainsi des frais et des lenteurs de procédure inutiles, nous sommes forcés d'admettre que, l'obligation naturelle n'étant pas munie d'action, et, par conséquent, le créancier naturel ne pouvant obliger son débiteur au payement, ce dernier ne pourra se voir opposer la compensation, puisque le but que le législateur s'est proposé n'existe plus.

En envisageant les conséquences de la doctrine contraire, nous ne pourrons que nous confirmer dans notre opinion : ces conséquences sont vraiment désastreuses dans certains cas : ainsi le fils de famille empruntant, contrairement aux dispositions du Sénatus-Consulte Macédonien, et tenu pour ce fait d'une obligation naturelle, pourra être contraint au payement si on applique les principes de la compensation. Si nous supposons que ce fils ait emprunté à une personne qui, elle-même était débitrice de son père, à la mort de ce dernier, cette personne opposerait la compensation au fils, représentant et héritier de ce père, qui viendrait lui réclamer le payement de sa dette civile ! La compensation, même *ex alia causa* libérerait un créancier civil au profit d'un créancier naturel !

Si les principes paraissent évidents, il n'en est malheureusement pas de même des textes : sous le nom d'Ulpien, les compilateurs de Justinien ont inséré au Digeste le passage suivant : *Etiam quod natura debetur venit in compensationem* (1).

Si cette règle est exacte, nous aboutirons immédiatement à la conclusion suivante : toute action pourra être repoussée au moyen de la compensation d'une obligation naturelle quelconque, car, dans le système formulaire, toutes les condamnations étant pécuniaires (2), les conditions exigées pour la validité de la compensation seront remplies.

Avec M. Massol (3), nous ne craignons pas de dire que la compensation n'avait point cette puissance en ce qui concerne les obligations naturelles.

Nous avons vu plus haut, qu'en principe, la compensation ne fut admise que *ex eadem causâ* : ce n'est que beaucoup plus tard qu'elle fut autorisée *ex dispari causâ*, sous Marc-Aurèle. Or, le texte précité appartient à un ouvrage d'Ulpien sur Sabinus, et, à l'époque où vivait ce dernier, la compensation n'existait qu'*ex eadem causâ* : Ulpien se bornait probablement à reproduire l'opinion de Sabinus à l'égard de l'obligation naturelle, et cette opinion ne devait se rapporter qu'à la compensation *ex eadem causâ* (4).

La compensation ne sera plus, dès lors, qu'un véritable droit de rétention, et, dans ces limites restreintes, elle peut

(1) L. 6, Dig. *De compensationibus*, XVI. 2.

(2) Gaius, Comm. IV, § 52.

(3) Massol, *loc. cit.*, p. 68.

(4) M. Massol, *loc. cit.*

s'expliquer : une personne ne contracte civilement avec une autre, qu'à la condition de remplir ses devoirs, et si, par le fait des circonstances l'une est obligée civilement et l'autre naturellement pour les mêmes causes, il peut être équitable de ne pas trop favoriser le créancier civil au détriment du créancier naturel.

La question de l'admissibilité ou du refus de la compensation ne se posera jamais lorsqu'on se trouvera en présence d'une obligation morale, et pour les causes que nous avons indiquées plus haut : l'indétermination dans les termes de l'obligation et l'impossibilité d'intenter une action.

Notre conclusion sera donc celle-ci : La base de l'obligation naturelle, en droit Romain, se trouve, d'après les textes, dans le *jus gentium* ou droit naturel ; leur introduction dans le droit tient à l'organisation des pouvoirs publics à Rome ; l'obligation naturelle sera toujours dépourvue d'action, mais son caractère distinctif sera de constituer une véritable dette, et, à ce titre, de faire partie des biens du créancier : il en sera ainsi chaque fois que les trois termes de créancier, débiteur, et dette seront déterminés.

# CHAPITRE DEUXIÈME.

## EFFETS DES OBLIGATIONS NATURELLES.

Après avoir étudié le caractère et l'origine des obligations naturelles, nous devons examiner les effets que produisent ces obligations en droit Romain.

Nous avons montré, dans le précédent chapitre, que le
débiteur naturel, si nous pouvons nous exprimer ainsi, était
tenu d'une véritable dette envers son créancier : aussi nous
ne nous étonnerons pas de voir que ces effets sont les
mêmes que ceux produits par l'obligation civile. Sans doute
l'action fera toujours défaut et ne viendra jamais sanctionner ces obligations, que, pour cette cause, on appelle *imparfaites*, mais tous les autres effets accessoires des obligations
parfaites pourront se réaliser. Les textes du Digeste confirmeront cette règle générale.

Dès lors, ce lien naturel qui unit le débiteur et le créancier deviendra plus fort. Ce dernier pourra espérer le payement de créances que le droit civil n'a pas reconnues expli-
citement, mais qui n'en existent pas moins au point de vue
de l'équité. Le droit se corrigera en quelque sorte lui-même,
et les obligations que le législateur ne pouvait rendre parfaites à cause des faibles moyens dont il disposait pour en re-

connaître la véritable existence, seront exécutées grâce aux moyens que ce même législateur met à la disposition des contractants.

L'obligation naturelle exécutée empêchera l'action en répétition de la part du débiteur mécontent ; elle pourra être garantie vis-à-vis du créancier par une fidéjussion, un gage ou une hypothèque ; les parties l'éleveront au rang d'obligation civile et la muniront d'action par le constitut, la novation, la ratification ; enfin, faisant partie des biens du créancier, celui-ci pourra la céder à un tiers. Tels sont les effets que l'on attribue généralement aux obligations naturelles.

Les auteurs qui ne distinguent pas comme nous, entre les obligations naturelles et les obligations morales, résolvent négativement la question de savoir si toutes les obligations imparfaites produisent les mêmes effets. Ils sont, en cela, logiques avec leur doctrine qui met, sous le même titre, des causes dont les effets diffèrent. Pour nous, qui croyons devoir séparer avec soin ces deux sortes d'obligations, nous estimons que les obligations naturelles ont, toutes, le même pouvoir et la même force.

Julien dit, en termes aussi généraux que possible, que ce qui a été payé par suite d'une dette naturelle ne peut être répété : *cum soluta pecunia repeti non possit* (1), et il ajoute, dans un autre passage (2) : *quod enim solutum repeti non*

(1) L. 16. § 4. Dig. *De fidejussoribus*. XLVI. 1.
(2) L. 7. *Ibid.*

*potest, conveniens est hujus naturalis obligationis fidéjusso-*
*rem accipi posse.*

Il résulte de ces textes que la *condictio indebiti* sera toujours refusée, et la fidéjussion toujours possible. Il est difficile d'admettre des exceptions : et, si les auteurs sont obligés
d'en reconnaître, c'est qu'ils font rentrer dans la classe des
obligations naturelles, des obligations qui n'ont pas ce caractère. On pourra se convaincre que, pour la novation, le
constitut, et les autres effets que nous examinerons, les
termes des différentes citations que nous produirons sont
aussi formels et aussi généraux.

Deux objections ont été faites à cette théorie. On a prétendu que dans deux cas spéciaux où tout le monde admettait l'existence d'obligations naturelles, la fidéjussion ne
pouvait valablement accéder à ces obligations.

Le premier cas est prévu par un texte de Gaius inséré au
Digeste (1) ; ce passage contient deux dispositions : il dit d'a-
bord que le tiers qui s'est engagé pour garantir l'obligation
de la femme qui a intercédé, contrairement aux prescriptions
du Sénatus-Consulte Velléien, pourra opposer à l'action du
créancier l'exception de ce Sénatus-Consulte. Il ajoute que
la règle sera la même dans le cas où un fidéjusseur aurait
accédé à l'obligation du fils de famille empruntant contrairement aux dispositions du Sénatus-Consulte Macédonien.
La première partie du texte, celle qui a rapport à l'intercés-
sion de la femme, n'est d'aucune importance actuellement :

_____

(1) L. 2. Dig. *Quæ res pignori.* XX. 3.

nous devons seulement examiner la seconde partie, dont on a voulu tirer un argument contre notre opinion.

De nombreux fragments au Digeste (1), apprennent que l'exception nécessaire pour repousser la demande du créancier, est accordée au fidéjusseur, qui, en vertu d'un mandat donné par le fils de famille, a garanti les emprunts faits par ce dernier. Il est probable, que, si le garant avait connu la position d'*alieni juris* de son mandataire, il n'aurait pas consenti à lui offrir ses services, puisqu'il aurait su qu'en cas de poursuites, il n'avait aucun droit de recours contre son codébiteur. Ceci est tellement vrai, que le fidéjusseur, garantissant l'obligation du fils, mais *animo donandi*, ne pourra opposer au créancier l'exception du Sénatus-Consulte. *Nullum regressum habeat, senatus-consultum locum non habebit.* Telle est la règle générale à appliquer. On voit que si, dans le texte précité, on refuse de secourir le fidéjusseur, c'est par respect pour ses intentions, attendu qu'on ne peut le soumettre à un engagement dont il ignorait la portée.

La fidéjussion produira donc, lorsque telle sera l'intention de la caution, tous les effets qui lui sont attribués d'ordinaire, en matière d'obligations naturelles.

Le second texte est de Paul (2) et est ainsi conçu : *Item si filius a patre, vel servus a domino stipuletur, nec fidejussor acceptus tenetur : quia non potest pro eodem, et eidem esse obligatus.* D'après ce fragment, la fidéjussion ne peut

(1) L. 7 § 1. Dig. *De Exceptionibus*, XLIV. 1. — L. 9 § 3. Dig. *Ad SCtum Macedonianum*, XIV. 6.

(2) L. 56 § 1. Dig. *De Fidejussoribus*, XLVI. 1.

accéder à l'obligation du fils ou de l'esclave, contractée envers le père ou le maître. On est pourtant, dit-on, en présence d'une obligation naturelle, et nous devrions signaler une exception à la règle absolue posée précédemment.

Nous répondrons que cette solution est commandée par la logique des choses : et le caractère de l'obligation en elle-même n'entre pour rien dans la solution donnée par le jurisconsulte Paul.

Le fils ne peut être actionné par son père, parce que, empruntant à ce dernier sa capacité, il y a confusion dans la qualité des personnes : le père, tenant entre ses mains toutes les créances et toutes les dettes, serait son propre créancier et son propre débiteur. Cette obligation naturelle ne s'est formée entre le père et le fils que pour le temps où le lien de puissance n'existera plus, lorsque, par exemple, le fils sera émancipé. Jusque-là, on peut dire que l'obligation naturelle elle-même n'existe qu'à l'état latent : à cette époque seulement, un payement sera valablement effectué. Aussi le fidéjusseur donné avant cette époque, et c'est uniquement ce que veut exprimer le texte, *non tenebitur* : car aucune obligation n'existe et ne peut exister.

Dès que cette confusion en la qualité des personnes cesse, même partiellement, l'obligation naturelle prend naissance : si nous supposons que le fils ait un pécule, c'est-à-dire un patrimoine ne dépendant pas du père, l'obligation naturelle pourra être éteinte par le payement, et, par conséquent, devenir l'objet d'une fidéjussion (1).

(1) L. 38 § 1. Dig. *De Fidejussoribus* XLVI. 1.

En résumé, dans les deux hypothèses que nous venons d'examiner, on ne doit pas voir de dérogation à la règle générale que nous avons posée et que nous croyons vraie : toutes les obligations naturelles sont capables de produire les mêmes effets.

## SECTION I.

### L'OBLIGATION NATURELLE EMPÊCHE LA RÉPÉTITION.

Ce premier effet découle logiquement du caractère que nous avons attribué aux obligations naturelles. Dès que nous admettions que celui qui était tenu naturellement était véritablement débiteur, nous devions refuser à ce débiteur la *soluti repetitio*.

Le Préteur, en délivrant au débiteur naturel la formule de la *condictio indebiti*, ordonne au juge de vérifier : « *Si paret nummos indebitos solvisse.* » Le juge, évidemment, devra répondre *non* en cas d'obligation naturelle : la dette reposant ici sur l'équité, il ne serait pas juste d'admettre une *condictio* qui repose elle-même sur l'équité (1).

Cette solution est d'ailleurs confirmée par de nombreux textes au Digeste. Nous n'en citerons que quelques-uns.

Tout d'abord, un texte de Nératius (2), sur l'explication

(1) L. 66, Dig., *De Condict. Indebiti,* XII. 6.

(2) L. 41, Dig., *h. t.*

duquel nous aurons à revenir, cite un cas où la répétition est admise, et il en donne comme raison, l'inexistence d'une obligation, *même* naturelle : *Quod pupillus sine tutoris auctoritate promiserit, et solverit, repetitio est, quia nec natura debet.*

En second lieu, un texte de Tryphoninus (1) nous apprend qu'il importe peu que le débiteur ait eu ou non l'intention de se libérer de l'obligation naturelle : que si, par exemple, le maître d'un esclave, se croyant tenu civilement envers lui, vient à le payer, la répétition n'en sera pas moins refusée au maître : « *Si quod dominus servo debuit manumissus, quamvis existimans ei se aliqua teneri actione, tamen repetere non poterit.* » L'existence de l'obligation naturelle suffit à elle seule pour valider le payement.

Dans la plupart des cas, le créancier naturel qui aura été payé n'aura aucune exception à faire insérer dans la formule délivrée par le Préteur, à celui qui se plaint d'avoir indûment payé. Chaque fois que le débiteur intentera la *condictio indebiti*, son adversaire, comme nous l'avons expliqué au début de cette section, devra nécessairement triompher par le seul fait qu'il y aura obligation naturelle.

Mais il est aussi des cas où le débiteur qui a payé n'intentera pas la *condictio indebiti :* dans les hypothèses où il intentera l'action en revendication, action de droit strict, le secours de l'exception insérée dans la formule sera nécessaire au créancier. Nous trouvons au Digeste

---

(1) L. 64. Dig., *De Condict. Indebiti*, XII. 6.

l'exemple suivant : un fils de famille, ayant emprunté de l'argent, contrairement aux dispositions édictées par le Sénatus-Consulte Macédonien, désintéresse le créancier avec l'argent de son père (1). Ce dernier peut *vindicare nummos* puisque son fils a transféré une propriété qui ne lui appartenait pas. Le texte de loi auquel nous faisons allusion, suppose, en outre, que le fils devient héritier de son père, et, par conséquent, maître des actions de son auteur. Si en vertu de ce droit d'héritier, le fils agit contre son créancier par la *vindicatio*, il ne pourra être repoussé comme débiteur naturel, que si son ancien prêteur fait insérer dans la formule l'*exceptio doli*.

Ce ne sera donc que dans les actions reposant sur l'équité, et dans celles où le juge formera ses convictions non sur les termes précis et exacts de la formule, mais sur la bonne foi, que l'*exceptio doli* n'aura pas besoin d'être inscrite, pour donner au payement de l'obligation naturelle une force inattaquable. Dans les autres, au contraire, comme le dit Papinien (2), cette obligation aura besoin du secours de l'exception : *habet auxilium exceptionis.* Il n'y a ici, en réalité, qu'une question de procédure : la règle reste toujours la même : le débiteur d'une obligation ne peut après le payement de sa dette, répéter le prix à son créancier.

Dans le cas où le débiteur, tenu de plusieurs dettes,

(1) L. 26, § 9, Dig., *de Cond. indeb.*, XII. 6.

(2) L. 94, § 3, Dig., *de Solut.*, XLVI. 3.

n'a pas fait lui-même l'imputation du payement qu'il offrait à son créancier, on peut se demander comment s'effectuera cette imputation : la question est intéressante, car de sa solution, dépendra le point de savoir s'il y a lieu d'accorder ou de refuser la *condictio indebiti,* au cas où le créancier aura imputé la somme reçue, sur la dette naturelle.

Nous pensons que, dans le silence du débiteur, le créancier ne peut faire l'imputation sur la dette naturelle : cette dette, en effet, n'est pas exigible, et de plus, la volonté du débiteur étant incertaine, on aurait pu lui faire éteindre une dette contre sa volonté. Cependant, s'il s'agit d'un créancier gagiste qui se paie avec l'argent provenant de la vente du gage, il peut imputer comme il veut : ici, en effet, c'est lui qui se paie, et il est libre, en conséquence, de faire le paiement à sa guise. *Nam cum debitor solvit pecuniam, in potestate ejus esse commemorare, in quam causam solveret: cum autem creditor pignus distraheret, licere ei pretium in acceptum referre, etiam in eam quantitatem, quæ natura tantum debebatur ; et ideo deducto eo debitum peti posse* (1).

Il est inutile de dire que si le payement n'a pas été fait valablement la *condictio indebiti* sera accordée au débiteur : ceci se présentera dans toutes les hypothèses d'obligations naturelles pour incapacité du débiteur, et où le débiteur encore incapable voudra se libérer en désintéressant son créancier.

(1) L. 101, § 1, Dig., *De Solut. et Liber.* XLVI. 3.

5

## SECTION II.

### L'OBLIGATION NATURELLE ADMET LA FIDÉJUSSION.

Dépourvue d'action, l'obligation naturelle n'offre la plupart du temps au créancier qu'une créance illusoire. Aussi a-t-il intérét, si son débiteur ne peut être vis-à-vis de lui que dans la position de débiteur naturel, à trouver une personne répondant de la dette et la garantissant.

Puisque l'obligation naturelle est une véritable dette pour celui qui en est tenu, un fidéjusseur pourra accéder à cette obligation. Les textes, d'ailleurs, sont loin de contredire cette solution : *At ne illud quidem interest*, dit Justinien, *utrum civilis an naturalis sit obligatio cui adjiciatur fidejussor* (1). Julien, au Digeste, n'est pas moins formel : *Fidejussor accipi potest, quotiès est aliqua obligatio civilis vel naturalis cui applicetur (2).*

Pour le fils de famille, contractant contrairement aux dispositions du Sénatus-Consulte Macédonien (nous y reviendrons plus bas), le préteur n'aura de recours contre le fidéjusseur que si ce dernier a agi *animo donandi* ; autre-

(1) Institutes, § 1 *De fidejussoribus*, l. III tit. XX. — Gaius, Comm. III § 119.

(2) L. 16 § 3. Dig. *De fidejussoribus*, XLVI. 1.

ment, comme nous le montrerons, le but du Sénatus-Consulte sera paralysé (1).

La fidéjussion offre au créancier le grand avantage de le garantir non-seulement lorsqu'elle accède directement à une obligation naturelle, mais même encore lorsque son obligation civile a dégénéré en obligation naturelle : *Ubicunque reus ita liberatur a creditore ut natura debitum maneat, teneri fidejussorem respondit : cum vero genere novationis transeat obligatio, fidejussorem, aut jure aut exceptione liberandum* (2). La solution du jurisconsulte Scœvola est fort importante au point de vue pratique et très équitable pour le créancier.

La position de ce dernier pourrait, dans certains cas, devenir désastreuse : parce qu'il a plu à une personne de changer de famille, en un mot, de devenir *capite deminutus*, toutes ses dettes civiles deviendront naturelles. Le créancier est privé de toutes ses actions (3). S'il a eu soin de garantir ses créances par une accession de fidéjusseur, sa situation restera à peu près la même qu'auparavant : en tout cas, il peut agir valablement contre le fidéjusseur.

La règle posée par Scœvola est capitale lorsqu'on traite des obligations naturelles : chaque fois, en effet, que la fidéjussion survivra à l'extinction d'une obligation civile, nous

---

(1) L. 7 § 1. Dig. *de except.* XLIV. 1 et L. 9 § 3. Dig. *de SCto Macedoniano*, XIV. 6.

(2) L. 60. Dig. *De fidejussoribus*, XLVI. 1.

(3) L. 2 § 2. Dig. *De capite minutis*, IV. 5.

devrons constater l'existence d'une obligation naturelle, dont elle sera la garantie accessoire.

Ce n'est pas à dire cependant que chaque fois que l'obligation naturelle subsiste, la fidéjussion continue à être valable. Scœvola, lui-même, fait remarquer que la règle ainsi entendue serait inexacte. Nous n'en voulons qu'un exemple. Au temps de ce jurisconsulte la *litis contestatio* libérait toujours les fidéjusseurs, ce qui n'empêchait pas l'obligation naturelle de subsister. Il est vrai que sous Justinien cet exemple n'était plus bon, puisque le payement seul libérait les fidéjusseurs (1), mais il nous prouve qu'il ne faut pas s'attacher à la règle qu'il propose : elle nous servira seulement à reconnaître l'existence d'obligations naturelles quand un texte nous enseignera que la fidéjussion survit à l'obligation civile éteinte.

Remarquons que le créancier d'une obligation naturelle n'ayant pas d'action contre son débiteur, les fidéjusseurs qui auront payé ne pourront user des divers bénéfices que la loi leur a accordés. Ils n'auront pas le bénéfice de cession d'action puisque le débiteur n'est pas susceptible d'être poursuivi en justice. Ils n'auront pas non plus le bénéfice de discussion.

Ce bénéfice, créé par Justinien en l'an 535 (2), permet au fidéjusseur de refuser le payement et d'échapper à toute action tant que le débiteur principal n'aura pas été pour-

(1) L. 28, C. *De fidejussoribus*, VIII. 41.
(2) Novelle IV. Ch. I.

suivi, et son insolvabilité constatée par la vente de ses biens. Il ne pouvait être question ici de ce bénéfice puisque le débiteur d'une obligation imparfaite ne pouvait être actionné et pouvait, dès lors, se refuser à se laisser discuter.

## SECTION III.

### L'OBLIGATION NATURELLE ADMET LE GAGE ET L'HYPOTHÈQUE.

---

De même que la fidéjussion, le gage assure au créancier le payement de sa créance et supplée ainsi à l'action qui lui est refusée.

Comme les précédents, cet effet que nous attribuons aux obligations naturelles ne découle pas seulement des principes généraux que nous avons établis plus haut, mais encore des textes qui sont insérés au Digeste. Marcien enseigne : *Res hypothecæ dari posse sciendum est pro quacumque obligatione...... et vel pro civili obligatione vel honoraria, vel tantum naturali* (1).

Un texte semble cependant, au premier abord, conduire à une solution contraire. C'est un passage de Gaius, ainsi conçu : *Si alius pro muliere quæ intercessit, dederit hypothecam , aut pro filiofamilias cui contra senatus-consultum creditum est : an his succurritur, quæritur? Et in eo quidem*

---

(1) L. 5, pr. Dig. *De pignoribus et hypothecis*, XX. 1.

*qui pro muliere obligavit rem suam facilius dicetur succurri ei : sicuti fidejussori hujus mulieris eadem datur exceptio. Sed, in eo, qui pro filiofamilias rem suam obligavit, eadem dicenda erunt quæ tractantur et in fidejussore ejus* (1). Le texte décide que le tiers qui aura donné une hypothèque, comme garantie de l'engagement du fils de famille traitant contrairement aux dispositions du Sénatus-Consulte Macédonien, aura le droit d'invoquer l'exception de ce Sénatus-Consulte. Ce tiers est assimilé par le texte lui-même au fidéjusseur. Les raisons par lesquelles nous avons justifié la situation particulière qui incombait au fidéjusseur dans l'hypothèse dont il s'agit ici, sont les mêmes en cas d'ypothèque : nous n'avons pas à y revenir, et nous renvoyons pour les développements à ce que nous avons dit à la précédente section.

On se demande quelle sera la valeur du gage ou de l'hypothèque dans les mains du créancier. Précisons la question. Le créancier de l'obligation naturelle aura-t-il l'action hypothécaire, ou n'aura-t-il qu'un droit de rétention, droit qui ne pourrait, dès lors, lui appartenir que dans le cas où la chose hypothéquée serait entre ses mains ?

Il semble que la question ne doit soulever aucun doute, et que la loi Romaine, permettant de garantir hypothécairement l'obligation naturelle, accorde par ce fait même à cette hypothèque tous les effets qu'elle lui laisse produire ordinairement. C'est ce que tous nos jurisconsultes anciens avaient cru comprendre.

(1) L. 2, Dig. *Quæ res pignori*, XX. 3.

De nos jours, quelques auteurs ont soutenu que l'action serait toujours refusée au créancier, et que le seul avantage qu'il pourrait retirer de l'hypothèque serait le droit de rétention, dans le cas assez rare où il peut l'exercer.

Holtius, dans un travail publié par la *Revue critique de législation*, cherchant à démontrer qu'en droit Romain, les obligations naturelles n'avaient aucune importance, devait nécessairement être amené, par la logique de son sujet, à décider que le gage ou l'hypothèque ne produisait que des effets fort restreints. Schulting et Weber, avaient déjà professé la même doctrine ; nous allons résumer les principaux arguments qu'ils invoquent et essayer de les réfuter (1).

En premier lieu, dit-on, il est de règle que l'accessoire suit toujours le sort du principal. *Accessorium sequitur sortem rei principalis.* Or, dans le cas qui nous occupe, la loi, refusant d'accorder l'action à l'obligation naturelle, qui est l'obligation principale, il en résulterait que l'action doit être également refusée lorsqu'on veut obtenir l'exécution de l'obligation accessoire, le payement du tiers qui donne ses biens en hypothèque.

La réponse à ce premier argument est assez facile à faire. Outre que les adages ne sont pas toujours d'une vérité absolue, il ne faut les appliquer qu'avec la plus extrême prudence et après en avoir mûrement pesé tous les termes. Pour n'en citer qu'un exemple , nous rappellerons un

---

(1) V. Holtius. *Revue critique de législation.* 1852. T. III. P. 44.

texte de Scévola (1) dont nous avons parlé plus haut, d'après lequel le fidéjusseur dónné comme garantie d'une obligation civile, demeurera tenu envers le créancier, malgré l'extinction de cette obligation civile et son changement en obligation naturelle. Nous serons donc en présence d'une obligation accessoire et munie d'action, tandis que l'obligation principale en est dépourvue. On fait dire, en effet, à la règle *accessorium sequitur sortem rei principalis,* plus que ce qu'elle veut signifier. Elle exprime uniquement que l'objet du droit accessoire ne peut être ni plus grand ni plus étendu que celui du droit principal ; mais elle ne porte nullement sur la nature et les effets de ce droit accessoire.

On insiste cependant. Mais cette fois on invoque un texte. Le créancier, dit-on, ne peut avoir d'action contre le tiers qui a fourni le gage, car le détenteur du gage a le droit de lui demander la cession des actions qu'il a contre le débiteur. C'est du moins ce que Scévola nous apprend : *Mulier in dotem dedit marito prœdium pignori obligatum, et testamento maritum..... instituit ; creditor, cum posset heredes convenire idoneos, ad fundum venit : quœro, an, si ei justus possessor offerat, compellendus sit jus nominis cedere ? Respondi : posse videri non injustum postulare* (2). Dans le cas spécial qui nous occupe actuellement, le créancier ne pourra, dit-on, satisfaire à la demande du tiers détenteur : n'ayant pas d'action, puisque l'obligation est naturelle, il ne pourra la céder.

(1) L. 60 Dig. *De fidéjussoribus.* XLVI. 1.
(2) L. 19. Dig. *Qui potiores in pignore.* XX. 4.

Ce texte n'a pas la portée qu'on lui attribue. Il signifie simplement que le créancier doit faire la prestation de son droit et non la prestation de ses actions. Il porte seulement : *compellendus sit jus nominis cedere.* Ce n'est pas le droit qui sera cédé par le créancier agissant hypothécairement. D'ailleurs, dans le langage romain les actions étaient synonymes de droits, d'obligations. Il n'y a, en réalité, de véritables obligations sans actions, et les mots *prœstare actiones,* sont fréquemment employés pour dire : céder ses droits, céder ses titres (1). On ne pourrait donc argumenter de cette expression dans l'opinion contraire à la nôtre.

Enfin, on objecte une constitution de Sévère et de Philippe insérée au Code (2) : *Pignoribus quidem intervenientibus,* y est-il dit, *usurœ, quœ sine stipulatione peti non poterant, pacto retineri possunt.* Il y a eu convention d'intérêts par simple pacte, et non en vertu d'une stipulation comme cela était nécessaire puisqu'il s'agissait d'un *mutuum.* Le débiteur paie le capital et doit encore les intérêts : mais malgré cette dette, il demande la restitution du gage : le créancier, au contraire, demande à retenir ce gage jusqu'à complet payement. Les empereurs Sévère et Philippe, consultés sur cette question, ont décidé que le droit de rétention appartenait au créancier : mais est-ce à dire qu'ils lui refusaient par là-même l'action hypothécaire ? N'ayant à répondre qu'à la demande qui leur était adressée, les empereurs ont donné la solution

(1) L. 36. Dig. *De fidejussoribus.* XLVI. 1.

(2) LL. 4 et 22. C. *De usuris.* IV. 32.

que nous venons de reproduire, mais n'ont pas entendu, par ce fait, préjuger le point sur lequel nous discutons en ce moment.

Il ressort donc, de tout ce que nous avons dit jusqu'ici, que, ni les principes généraux du droit, ni les textes du Digeste ne peuvent conduire à décider que le créancier n'a, à l'égard du tiers qui a fourni hypothèque, qu'un droit de rétention, et que le droit d'intenter l'action hypothécaire lui est refusé. Nous devons maintenant démontrer que, tout au contraire, cette action lui est accordée.

Il est rationnel et logique d'adopter cette doctrine. Le créancier aura fort rarement entre les mains l'objet hypothéqué et ne pourra, dès lors, retenir son gage en cas d'inexécution de l'obligation. Sa sûreté serait ainsi presque illusoire, et si la loi romaine la lui accorde elle doit la lui accorder avec tous ses avantages et tous ses bénéfices.

Au point de vue des textes nous pouvons invoquer une constitution d'Alexandre Sévère (1) qui prévoit le cas d'intérêts dus sur simple pacte : il décide que dans ce cas on peut intenter une action, qui, évidemment, est l'action hypothécaire : *præstare usuras oportet si eas dependi saltem pacto placuit.*

De plus, un rescrit de Gordien confirme cette règle (2) : dans les hypothèses où l'action personnelle est éteinte et où, en conséquence, il ne subsiste plus qu'une obligation natu-

(1) L. 2, C. *De fiscalibus usuris,* X. 8.

(2) L. 2, C. *De luitione pignoris,* VIII. 31.

relle, l'hypothèque conserve ses effets, et garantit toujours efficacement la nouvelle dette : *Intelligere debes, vincula pignoris durare, personali actione submota.*

## SECTION IV.

### L'OBLIGATION NATURELLE ADMET LE CONSTITUT.

Le constitut est une convention par laquelle quelqu'un s'engage à payer une dette déjà existante. Il faut, disent les textes, pour que le constitut puisse produire ses effets, que la dette antérieure soit au moins naturelle : *debitum autem vel natura sufficit.* (1)

Le constitut est, à notre avis, un des plus grands avantages accordés par la loi au créancier d'une obligation naturelle. Par lui, en effet, sa créance sera désormais munie d'action : elle aura l'action du constitut, l'action *de pecunia constituta,* ou *constitutoria* (2). Par lui, et sans aucun autre secours, le créancier pourra faire accéder à son obligation principale une obligation civile, par exemple, fournir un gage ou un fidéjusseur (3).

Le créancier aura même intérêt à se servir de ce mode

(1) L. 1 § 7. Dig. *De pecunia constituta,* XIII. 5.

(2) L. 20. Dig. *h..t.*

(3) L. I. § 5; L. 14, §§ 1 et 2. Dig. *De pecunia constituta,* XIII. 5.

pour demander des garanties accessoires. Nous savons que la fidéjussion qui garantit une somme plus forte que le chiffre de la dette principale est nulle (1). Au contraire, le constitut contracté dans les mêmes conditions, sera seulement réductible (2).

A ce propos on s'est posé la question suivante : une obligation naturelle ne subsistera-t-elle pas, en faveur du créancier, au lieu et place de la somme ainsi réduite ? La négative nous semble résulter du texte suivant, qui porte que c'est uniquement par exception que tout le contrat n'a pas été déclaré nul : *Remanserunt apud me quinquaginta ex credito tuo, ex contractu pupillorum meorum, quas tibi reddere debebo idibus maiis probos : quod si ad diem suprascriptum non dedero, tunc dare debebo usuras tot..... Quæro an..... de constituta teneatur ? Marcellus respondit, in sortem teneri, est enim humanior et utilior ista interpretatio* (3). Il résulte de ce passage que la solution que nous avons donnée plus haut, est admise parce qu'elle est *humanior et utilior* : si on eût appliqué les principes de la fidéjussion et le droit commun, la nullité eût été la règle : il ne faut donc pas se montrer ici encore plus large que le texte, et nous devons refurer à l'obligation, pour le surplus, le caractère d'obligation naturelle.

Dans le droit antérieur à Justinien, le constitut procurait,

(1) Gaius, Comm. III, § 126.

(2) L. 12, Dig. *De pecunia constituta*, XIII. 5.

(3) L. 24. Dig. *Ibid.*

en matière de garantie, une nouvel avantage au créancier. Il était de règle que la poursuite dirigée par le créancier contre un des fidéjusseurs libérait tous les autres : en cas de constitut, elle laissait subsister l'obligation des codébiteurs. Sous Justinien, il est vrai, cet avantage avait disparu, puisque ce prince avait décidé que le payement seul libérerait les fidéjusseurs (1).

Au lieu d'employer la stipulation pour rendre civiles leurs obligations naturelles, les parties devaient se servir plus fréquemment du constitut : le formalisme romain ne vient plus, dans le constitut, gêner l'expression de la volonté des parties : il a sur la stipulation, ce premier avantage, de n'être soumis à aucune forme déterminée (2).

Il est permis de se demander pourquoi les jurisconsultes romains abandonnèrent ici les principes du formalisme. Ulpien nous en donne la raison suivante : Le constitut a été admis parce qu'il est grave de manquer à sa parole : « *Hoc edicto, prætor favet naturali œquitati, qui constituta ex consensu facta custodit, quoniam grave est fidem fallere.* » (3). Mais alors pourquoi la loi romaine a-t-elle posé ce principe : *Ex pacto actio non nascitur ?* Il est tout aussi grave de manquer à sa parole, lorsqu'on s'est engagé par un pacte, que lorsqu'on a fait un constitut.

La seule raison qu'on puisse en donner, selon nous, c'est

(1) L. 28 C. *De fidejussoribus.* VIII. 41.

(2) L. 14, § 3. Dig. *De pecunia constituta,* XIII. 5.

(3) L. I pr. Dig. *Ibid.*

qu'au point de vue des interprètes de la convention, il est plus facile de se rendre compte de la volonté des parties dans un constitut que dans un pacte. Dans le constitut, il ne peut subsister aucun doute sur cette volonté, puisqu'on ne fait, en général, que fixer la date du payement d'une obligation antérieure, et déjà existante. Les parties affirment une seconde fois les liens qui les unissent.

Le constitut a, sur la stipulation, un second avantage, que nous considérons comme le plus important, c'est de pouvoir être fait *inter absentes*. Les parties auraient peut-être voulu recourir à la stipulation pour rendre civile leur obligation imparfaite, mais étant en des pays différents et peut-être éloignés, il leur était impossible d'avoir recours à ce mode de contracter. Le constitut, leur permettait facilement de munir d'action les obligations naturelles dont elles étaient tenues.

Nous verrons plus loin que l'obligation naturelle admet également la novation et peut ainsi se transformer en obligation civile : le constitut sera encore plus avantageux que la novation, en ce sens que dans la novation la première dette est éteinte pour faire place à une nouvelle ; tandis que dans le constitut, la première dette subsiste, et le créancier, en cas de changement de débiteur, par exemple, a le choix d'agir non-seulement contre le nouveau débiteur mais même contre l'ancien.

Cette remarque est surtout fort importante si nous supposons que l'obligation civile primitive, s'est, par la novation ou le constitut, transformée en obligation naturelle. Le créancier qui aura fait nover son droit, perdra, par la novation, l'action qu'il possédait antérieurement, et n'en acquerra aucune. Si, au lieu d'user de la novation, ce créancier a fait un constitut, il pourra encore se servir de l'ancienne action, et poursuivre le payement de l'obligation civile primitive, si son débiteur naturel ne s'exécute pas.

Avant de terminer cette section nous devons parler d'une question que se pose M. Accarias (1) et que le savant auteur ne résout pas.

Selon Justinien, l'action *de pecunia constituta* était perpétuelle en principe et annale dans quelques hypothèses exceptionnelles. Ces hypothèses, ne seraient-elles pas, dit M. Accarias, celles où le constitut intervenait sur une obligation temporaire ou simplement naturelle ?

Disons, tout d'abord, qu'aucun texte ne vient confirmer l'opinion, exprimée d'une manière dubitative, il est vrai, par M. Accarias. Nous croyons pouvoir expliquer suffisamment de la manière suivante, la singularité signalée par Justinien : au début, l'action de *pecunia constituta* était pénale, et, par conséquent, annale. Dans la suite, elle perdit ce caractère, et on en fit une action perpétuelle. Mais dans les hypothèses exceptionnelles où les parties voulaient la considérer comme pénale, à cause de la *stipulatio pœnæ* qui y était insérée, le constitut devait suivre les règles propres aux actions pénales, et continuer de produire ses effets primitifs.

Il faudra, à peine est-il besoin de le dire, avoir la capa-

(1) Accarias. *Traité de Droit Romain*, II. 2ᵉ édition, p. 759, note 2.

cité nécessaire pour faire les actes juridiques ordinaires, lorsqu'on voudra être partie dans un constitut. Le fils de famille, par exemple, qui aura emprunté, contrairement aux dispositions du Sénatus-Consulte Macédonien, ne pourra être actionné par l'action *constitutoria*, s'il consent un constitut avant d'être *sui juris*. Autrement il serait trop facile d'éluder les défenses de la loi.

## SECTION V.

### L'OBLIGATION NATURELLE PEUT ÊTRE RATIFIÉE.

————

Une constitution des empereurs Sévère et Antonin, après avoir énuméré les hypothèses dans lesquelles le Sénatus-Consulte Macédonien ne sera pas applicable, ajoute : *vel alias agnovit debitum*, c'est-à-dire chaque fois que le fils aura reconnu sa dette (1).

De ce texte, et par analogie avec le constitut, nous devons admettre que l'obligation naturelle peut être ratifiée. Si l'on comprend bien la nature du constitut, il est facile, en effet, de voir, qu'il n'est, au fond, que la confirmation ou plutôt la ratification d'une obligation antérieure.

Souvent, il est fort difficile de reconnaître si dans un acte déterminé, il y a ou non une ratification. Des questions assez graves peuvent s'élever à ce sujet.

(1) L. 2. C. *Ad SCtum Macedonianum*. IV. 28.

On discute, entre autres, la question de savoir si le payement partiel effectué par le débiteur *sui juris*, peut être considéré comme ratifiant son obligation naturelle tout entière.

La difficulté naît de deux textes contradictoires d'Ulpien.

Dans le premier (1), le jurisconsulte cite l'exemple d'un
fils devenu *paterfamilias* qui paye une partie de ce qu'il
avait emprunté, la répétition lui sera refusée et le Sénatus-
Consulte ne recevra pas son application : *Si paterfamilias
factus solverit partem debiti, cessabit SCtum : nec solutum r.-
petere potest.*

Dans le second (2), nous sommes en présence d'un fils
devenu *pater*, qui a donné un objet en gage : l'exception du
Sénatus-Consulte lui sera refusée jusqu'à concurrence seulement de la valeur du gage : ce qui indiquerait que le
payement partiel n'a pas, ici, confirmé la seconde partie de
la dette : *Sed si paterfamilias factus rem pignori dederit,
dicendum erit Senatusconsulti exceptionem ei denegendam
usque ad pignoris quantitatem.*

Beaucoup de jurisconsultes ont renoncé à concilier les
deux textes.

Voët enseigne que dans le second cas prévu par Ulpien,
le fils n'a entendu restreindre sa reconnaissance qu'à la première partie de la dette, puisqu'il n'a donné hypothèque que
pour cette partie : les deux textes ne seraient donc pas contradictoires.

(1) L. 7. § 16. Dig. *De SCto Macedoniano.* XIV. 6.
2) L. 9, pr. Dig. *Ibid.*

6

Doneau (1) pense que le paiement partiel ne ratifie pas l'obligation naturelle pour le surplus, pas plus que l'hypothèque donnée pour garantir une partie de la dette, à moins que le débiteur n'ait eu, en payant, l'intention de donner un à-compte, ce qui serait dès lors considéré comme la reconnaissance de la totalité de la dette.

Nous croyons qu'il n'est même pas besoin de supposer la dation d'un à-compte par le débiteur pour expliquer le passage d'Ulpien. Nous avons dit plus haut, que si, devenu *sui juris*, le fils de famille payait, il n'aurait aucun droit à la répétition. Ulpien, dans le cas qui lui est soumis et qu'il est chargé de résoudre, fait simplement l'application de ce principe au payement partiel : la *condictio indebiti*, enseigne-t-il, sera refusée. Il ajoute : *nec solutum repetere potest*, ce qui ne s'applique qu'au payement partiel déjà fait, et non comme on a voulu le considérer à tort, au payement à effectuer dans l'avenir. Dans le cas d'hypothèque, la solution est la même, et, dès lors, les textes ne sont pas contradictoires (2).

Ce n'est pas à dire que l'explication présentée par Doneau soit erronée : nous admettrons évidemment que le débiteur qui, en effectuant un payement partiel, n'a entendu donner qu'un à-compte et a clairement exprimé son intention, veut ratifier par là même toute l'obligation dont il est tenu, mais nous croyons que telle n'était pas l'hypothèse prévue par

(1) Doneau, Comm. L. XII. Ch. XXVIII, nos 1 et 2.
(2) V. Glück, t. XIV, § 901.

Ulpien, et nous pensons avoir montré que le passage de ce jurisconsulte pouvait s'expliquer sans avoir recours à cette supposition, que rien dans le texte n'autorise.

## SECTION VI.

### L'OBLIGATION NATURELLE PEUT ÊTRE CÉDÉE.

Comme les obligations civiles, les obligations naturelles peuvent être cédées : au lieu de faire valoir sa créance par voie d'action, le cessionnaire la fera valoir par voie d'exception. Cette règle qui est en parfaite conformité avec les principes que nous avons établis plus haut est, en outre, affirmée par plusieurs textes.

Paul dit expressément (1) : *Imo et causa naturalium obligationum transit*; et Marcien, au même titre (2) nous parle d'une obligation de ce genre, *quæ translata intelligitur*.

Les hypothèses dans lesquelles il s'agit d'appliquer le Sénatus-Consulte Trébellien sont les seules où il soit parlé de la cession des obligations naturelles : aussi, s'appuyant sur le silence des textes dans les autres cas où la question

(1) L. 40 pr. Dig. *Ad SCtum Trebellianum,* XXVI. I.

(2) L. 64. Dig. *Ibid.*

pourrait se poser, M. Schwanert (1) refuse d'admettre en thèse générale la validité de la cession. Cet auteur pense que c'est exceptionnellement que l'on fait l'application de la règle que nous proposons, au Sénatus-Consulte Trébellien, parce qu'il est question dans ce cas de la transmission d'un *universum jus* : la règle serait différente dans les hypothèses où on voudrait transférer un droit particulier, une obligation déterminée et isolée.

On peut réfuter l'opinion de M. Schwanert en faisant remarquer, avec M. Massol (2), qu'antérieurement au Sénatus-Consulte Trébellien, c'est en vertu d'une cession volontaire que s'effectuait la restitution. Le Sénatus-Consulte a été édicté pour simplifier les opérations juridiques, mais, en réalité, il suppose toujours cette cession, et dès lors il importe peu qu'elle s'applique à une universalité ou à un droit particulier.

Comme conséquence de la validité de la cession, nous permettrons au testateur de léguer son obligation naturelle : *Dominus servo aureos quinque legaverat.... Ego puto, secundum mentem testatoris, naturale..... debitum spectandum :* *et eo jure utimur* (3). Le légataire, dans ce cas, n'aura qu'une action utile (4).

Si le débiteur veut léguer sa dette à son créancier, il est,

(1) Schwanert, *Die naturalobligationen*, p. 165

(2) Massol, *Obligations naturelles*, p. 45.

(3) L. 40, § 3. Dig. *De conditionibus*, XXXV. 1.

(4) L. 18, C. *De legatis*, VI 37.

de principe, que ce legs ne sera valable qu'à la seule condition qu'il dérive du testament, pour ce créancier, un avantage
que n'avait pas l'obligation primitive (1). Au premier abord
le legs d'une obligation naturelle semble manquer à cette
règle, et on est disposé à le regarder comme nul; mais nous
admettrons, avec M. Massol (2), qu'un pareil legs sera toujours valable puisque, par le fait même du testament, le
créancier aura l'action, et, par conséquent, cette libéralité lui
sera utile.

## SECTION VII.

### L'OBLIGATION NATURELLE ADMET LA NOVATION.

Le but de la novation est d'éteindre une obligation et de
lui en substituer une nouvelle. Cette nouvelle obligation sera
toujours une obligation *verbis*. On comprend l'intérêt que
peut avoir le créancier naturel à transformer son obligation
imparfaite en obligation civile pour recueillir tous les avantages conférés à cette dernière.

Les textes nous apprennent que la novation peut être
valablement faite : *Illud non interest qualis processit obligatio,
utrum naturalis, an civilis, an honoraria* (1).

(1) Justinien, Inst. § 14. *De legatis*, liv. II. tit. XX.
(2) Massol, *loc. cit.*, p. 46.
(3) L. 1 pr. Dig. *De nov.* XLVI. 2.

On peut même nover une obligation civile en obligation naturelle (1).

M. Machelard (2) fait observer que dans cette hypothèse, c'est-à-dire dans le cas où les parties ont pensé nover une obligation civile en obligation naturelle, il n'y aura pas toujours une novation. Si nous supposons, par exemple, qu'on veuille à l'obligation primitive, substituer une obligation naturelle dérivant d'un simple pacte, nous nous trouverons en présence d'une opération nulle.

En effet, les règles à observer, en cas de novation, sont au nombre de cinq :

1° Il faut que l'objet de la nouvelle obligation soit le même que celui de l'ancienne ;

2° Que la novation soit conçue dans les formes déterminées par la loi (la stipulation) ;

3° Qu'elle contienne quelque chose de nouveau ;

4° Qu'elle soit faite *novandi causâ* ;

5° Qu'il y ait une dette à éteindre.

Ici, la deuxième de ces conditions manquant, il ne peut y avoir de novation. Quel sera, dès lors, le résultat de l'opération ?

M. Machelard enseigne, qu'il se formera généralement un constitut. Mais pourquoi un constitut ? Si dans la novation, pour qu'elle soit valable, il faut chez les parties l'intention de nover, pourquoi dans le constitut n'exigerait-on pas aussi

(1) L. 1 § 1. Dig. *De nov.* XLVI. 2.

(2) Machelard, *Obligations naturelles.* p. 85.

l'intention de faire un constitut ? La novation est caduque,
si nous pouvons nous exprimer ainsi, parce qu'une des conditions nécessaires vient à manquer : les parties n'auront rien
fait, parce qu'elles n'ont voulu rien faire autre chose qu'une
novation.

Le savant et regretté auteur appuie sa doctrine sur deux
textes (1), qui, à notre avis, n'ont aucune force probante
dans la question : ces deux textes supposent qu'on se trouve
en matière de constitut et prévoient des hypothèses à peu
près semblables. Gaius écrit : *Ubi quis pro alio constituit se
soluturum, adhuc is, pro quo constituit, obligatus manet,* ce
qui signifie que celui qui, par constitut, s'est engagé à payer,
ne libère pas par là-même celui pour qui il s'est constitué.
Nous avons admis cette règle dans la section où nous avons
parlé du constitut, mais nous ne voyons pas quel argument
on peut en tirer en faveur de la novation. M. Machelard aurait
dû être plus explicite dans la démonstration de sa doctrine.
Notre conclusion sera donc celle-ci : la novation est nulle,
par conséquent l'obligation primitive subsistera seule comme
auparavant.

Cette solution ne souffrira aucune difficulté lorsque les
parties auront eu l'intention de faire une novation par changement de cause : en effet, les choses se passent comme si
aucune opération juridique n'était intervenue. Mais dans le
cas où les parties veulent changer de débiteur, le résultat
peut paraître moins simple. Si le créancier, par exemple, a

---

(1) L. 28. Dig. *De pec. const.* XIII. 5. — L. 15. Dig. *De in rem
versio,* XV. 3.

remplacé son débiteur Primus, débiteur civil, par Secundus, débiteur tenu d'une obligation simplement naturelle, la nullité de la novation n'empêchera-t-elle pas que Secundus soit obligé naturellement, et que Primus soit libéré ?

En ce qui touche Secundus, la question nous paraît simple : il a promis par pacte la dette de Primus, il est obligé comme ayant promis ; sa promesse vaut par elle même comme obligation naturelle.

Mais Primus est-il libéré ? Ici la question est plus délicate, car on doit se demander si, en novant, le créancier n'a pas entendu faire remise de la dette à Primus.

Aucun texte ne résout la question.

D'un côté, nous savons que l'exception de dol qu'on eût accordé au débiteur Primus, était donnée très fréquemment en droit Romain : et il est possible qu'on lui permettait de s'en servir ici. Mais, nous nous trouvons aussi en face d'un principe incontestable, c'est que si on ne peut procurer à autrui l'avantage d'une créance, on ne peut non plus lui ménager le bénéfice d'une exception : *Nec paciscendo, nec legem dicendo, nec stipulando quisquam alteri cavere potest* (1). Le Préteur, en présence d'une pareille hypothèse, devait garder son entière liberté d'appréciation, et accorder ou refuser, selon les cas, *l'exceptio pacti.*

En pratique, la promesse faite par un esclave emportait novation (2). Gaius, pour résoudre cette question distingue

---

(1) L. 74. § 4. Dig. *De regulis juris*, L. 17.

(2) Gaius, Comm. III. § 179.

entre la promesse de l'esclave intéressant le pécule, et la promesse étrangère au pécule. Dans ce dernier cas, la novation est nulle et les rapports établis antérieurement continuent d'exister. Dans le premier, au contraire, la novation est valable : le stipulant aura l'exception *pacti conventi* pour repousser la demande qu'on pourra intenter contre lui, car il a eu l'intention, en consentant à la novation, de remplacer son ancienne action par l'action *de peculio*, qui peut lui procurer de plus grands avantages (1).

Dans le dernier état du droit, la novation ne résultait plus de l'emploi de telle formule déterminée. Ulpien (2) dit formellement que, si la volonté de nover existe, les effets de la novation ne sont plus empêchés par les irrégularités de la formule : le cas de la novation d'obligation civile en obligation naturelle pour défaut de forme devait donc être excessivement rare ; mais la novation conservait toujours l'importance que nous lui avons attribuée, en servant à convertir des obligations naturelles en obligations civiles.

------

(1) L. 30. § 1. Dig. *De pactis*. II. 14.
(2) L. 2. Dig. *De novatione*, XLVI. 2.

# CHAPITRE TROISIÈME.

## DES PRINCIPALES OBLIGATIONS NATURELLES.

Après avoir déterminé la nature, le caractère et les effets des obligations naturelles, il nous reste à faire l'application des principes posés aux divers cas qui peuvent se présenter. C'est encore ici par l'étude des textes que nous allons confirmer les règles que nous avons énoncées en commençant ce travail.

Nous croyons utile de rappeler les grandes lignes de la théorie que nous soutenons, afin de bien faire saisir la marche que nous comptons suivre et de mettre plus de clarté dans les solutions que nous allons proposer.

La grande difficulté consiste toujours dans l'établissement de la véritable ligne de démarcation entre l'obligation naturelle et l'obligation morale. Tout le monde est à peu près d'accord sur la question de savoir si telle ou telle obligation est civile ou naturelle, en entendant ce dernier mot dans le sens général qu'on lui prête souvent ; mais l'entente cesse, s'il faut dire qu'une obligation est naturelle ou morale.

On a même l'habitude, lorsqu'une obligation, qui n'est pas expressément déclarée nulle par la loi, et qu'on hésite à y voir le germe de l'obligation naturelle, de la ranger parmi les obligations morales. On met ainsi dans cette catégorie tout ce qui paraît douteux : c'est ce qui, pensons-nous, augmente la confusion inhérente à certaines parties de toute étude sur ce sujet.

Admettant que l'obligation morale est l'obligation fondée sur la conscience, dans laquelle les trois termes de créan-cier, de débiteur et de dette ne se trouvent pas réunis, nous déclarerons nulle toute obligation, qui ne pourra être regardée comme civile ou naturelle, mais dans laquelle les trois termes pourront exister. Nous verrons si les principes du droit positif et si ses textes confirment cette solution.

C'est dans le rigorisme du droit et dans l'incapacité du débiteur que nous trouvons la source des obligations na-turelles : c'est sous ces deux titres que nous allons passer en revue les principales.

L'engagement dérivant du pacte nu, l'obligation éteinte civilement par la prescription et par la *litis contestatio*, — les dispositions testamentaires non entourées des formes voulues, engendreront, à défaut d'obligations civiles, des obligations naturelles pouvant se grouper sous le premier titre.

Sous le second, nous rangerons les obligations contrac-tées par le fils de famille, s'engageant contrairement aux dispositions du Sénatus-Consulte Macédonien, et celles qui ont pour auteurs les personnes qu'unissent certains liens de puissance ; les obligations résultant des conventions passées par les mineurs de vingt-cinq ans, les esclaves, et celles qui survivent aux changements intervenus dans la personnalité civile du débiteur.

Dans un appendice, nous traiterons de certaines obligations, que, conformément aux remarques que nous avons faites plus haut, nous ne croyons pas devoir ranger dans la catégorie des obligations naturelles ; les unes sont de véritables obligations civiles, les autres des obligations nulles. Nous les examinerons spécialement, parce que de nombreux auteurs les rangent souvent parmi les obligations naturelles. Il est inutile d'ajouter que ce sont des questions fort controversées.

## SECTION I.

OBLIGATIONS NATURELLES PROVENANT DU RIGORISME
DU DROIT.

———————

§ 1. — *Des pactes nus.*

Dans les premiers temps de Rome, toutes les opérations juridiques s'accomplissaient au moyen d'une seule formalité : la formalité de l'*œs et libra*. Tous les droits : réels, personnels, de succession, se conféraient de cette manière.

L'aliénateur livrait sa chose à l'acquéreur qui, en échange, donnait le prix consistant en une certaine quantité d'airain ou de cuivre qu'on pesait avec une balance. L'acte se passait en présence de cinq témoins et du porteur de la balance, appelé *libripens*, qui probablement était un Préteur, ou quelque autre personnage public. Telles étaient les prescriptions de la loi.

La propriété se transféra longtemps de cette seule façon. Peu à peu la cérémonie de la pesée de l'airain fut fictive ; mais jamais de transmission possible sans l'assistance des cinq témoins et du *libripens* avec sa balance. Les droits réels se transmettaient ainsi : dans ce cas particulier la formalité s'appelait la mancipation.

Le débiteur agissait de même pour s'engager envers le créancier. Au lieu de donner une certaine quantité de cuivre ou d'airain, c'était le débiteur lui-même qui se livrait. Il appartenait dès lors à son créancier comme la terre appartient à son acquéreur. Le débiteur était lié à son créancier, il était *nexus*. De là, le nom particulier de *nexum* donné à cet engagement; mais au fond c'était le même principe : c'étaient les mêmes formalités que s'il se fût agi de la vente d'une propriété *per œs et libram*.

De même, le testateur. Il devait recourir aux mêmes modes et livrait par une vente fictive tout son patrimoine à l'héritier. L'*œs et libra* seul pouvait être employé dans cette circonstance.

En un mot, tous les droits qui d'ordinaire compétent à des personnes devaient être acquis au moyen de cette formule unique. Telle était la législation primitive.

Mais peu à peu, à mesure que Rome étendait sa domination, à mesure que de nouveaux peuples entraient dans son sein, que le commerce se développait, cette unité primitive disparut. Les relations que sa prospérité lui faisait entretenir avec les nations voisines en étaient la cause : on était trop à l'étroit dans cette formule.

Les formes du testament s'élargirent, les modes de transmission de la propriété se multiplièrent : les rapports du créancier et du débiteur devinrent plus faciles.

Cette formule unique ne pouvait se plier à toutes les exigences de la pratique : son maintien devait entraver la marche des affaires.

Ainsi le testateur étant obligé de faire une vente fictive de son hérédité, faisait connaître à tous son héritier : ce résultat avait des inconvénients et nuisait à l'entière liberté de tester. Telle personne testera différemment, si ses dispositions sont secrètes ou si elles sont divulguées : dans ce dernier cas, en effet, le testateur sera en butte aux tracasseries de ceux qui ne se croient pas assez avantagés et de ceux qui sont déshérités.

De même, la règle qui forçait le débiteur à se vendre au créancier était une règle cruelle et peu propre à faciliter les relations entre les citoyens. L'homme libre pouvait tout d'abord être réduit en esclavage, à la volonté de son créancier, lorsqu'il apportait quelque retard dans le payement de son obligation ; et, en outre, lié de cette façon envers un premier créancier, il lui était difficile de s'engager envers un second.

Bientôt, on remplaça l'engagement matériel par un simple engagement juridique. Le créancier pouvait poursuivre son débiteur en justice et obtenir non plus sur sa personne, mais sur ses biens, le payement de sa créance.

L'emploi de la balance et de l'airain devint, dès lors, inutile puisque la vente ne se concluait plus, l'engagement formé par les paroles solennelles devait suffire pour créer l'obligation.

Au début, le créancier posait la question suivante : *spondesne ?* Le débiteur répondait *spondeo*, et il était lié. Cette formule *spondesne spondeo* ne pouvait être employée que par les citoyens Romains à peine de nullité de l'obligation contractée. Mais dans l'empire, qui s'agrandissait chaque jour, les vrais citoyens Romains étaient peu nombreux, surtout si l'on tient compte de la difficulté que les premiers Romains mettaient à conférer à un étranger la qualité de civis ; dès lors, les contrats se formaient difficilement : aussi le législateur fut-il obligé d'admettre des formules plus larges, pour fournir aux autres qu'aux citoyens Romains la faculté de contracter.

Au temps de Gaius, les formules reçues étaient assez nombreuses (1). *Spondesne? Spondeo. — Fidepromittis? Fidepromitto — Fidejubes? Fidejubeo — Facies? Faciam.* Remarquons toujours que la première de ces formules avait conservé sa valeur primitive et ne pouvait être employée par des étrangers.

Le contrat naissant de cet engagement solennel s'appelait la stipulation (2).

(1) Gaius, Comm. III, § 92, § 93.

(2) Nous croyons que la stipulation dérive du *nexum*. mais cette théorie n'est pas acceptée par tous les auteurs. Nous n'avons pas l'intention d'entrer dans la discussion de ce sujet : qu'il nous soit permis de dire que notre opinion repose sur deux arguments qui nous semblent péremptoires. Le premier, consiste à remarquer que Gaius nous parle d'une obligation *per æs et libram* en même temps que du mode d'extinction de cette obligation : mode d'extinction appelé *solutio per æs et libram* (Gaius Comm. III, §§ 173, 174). Admettant ce point de départ, il est facile de voir que la stipulation, n'est que l'ancien *nexum*, auquel on a retranché les formalités accessoires de la pesée et des cinq témoins. Cela résulte naturellement, et c'est notre second argument, du terme *stipulatio* lui-même, dont l'origine est le mot latin *stips*, qui signifie : une petite pièce de monnaie de cuivre. Nous retrouvons le cuivre dont on faisait usage dans *l'æs et libra : stipendium a stipe appellatum est, quod per stips, id est modica æra, obligatur* (L. 27 § 1. Dig. *de verborum significatione* L. 17). — Voir Festus vº *stipem.* — Varron *de lingua latina.* V. 182.

La stipulation avait de grands inconvénients.

Elle ne pouvait, en premier lieu, être faite qu'entre personnes présentes au moment même de l'acte, ce qui excluait tous les cas où les parties, pour diverses raisons, ne pouvaient se rencontrer. Un engagement écrit ne valait pas comme stipulation.

De plus, le vulgaire ignorait les termes dont on devait se servir. Les praticiens ne portaient ces formalités à la connaissance du public, que lorsqu'ils le croyaient utile à leurs intérêts, trouvant par là le moyen d'affermir leur suprématie politique. Ils étaient les maîtres du droit comme ils s'étaient constitués les maîtres de la religion.

La stipulation était le mode usité pour contracter : il ne faut cependant pas croire qu'il fût le seul. Dans certains cas spéciaux, et limitativement indiqués, l'obligation pouvait naître sans qu'on eût recours à cette formule. La simple tradition de la chose suffisait dans l'hypothèse du *mutuum*, ou prêt de consommation, du *commodat* ou prêt à usage, du dépôt, du gage. C'étaient les contrats réels.

Dans d'autres, les contrats *litteris*, on exigeait des formalités écrites.

Enfin, pour certaines hypothèses, qui en pratique se présentaient le plus fréquemment, le simple consentement des parties suffisait pour obliger : nous parlons de la vente, du louage, de la société, du mandat.

En dehors de ces cas, lorsque les parties faisaient un simple pacte, c'est-à-dire une convention non revêtue des

BIBLIOTHÈQUE NATIONALE R.F. IMPRIMÉS

7

formes exigées, aucune obligation civile n'existait, et partant aucune action n'appartenait au créancier : *Ex nudo enim pacto, inter cives Romanos, actio non nascitur*, nous dit le jurisconsulte Paul (1). La volonté des parties pouvait, cependant, être aussi clairement exprimée, que s'ils avaient employé la formule.

Mais les principes d'équité se répandant dans la société romaine, on devait trouver inutiles ces rigueurs de la loi : le consentement suffisamment clair devait devenir efficace.

Le Préteur, suivant le courant des idées, protégea efficacement tout d'abord les pactes tendant à l'extinction des obligations antérieures. Son pouvoir judiciaire lui rendait facile cette innovation. Le débiteur poursuivi exposait au Préteur sa situation : ce dernier alors, en accordant au créancier l'action que le droit civil lui donnait, insérait dans la formule l'exception de pacte : *Pacta conventa servabo* (2).

Déjà, d'ailleurs, la loi des XII Tables avait reconnu aux pactes une certaine valeur, puisqu'elle admettait que le simple pacte éteignait *ipso jure* les actions *furti* et *injuriarum* (3).

Le Préteur ne faisait donc que généraliser la loi des XII Tables en reconnaissant les pactes.

Il lui fut encore facile de faire exécuter les pactes appelés pactes adjoints, c'est-à-dire ceux qui accompagnaient les contrats civils ordinaires pour diminuer ou augmenter les obli-

(1) Paul, *Sentent.* L. II., tit. XIV, § I.

(2) L. 7, § 7. Dig. *De pactis*, II. 14.

(3) L. 7, § 14 et l. 17 § 1. Dig. *De pactis* II. 14.

gations qui en découlaient. Aussi, un pacte, intervenu au moment de la création d'un contrat de bonne foi, faisait partie du contrat : et il était exécuté au moyen même de l'action de ce contrat. Quant aux pactes intervenus, *ex intervallo*, le Préteur ne pouvait, par l'exception *pacti conventi*, les sanctionner que dans le cas où ils diminuaient l'obligation primitive.

Pour les contrats de droit strict, le pouvoir du magistrat fut moindre encore : il dut les considérer comme faits tous *ex intervallo*, comme complètement distincts du contrat et ne leur accorder que des effets très restreints (1).

Dans certains cas, fort rares, le Préteur créa une action pour sanctionner quelques pactes. Nous voulons parler du pacte de constitut et du pacte d'hypothèque, qui, à raison de cette origine, sont appelés pactes prétoriens.

Tous les autres pactes sont désignés en droit Romain sous le nom de pactes nus, pour les distinguer des pactes adjoints à un contrat. Ils diffèrent de ceux-ci en ce qu'ils tendent à créer une obligation propre et en quelque sorte personnelle, et non à modifier une obligation résultant d'un précédent contrat. Le Préteur ne crut pas pouvoir accorder à tous ces pactes la sanction de l'action ; mais il ne refusa cependant pas de leur donner l'exception : *Igitur nuda pactio obligationem non parit, sed parit exceptionem* (2). Ulpien

---

(1) V. la controverse sur la loi *Lecta*. L. 40. Dig. *De rebus creditis*, XII. 1.

(2) L. 7. § 4. Dig. *De pactis*, II. 14.

dans ce texte, nie l'existence de l'obligation civile, en cas de pactes ; mais il nous apprend qu'il accorde l'exception au créancier, si, par un hasard de la procédure, il se trouve dans la position de défendeur.

On discute la question de savoir si le pacte nu engendre une obligation naturelle. Nous croyons devoir adopter l'affirmative et nous basons cette opinion sur plusieurs textes que nous trouvons au Digeste (1).

Tout d'abord Ulpien (2) prévoit l'hypothèse où des intérêts d'une somme d'argent sont dus en vertu d'un pacte. Voici l'espèce : un créancier fait vendre des biens que lui avait hypothéqués son débiteur comme garantie du payement de la dette. On se demande alors sur quelles créances ce créancier avait le droit d'imputer les sommes provenant de la vente. Dans une Constitution, l'empereur Antonin décide que, si, en outre du capital, il y avait des intérêts *qui étaient dus et d'autres qui ne l'étaient pas*, le payement devait cependant s'imputer sur cette seconde sorte d'intérêts aussi bien que sur la première. Ulpien voulant nous expliquer ce qu'on appelle *intérêts qui ne sont pas dus*, nous cite l'exemple d'intérêts dus en vertu d'un pacte. Nous devons en conclure, puisque on autorisait leur payement, qu'il y avait là, à défaut d'une obligation civile, les éléments d'une obligation naturelle : le pacte pouvait donc être regardé comme une convention génératrice d'obligation naturelle. Il était exact

(1) *Contra*, M. Schwanert.

(2) L. 5. § 2. Dig. *De solutione et lib.* XLVI. 3.

de dire que les intérêts n'étaient pas dus, en ce sens que, civilement, le débiteur ne pouvait être forcé de les payer, mais, naturellement, il en était tenu.

On trouve, en second lieu, au Code une constitution de Sévère et d'Antonin, portant que la *condictio indebiti* sera refusée lorsque les intérêts dus en vertu d'un simple pacte auront été payés (1).

Ces textes semblent prouver l'existence de l'obligation naturelle en cas de pacte nu. Cependant quelques auteurs, Baron, Noodt, Unterholzner (2), Schwanert (3), ont pensé qu'en droit Romain les pactes n'engendraient pas d'obligation naturelle.

Certains passages du Digeste semblent favoriser cette opinion. On argumente d'abord d'un texte d'Ulpien (4) dans lequel, le jurisconsulte, prévoyant le cas où une personne interrogée dans une stipulation aurait répondu par un signe de tête, fait observer qu'aucune obligation, ni naturelle, ni civile, ne sera créée. Qu'il n'y ait pas d'obligation civile, rien que de très logique, puisque la stipulation consistant en une demande et une réponse solennelles, on ne peut voir une réponse solennelle dans un simple signe de tête. Mais, ajoute-t-on, il y a au moins un pacte, c'est-à-dire une convention entre les parties, et cependant Ulpien enseigne qu'il n'y a pas

(1) L. 3, C. *De Usuris*, IV. 32.
(2) Unterholzner, *Lehre des R. R. von den Schuldwerh*, t. 1, § 23.
(3) Schwanert, *Die naturaliobligationen*.
(4) L. § 2. Dig. *De verb. oblig.* XLV. 1.

d'obligation naturelle : c'est donc que le pacte ne produit aucun effet.

On insiste en ajoutant qu'un mourant peut obliger son héritier à acquitter un fidéicommis par un simple signe de tête. Il résulte donc de la comparaison entre le fidéicommis et le pacte, une nouvelle preuve à l'appui de ce second système.

La réponse à cette argumentation peut être double : tout d'abord, les parties, au moins le stipulant, ont entendu faire une stipulation et non un pacte ; il faut, en conséquence, que leur volonté soit respectée, et il serait contraire à la justice d'admettre que le Préteur puisse sanctionner une convention à laquelle les parties n'ont pas songé.

En second lieu, un simple signe de tête n'a pas toujours une signification bien certaine ; une personne n'est pas censée se lier, peut-être pour des intérêts considérables, par une manifestation de volonté aussi équivoque.

Si le Préteur admet qu'en cas de fidéicommis, la volonté du testateur soit suffisamment exprimée par un signe de tête, c'est que, fort souvent, le mourant sera dans l'impossibilité de manifester autrement ses intentions. Et même ici, le Préteur ne valide le fidéicommis qu'après examen, que *cognita causâ*.

Les partisans du système que nous repoussons, invoquent, en outre, à l'appui de leur thèse deux autres passages du Digeste dont la combinaison leur semble un argument péremptoire. Le premier texte est de Papinien, le second, de Paul.

1° *Naturalis obligatio, ut pecuniæ numeratione, ita justo pacto, vel jurejurando ipso jure tollitur : quod vinculum æquitatis, quo solo sustinebatur, conventionis æquitate dissolvitur, ideoque fidejussor quem pupillus dedit, ex istis causis liberari dicitur* (1).

2° *Pactus,* ne peteret, *postea convenit ut* peteret, *prius pactum per posterius elidetur : non quidem ipso jure, sicut tollitur stipulatio per stipulationem, si hoc actum est quia in stipulationibus jus continetur, in pactis factum versatur : et ideo replicatione exceptio elidetur* (2).

Papinien, dans le premier texte, enseigne que l'obligation naturelle s'éteint efficacement comme en cas de payement, à la suite d'un pacte. Paul cite l'exemple d'un créancier qui, ayant convenu *ne peteretur,* convient ensuite *ut peteretur.* Le premier pacte, dit-il, sera effacé par le second, mais non *ipso jure,* comme s'il y avait eu deux stipulations successives : une réplique sera nécessaire pour repousser l'exception. On argumente dès lors ainsi : selon les dispositions du texte de Papinien, dans l'exemple proposé par Paul, le deuxième pacte devrait faire disparaître le premier *ipso jure :* s'il n'a pas ce pouvoir, c'est évidemment que le pacte *ne peteretur* n'engendre pas d'obligation naturelle, et, en général, que les pactes n'ont pas pour effet de donner naissance à ces obligations.

En droit, il n'est pas exact de dire que le créancier qui

(1) L. 95, § 4. Dig. *De solut. et liber.* XLVI. 3.

(2) L. 27, § 2, Dig. *De pactis,* II. 14.

renonce à poursuivre a contracté une obligation. Que si, dans le langage usuel, on prétend que le créancier ne s'est pas obligé à poursuivre, il ne faut voir là qu'une locution vicieuse ; autrement, on devra dire, comme le fait judicieusement remarquer M. Machelard (1), que tous les créanciers qui font remise de ce qui leur est dû contractent des dettes. En outre, que la dette soit éteinte *ipso jure* ou *exceptionis ope* peu nous importe : c'est là une question de procédure que nous n'avons pas à examiner ici. Le résultat produit est toujours le même, et ne peut s'expliquer qu'en admettant l'opinion que nous avons soutenue : le pacte engendre une obligation naturelle.

On insiste et on prétend que les obligations naturelles, non-seulement n'existent pas, mais même qu'elles ne peuvent pas exister en droit Romain.

Si, en effet, la convention est synallagmatique, des textes nous prouvent que la partie qui a exécuté a le *ius pœnitendi*, c'est-à-dire le droit de faire remettre les choses en l'état primitif : la dette n'existe donc pas, puisqu'une partie peut, à son gré, éteindre l'obligation.

Si le contrat est unilatéral, nous rentrons dans l'hypothèse d'une libéralité faite par celui qui s'engage : cette libéralité aura pour effet, d'après la loi Cincia, d'empêcher, il est vrai, la *condictio indebiti*, comme obligation morale, mais non pas en tant qu'obligation naturelle.

On peut se demander, dès lors, s'il existe des cas où on

(1) *Des obligations naturelles en droit Romain.* P. 42.

rencontre des obligations naturelles, puisqu'il ne saurait y en avoir dans des hypothèses autres que les deux que nous venons d'indiquer.

Pour répondre à cette objection, il nous est impossible de ne pas rentrer dans quelques détails sur les pactes appelés *contrats innommés*, et de ne pas insister sur la véritable nature du *jus pœnitendi*. Nous terminerons par quelques observations sur la loi Cincia.

Le contrat innommé est celui qui ne rentre pas dans la classification des contrats *re, verbis, litteris* ou *consensu*, et qui, par suite de l'exécution d'une des parties, donne lieu à l'action *prœscriptis verbis* (1).

Il est à remarquer que cette action ne compétait qu'à la partie qui avait exécuté, pour forcer l'autre à remplir ses engagements. En cas d'inexécution des deux côtés, aucune action n'était donnée.

L'exécutant avait encore à son service, pour faire condamner l'inexécutant, une action fort ancienne la *condictio ob rem* : cette *condictio* repose sur ce principe, qu'on ne doit

---

(1) Ce fut Ariston qui étendit l'action *prœscriptis verbis* aux contrats innommés. Cette action avait déjà été proposée par le jurisconsulte Labéon pour un cas où les parties étaient hésitantes sur le choix de plusieurs actions à intenter pour un même fait. Par exemple, un individu veut faire transporter des grains au-delà des mers, et les fait mettre dans un navire : il est ce qu'on appelle *locator navis*. Si cet individu charge à lui seul tout le navire, il est censé l'avoir pris à bail et est, dès lors, *conductor navis*. En cas de contestation, quelle action intentera-t-il ? L'action *locati* ? L'action *conducti* ? Labéon proposa de créer, pour ce cas et les cas analogues, une action spéciale qu'on appelle action *prœscriptis verbis*. C'est elle qu'Ariston étendit aux contrats innommés.

pas s'enrichir aux dépens d'autrui (1). Le résultat obtenu n'était pas le même lorsqu'on intentait l'une ou l'autre de ces actions.

Par la première, le demandeur faisait exécuter le contrat ; par la seconde, il en obtenait la résolution : selon que la chose demandée avait augmenté ou diminué de valeur, il devra user de la première ou de la seconde.

Mais à côté de ces deux actions, *præscriptis verbis* ou *condictio ob rem*, les textes nous parlent encore d'une troisième, appelée *condictio ex pænitentia* : le créancier qui a fait une dation peut, par un simple changement de volonté, notifier au débiteur que le contrat est résolu : si le simple pacte, dit-on, était créateur d'une obligation naturelle, le créancier qui a fait dation ne pourrait résoudre à son gré le contrat et avoir la répétition.

M. de Savigny (2) répond à cette objection en enseignant que le pacte oblige naturellement, uniquement dans le cas où telle est l'intention de ceux qui font la convention. Dans le cas où intervient un contrat innommé, aucune partie n'a l'intention de s'obliger personnellement : elle veut lier l'autre par la prestation qu'elle fait. Le créancier qui agit, agit non pas *solvendi causa*, mais *obligandi causa*.

Cette explication nous semble trop subtile pour être adoptée. Nous nous contenterons de répondre en restrei-

---

(1) *Si meum repetere velim, repetatur quod datum est, quasi ob rem datum, re non secuta* (L. 5. § 1. Dig. *De præsc. verbis*. XIX. 5).

(2) Savigny, *Oblig.* § 9, p. 58.

gnant, avec M. Accarias (1), la portée du *jus pœnitendi*. Les textes ne font mention de l'existence de ce droit que dans des hypothèses où, d'ailleurs, il se justifie pleinement.

Une personne (2) a reçu de l'argent pour aller à Capoue, et, après avoir fait des préparatifs, elle a dû retarder son départ pour des motifs quelconques, qui l'ont empêchée de se mettre en route. Celui qui a fourni l'argent veut le répéter, et on se demande s'il a ce droit. Ulpien pense qu'au premier abord, on peut être porté à refuser la répétition, car il n'a pas dépendu du tiers de partir ou de ne pas partir, puisque, par hypothèse, on suppose qu'il a été empêché. Il est cependant hors de doute, ajoute le jurisconsulte, que celui qui a donné, pourra répéter, car il lui est loisible de se repentir : *cum liceat pœnitere*. Bien entendu, les frais déjà faits pour le départ devront être remboursés.

Ulpien prévoit encore le cas (3) où je vous donne quelque chose pour affranchir votre esclave, pour acheter et affranchir l'esclave d'autrui. Dans ces diverses hypothèses, j'aurai le droit, avant l'exécution, de me repentir et de répéter l'argent que je vous ai donné.

Remarquons que, dans les exemples précités, les rapports qui unissent les deux parties sont ceux de mandant et de mandataire. Ce n'est que par bonté pour le créancier que le débiteur se met en voyage pour aller à Capoue ; ce

---

(1) Accarias, *Précis de droit Romain*, t. II, 2º édit. p. 567.

(2) L. 5 pr. Dig. *De cond. causa dat.* XII. 4.

(3) L. 5, § 1 et § 2. *Eod. tit.*

n'est que pour me faire plaisir que vous affranchissez votre esclave, ou que vous achetez et affranchissez ensuite l'esclave d'autrui. L'argent qui est donné est uniquement fourni pour indemniser le mandataire et non pour le rétribuer.

Appliquons donc ici les règles du mandat, qui, on le sait, est révocable au gré du mandant, et, puisque dans les seules hypothèses proposées, l'existence du mandat peut être supposée, il nous est permis de conclure que la *condictio ex pœnitentia* ne trouvera son application que dans ces hypothèses. Dans toutes les autres, et elles sont nombreuses, nous repousserons cette *condictio*, nous refuserons, dès lors, le droit de répéter, et nous admettrons l'existence de l'obligation naturelle.

Ce qui nous confirme dans notre opinion c'est une constitution de Dioclétien et Maximien inscrite au Code (1), et dont voici le texte : « *Quoniam adscveras patrem tuum ci, contra quem preces fundis hac conditione dedisse fundum ut invicem domum certam acciperet, aditus Præses provinciæ placitis eam parere, vel si causam propter quam fundus datus est, sequi non perspexerit conditionis ratione datum restituere, sicut postulas jubebit.* » Un échangiste, c'est-à-dire une des parties dans un pacte synallagmatique, désire reprendre ce qui a été aliéné par son auteur : si le *jus pœnitendi* est inhérent à tout contrat innommé, la constitution devra décider qu'il pourra l'exercer. Cependant, elle porte

---

(1) L. 5, C. *De rerum permut.*, VI. 64.

le contraire, et permet au défendeur d'éviter la restitution en satisfaisant à son engagement.

La seconde partie de l'objection, que nous essayons de détruire actuellement, repose sur l'application de la loi Cincia. Quelques observations seulement pour y répondre.

Cette loi, ou plutôt ce plébiscite, proposé en l'an de Rome 550 par Cincius Alimentus, contenait plusieurs dispositions, et réglait, entre autres choses, la théorie des donations (1).

Pour que le donataire ait une action contre le donateur afin d'obtenir le payement de la libéralité promise, il fallait que cette promesse eût été faite par la stipulation. Tel était le droit antérieur à la loi Cincia. Cette loi ne laissa subsister ce droit que pour certains donataires, appelés pour ce motif *personæ exceptæ* (2) : les cognats jusqu'au septième degré, les sobrini, etc... Quant aux autres personnes, elles ne pouvaient intenter l'action de la stipulation, car elles se heurtaient, dans leurs réclamations, contre une exception appelée *exceptio legis Cinciæ*. Cette exception paraît même être une exception perpétuelle (3).

Si, dans cette dernière hypothèse, le donateur a exécuté, il aura toujours la *condictio indebiti* pour rentrer dans sa

(1) Dans cette théorie même, elle ne visait que le cas où la donation ne dépassait pas un taux déterminé, appelé *modus legitimus*. Cujas a proposé de fixer le chiffre du *modus* à 200 solides : c'est la solution généralement adoptée aujourd'hui.

(2) §§ 310, 311. *Fragm. Vaticana.*

(3) § 266. *Fragm. Vaticana.*

libéralité. On tire de cette solution, dans le système opposé à celui auquel nous nous rallions, que la promesse de donner ne constitue même pas une obligation naturelle, puisqu'on peut toujours revenir sur l'exécution de la convention.

Nous ne soutenons pas, et nous ne pouvons pas soutenir, que toute convention, quelle qu'elle soit, engendre une obligation naturelle. Ici, la loi réprime la convention à cause de la protection qu'elle accorde au donateur : elle craint des entraînements irréfléchis, elle a le droit et le pouvoir de les empêcher.

Mais que la donation soit faite *intra modum*, ou même *supra modum* à une personne exceptée, la répétition ne sera pas admise : l'obligation naturelle subsiste.

De plus, dans tout pacte unilatéral on ne devra pas voir une donation. La stipulation est un contrat unilatéral. Les Romains ont-ils admis qu'il y avait donation lorsqu'un débiteur s'engageait par ce mode, envers son créancier ? On pourrait dire alors, que les Romains étaient le peuple le plus bienfaisant et le plus libéral de la terre, car il n'est pas de page au Digeste où on ne cite des exemples de stipulation.

Il arrive quelquefois que le droit civil réprouve des obligations naturelles, et cette proposition n'est pas contraire aux théories que nous avons émises précédemment sur ces obligations : en dehors du cas de la donation que nous venons de rencontrer, nous pouvons citer, avec M. Machelard (1), les deux hypothèses suivantes où des

(1) Machelard, *Des oblig. nat. en droit Romain*, p. 78.

textes nous apprennent que la loi ne reconnaissait pas la création de l'obligation.

Des intérêts excessifs ont été convenus et payés : la répétition pourra avoir lieu (1) et, par conséquent, l'obligation naturelle n'existera pas.

En second lieu, depuis un Sénatus-Consulte rendu sur la proposition de Marc-Aurèle, toute transaction sur des aliments, conclue sans l'intervention des magistrats, sera regardée comme nulle et non avenue (2).

Ces deux exceptions confirment la règle que nous avons déjà posée, en faisant remarquer que la loi positive avait tout pouvoir pour déterminer les obligations qu'elle voulait considérer comme civiles, comme naturelles, ou comme obligations nulles.

§ 2. — *De l'obligation naturelle survivant à la litis contestatio.*

Toutes les prétentions juridiques sont portées à Rome devant le Préteur. Le demandeur indique à ce magistrat l'objet de sa demande, les titres dont il a l'intention de se servir pour triompher (3) et, enfin, l'action qu'il veut intenter.

(1) L. 26 pr. et § 1, Dig., *De cond. ind.*, XII. 6.

(2) L. 8 pr. et § 19, Dig., *De transact.* II. [15, — L. 8., C., *De transact.* II. 4.

(3) L. 2. Dig. *De edendo.* II. 13

Le Préteur examinait le point de droit soulevé par le demandeur, et refusait ou accordait l'action. *Actio id est formula, aut datur aut denegatur.* Il ne la refusait que dans le cas où la prétention du demandeur paraissait ne pas s'adapter aux termes de l'Edit, ou dans celui où elle était paralysée par des moyens de défense tellement probants, que la discussion ne pouvait raisonnablement s'élever.

Au moment où la formule était délivrée, c'est-à-dire l'action accordée, les deux plaideurs appelaient solennellement en témoignage les assistants : *Testes estote.* Cet appel faisait partie de la délivrance de la formule, et avait pour but de permettre plus tard aux parties d'établir devant le juge, les faits qui s'étaient passés devant le Préteur.

Cet acte s'appelait la *litis contestatio.*

La procédure devant le magistrat, c'est-à-dire la procédure *in jure* était terminée : le demandeur, armé de sa formule, n'avait plus qu'à se présenter devant le juge pour obtenir la condamnation qu'il désirait.

Mais ce n'était plus le même droit qu'il avait invoqué devant le Préteur, qu'il allait faire valoir devant le juge : la *litis contestatio* venait de produire son effet le plus grand et le plus caractéristique : elle avait complètement transformé le droit du demandeur.

Par elle, le droit, fondement primitif de l'action, est éteint : par elle, est né un droit nouveau et une obligation nouvelle, définie ainsi par Gaius : *Post litem contestatam debitorem condemnari oportere.* Le droit nouveau consiste en une créance, et, comme à Rome, toutes les condamnations sont pécuniaires, cette créance aura pour objet de l'argent.

Le droit réel et le droit personnel deviendront donc, par suite de la *litis contestatio*, de la même nature : tous deux aboutiront à une condamnation identique. Les créances de corps certains deviendront des créances d'argent : en un mot, on verra se produire une véritable novation dans l'obligation.

Aussi certains auteurs assimilent-ils ces deux modes qui, en même temps qu'ils éteignent des obligations, en engendrent de nouvelles (1).

Des textes semblent confirmer cette théorie : ils distinguent entre la novation ordinaire, qu'ils appellent *novatio voluntaria*, et la *litis contestatio*, qu'ils désignent sous le nom de *novatio necessaria*. Scœvola (2) et Paul (3) emploient ces termes, et Papinien va plus loin : il déclare voir dans la *litis contestatio* une forme de la novation : *inchoatis litibus actiones novabit* (4).

De grandes différences, cependant, existent entre la novation et la *litis contestatio* : ces différences proviennent de ce principe, que le droit d'action ne doit qu'améliorer la condition de celui qui agit : *Omnes actiones quæ morte aut*

(1) Machelard. *Des obligat. naturelles*, p. 349. — Demangeat. *Des oblig. solidaires*. p. 65 et suiv.

(2) L. 60. *De fidejussoribus*. XLVI. 1.

(3) L. 40. Dig. *De nov*. XLVI. 2.

(4) *Fragm. Vaticana*, § 263.

8

*tempore pereunt, semel inclusœ in judicio, salvœ perma-
nent* (1).

Elles peuvent se résumer ainsi :

I — La *litis contestatio*, à la différence de la novation,
n'arrête pas le cours des intérêts (2);

II — Elle laisse subsister les droits de gage et d'hypothèque garantissant la créance (3);

III — Elle n'éteint pas les privilèges attachés à la créance :
autrement, ces droits ne seraient plus d'aucune utilité (4).
Dans la novation, le privilège est éteint. La femme, par
exemple, qui, ayant l'action *uxoriœ* contre son mari, lui fait
promettre la restitution de sa dot afin d'avoir l'action *ex
stipulatu* à la place de l'autre, perdra ses privilèges.

IV. — Loin de purger la *mora* du débiteur, souvent la
*litis contestatio* la détermine.

Nous avons vu, en parcourant les effets de la *litis contestatio*, que le demandeur se présente *in judicio* comme
créancier d'une obligation tout autre que celle qu'il avait
introduite devant le Préteur : il importe de voir ce qu'est
devenue l'obligation antérieure, et d'examiner si elle pourrait
ne pas être éteinte entièrement et subsister comme obligation naturelle.

(1) Gaius. L. 139 pr. *De reg. juris*, L. 17. — L. 29. Dig. *De novat*,
XLVI 2.

(2) L. 35. Dig. *De usur*, XXII. 1. — Comp. L. 18. Dig. *De novat*
XLVI, 2, et l. I. C. *De judic*, III. 1.

(3) L. 13 § 4. Dig. *De pign.* XX. 1.

(4) L. 29. Dig. *De nov.* XLVI. 2.

Ce n'est pas dans un but de curiosité que nous faisons cette recherche : la solution de la question a une très haute importance.

Si nous supposons que, par un fait quelconque, l'instance soit périmée, c'est-à-dire que le demandeur ait laissé s'écouler les délais pendant lesquels il devait introduire sa demande *in judicio*, l'obligation civile résultant de la *litis contestatio* viendra à disparaître. Si l'obligation primitive a été aussi éteinte entièrement par la *litis contestatio*, le débiteur sera complètement libéré.

Ou si nous supposons que le défendeur ait été absous, parce que l'intention du demandeur contenait une *plus petitio*, ou parce que ce dernier devait succomber par l'effet d'une exception *cognitoria* ou *procuratoria*, ou par suite d'autres incidents qui pouvaient être très fréquents dans la procédure si minutieuse de Rome, devra-t-on admettre que la *litis contestatio* ait totalement détruit l'obligation antérieure, au point de ne pas même laisser subsister une obligation naturelle?

Ulpien nous apprend qu'après la *litis contestatio,* un fidéjusseur peut être donné pour garantir l'obligation antérieure : *Quia civilis et naturalis subest obligatio* (1). En présence d'un texte aussi formel le doute n'est pas possible, et nous devons admettre que l'obligation naturelle survivra à l'extinction de l'obligation civile.

Nous n'avons cependant pas fini de traiter ce sujet : il

_____

(1) L. 8, § 3. Dig. *De fidej.*, XLVI. 1.

nous reste encore à examiner cette question de la survivance de la dette naturelle, dans quelques points de détail, à cause des difficultés qui ont été soulevées. Nous verrons d'abord ce qu'elle devient en cas de péremption d'instance, ensuite dans le cas où le défendeur est absous parce qu'il a pu opposer la *plus petitio* ou quelques autres exceptions.

I. — Péremption d'instance. — Les *judicia imperio continentia* étaient valables (1) tout le temps que le magistrat qui avait livré l'action conservait son pouvoir. Pour les *judicia legitima,* il est probable qu'au début la même règle leur fut applicable (2). Une loi *Julia judiciaria* décida que, désormais, ils seraient valables dans le délai de dix-huit mois à partir de leur délivrance.

Sous l'empire, il fallut accorder aux *judicia imperio continentia* de plus longs délais. Dans les provinces où la nomination des magistrats était laissée à l'arbitraire de l'empereur, les plaideurs ne pouvaient avoir à subir les changements fréquents qui s'opéraient dans l'administration, et devaient souvent être pris au dépourvu (3).

D'après Paul (4), les juges nommés par un Président conservent leurs pouvoirs et peuvent statuer même sous le successeur de celui qui les avait nommés. Il est vrai qu'Ul-

(1) Gaius, Comm. IV. § 10.

(2) De Keller, *Procédure civile.* Traduct. de M. Capmas. p. 323, note 83. — L. 41. Dig. *De pœnis.* XLVIII. 19.

(3) Dion Cassius. LIII. 13. — Tacite, *Annales.* I. 80.

(4) L. 19. Dig. *De judic.* V. 1.

pien dit le contraire (1), lorsqu'il enseigne qu'un magistrat, Proconsul ou Préteur, ou tous ceux qui gouvernent les provinces, ne peuvent autoriser les juges à siéger à une époque où ils seraient redevenus simples particuliers. On concilie ces deux textes en admettant qu'Ulpien nous parle de la législation en vigueur dans les provinces du peuple, où les magistratures étaient annuelles comme autrefois, et Paul, des provinces impériales où les *Prœsides* étaient nommés et révoqués au gré de l'empereur (2).

Dans le cas de péremption d'instance, l'obligation naturelle survivait à l'extinction de l'obligation civile. Un texte vient confirmer ce dire : le jurisconsulte Venuleius (3) suppose qu'un procureur se soit fait payer par un débiteur, en garantissant à ce dernier, par des fidéjusseurs, que le maître ratifierait le payement. Plus tard, le *dominus* agit pour la même somme, mais il y a eu péremption d'instance : *litem amiserit*. La stipulation est encourue. Le procureur qui a remboursé volontairement le *dominus* a le droit de répéter ; mais si le procureur est actionné par le débiteur et que le *dominus* vienne le défendre, il aura à son service l'exception de dol, attendu qu'il subsiste une obligation naturelle : *quia naturale debitum manet* (4).

La seule difficulté qu'il puisse y avoir dans ce texte, est

(1) L. 13. § 1. Dig. *De juris.* II. 1.

(2) Voir sur ces points les explications de M. Machelard. *Oblig. natur.* p. 365 et suiv.

(3) I. 8. § 1. Dig. *Ratam rem haberi.* XLVI. 8.

(4) Voir encore l. 30. § 1. Dig. *Ad leg. Aquiliam.* IX. 2.

la traduction de l'expression : *litem amiserit*. Aussi Cujas et Pothier ont-ils rejeté l'explication que nous croyons vraie et que nous venons de donner, en prétendant que Venuleius n'entendait parler que d'un débiteur qui aurait été absous à tort, et non pas d'une péremption d'instance.

Nous verrons plus loin que le point de savoir si le mal jugé laisse subsister une obligation naturelle, est fort douteux; en tout cas, l'expression *litem amittere* ne signifie pas que l'instance s'est terminée par un jugement, mais plutôt qu'elle a été perdue, c'est-à-dire qu'elle a été engagée inutilement, puisqu'elle n'a pu aboutir.

Dans le cas de dol de la part du débiteur, on accordait au créancier trompé l'exception de dol (1).

II. — DE LA PLUS-PETITIO. — Si le demandeur prétend qu'on lui doit 100 tandis qu'il ne lui est dû que 90, le *judex* devra rejeter la demande tout entière, et non pas seulement pour l'excédant. Il ne doit pas entrer dans les détails du fait : la seule chose qu'on lui ordonne est de vérifier si l'intention du demandeur est exacte : *si paret condemna, si non paret absolvito*. Or, si le demandeur réclame 100 alors qu'il ne lui est dû que 90, le juge devra absoudre. Il y avait là *plus petitio re*.

On disait encore qu'il y avait *plus-petitio* dans d'autres hypothèses : *tempore*, si le demandeur agissait prématurément avant la date fixée pour l'échéance de l'obligation; *loco*, s'il poursuivait ailleurs que dans le lieu désigné; *causa*,

---

(1) L. 18, § 4. Dig *De dol. mal*, IV. 3.

s'il ne tenait pas compte d'une modalité dont le défendeur pouvait se prévaloir.

Dans tous ces cas, le demandeur perdait son procès et n'avait plus aucune ressource pour faire reconnaître l'existence de l'obligation contractée.

L'obligation naturelle survivait en cas de *plus petitio*, non pas à l'obligation déduite en justice par suite de la *litis contestatio* (celle-là était entièrement éteinte), mais à l'obligation primitive. Un texte de Marcellus, prévoyant le cas où une obligation *forte causa ceciderat*, enseigne que le Préteur doit venir au secours du créancier. Il maintient la validité du gage donné, c'est donc qu'il reconnaît aussi l'existence de l'obligation naturelle (1). Nous avons vu en parcourant les effets de l'obligation naturelle, que le *pignus* pouvait facilement être constitué pour la garantir, et être, dès lors, regardé comme une preuve de son existence.

Nous ne connaissons pas d'autres textes traitant plus spécialement la question et se plaçant soit dans l'hypothèse de *condictio indebiti*, soit dans celle de fidéjussion venant s'adjoindre à cette obligation.

III. — EXCEPTIO COGNITORIA OU PROCURATORIA. — Gaius (2) nous apprend que toute personne, aux termes de l'édit, ne pouvait faire plaider pour elle, ni se faire représenter en

---

(1) L. 27, Dig. *De pign.*, XX. 1.

2) Gaius, Comm. IV. § 124.

justice. Réciproquement, toute personne ne pouvait plaider pour autrui (1).

Le plaidant ayant enfreint ces dispositions était repoussé par une *exceptio* appelée *cognitoria*, ou par l'exception *procuratoria*, et devait perdre son procès, même au fond.

Dans ces hypothèses et dans celles du même genre qui pourraient se rencontrer, c'est-à-dire dans celles où, uniquement à cause des rigueurs de la procédure, le défendeur était absous (2), une obligation naturelle subsistait au profit du créancier négligent. Paul (3) nous dit formellement que l'action hypothécaire subsiste, bien que l'action personnelle soit *amissa per exceptionem*. La jurisprudence Romaine atténuait ainsi les rigueurs de la procédure.

### § 3. — *De l'obligation naturelle en cas de prescription.*

En droit civil, l'obligation était perpétuelle et ne pouvait s'éteindre par la prescription. Se basant sur ce que le temps ne pouvait à lui seul modifier les rapports établis entre deux contractants, les Romains avaient formulé la règle que Justinien nous rapporte dans ses Instituts :

---

(1) Par exemple, les femmes et les militaires étaient incapables de présenter la défense d'un citoyen traduit devant le |judex. — Inst. Justinien, IV. 13. *De exceptionibus.* § 2.

(2) V. Gaius, Comm. IV, § 122.

(3) L. 59, pr. Dig. *Ad SCtum Trebellianum.* XXVI. 1.

*obligatio perpetuatur quia ad tempus deberi non potest* (1).

On avait même poussé jusqu'à l'excès l'application de cette règle : ainsi l'existence du terme extinctif n'était pas admise. Dans le passage précité de Justinien, avant d'arriver à l'énoncé de son principe, l'empereur nous cite le cas d'un créancier qui a fait promettre à son débiteur de lui donner dix sous d'or par an, tant qu'il vivra. En présence de cette convention, qui ne penserait qu'à la mort du créancier le débiteur sera libéré de son obligation ? Il n'en était rien, cependant, en droit Romain ; les héritiers pourront demander à perpétuité les annuités de cette rente faite à leur auteur ; l'action leur sera toujours accordée, et chaque fois ils gagneront leur procès.

De même, si je stipule *decem usque ad calendas*, l'arrivée des calendes ne changera rien à la position du débiteur, et même après cette époque il restera tenu envers moi. Ces termes *usque ad calendas* sont considérés par le droit civil comme non existants et doivent être retranchés de la stipulation.

Le droit Prétorien, on le comprend, devait repousser les effets désastreux d'une pareille législation ; aussi Justinien nous apprend-il que les débiteurs, dans les hypothèses que nous venons de mentionner et dans les autres analogues, pouvaient invoquer l'exception *pacti conventi*, et repousser par là les demandes de leurs créanciers. Mais, qu'on le remarque, ce n'est que par voie d'exception que le droit Pré-

(1) Instit. § 3, *de verb. oblig.* l. III, tit. XIV.

torien consacrait la volonté des parties : l'ancien principe du droit civil subsistait toujours.

A la vieille règle de la perpétuité des obligations, le droit Prétorien fit subir une autre exception : s'étant attribué un certain pouvoir législatif par ses empiètements successifs sur le terrain du droit, le Préteur avait créé tout un système d'actions parallèlement au système des actions civiles, et, la plupart du temps, en contradiction complète avec elles. Dans l'Edit qu'il publiait avant d'entrer en charge, ce magistrat annonçait au peuple les principes suivant lesquels il comptait juger, et, comme à Rome il était le chef de la justice, le grand juge devant qui étaient portés tous les procès et tous les différends, il lui était facile d'avoir sur la législation un pouvoir et une autorité immenses.

D'après l'examen des textes, on peut poser les principes suivants : les actions pénales prétoriennes étaient toutes annales ; les obligations qu'elles garantissaient étaient éteintes par l'expiration du délai d'un an. Quant aux actions *rei persecutoriæ*, presque toutes étaient perpétuelles (1).

Une loi Furia, rendue probablement en l'an 659 de Rome, vint encore déroger à la vieille règle : la fidéjussion étant un contrat accessoire, devait avoir non-seulement la même valeur, mais tout au moins la même durée que l'obligation garantie, c'est-à-dire être perpétuelle; cette loi limita

---

(1) L. I, § 39, Dig. *de vi* XLIII 16 ; l. 2, C. *Unde vi* VIII. 4 ; l. 19, § 6, Dig. *de Ædililio edicto* XXI. 1.

l'obligation des *sponsores* et des *fidepromissores* à la durée de deux ans (1).

La prescription établie par la loi Furia ne nous arrêtera pas longtemps : il est en effet impossible qu'elle laisse subsister une obligation naturelle à l'obligation civile. C'était une loi d'ordre public. Elle était rendue dans le but de remédier aux trop nombreuses révoltes qui désolaient Rome et dont la cause était les exigences des créanciers envers leurs trop nombreux débiteurs. On forçait les créanciers à agir dans un délai assez bref, deux ans, sous peine de perdre les garanties de l'obligation; on pensait que, par là, les dettes s'accumulant moins lourdement, à cause des brèves échéances, sur la tête des débiteurs, ceux-ci pourraient plus facilement faire face à leurs engagements.

D'ailleurs, les *sponsores* et les *fidepromissores*, en s'obligeant, savaient que leur obligation serait éteinte par la prescription deux ans après l'échéance de la dette ; il ne pouvait survivre d'obligation naturelle, puisque les parties connaissaient, en s'engageant, la véritable valeur de leurs promesses et devaient prendre leurs mesures en conséquence.

A part l'exception de la loi Furia, les seules obligations pouvant se prescrire étaient donc celles garanties par les actions pénales, puisque ces dernières étaient annales, et que toutes les autres étaient perpétuelles. C'est une question fort controversée de tout temps, que celle de savoir

(1) Gaius, Comm. III, § 121.

si une obligation naturelle survit à l'obligation civile éteinte par la prescription.

Paul enseigne que si quelqu'un, libéré par un certain laps de temps, a donné un fidéjusseur, ce fidéjusseur n'est pas obligé, parce qu'une fidéjussion basée sur un erreur est nulle : *si quis, postquam tempore transacto liberatus est, fidejussorem dederit, fidejussor non tenetur : quoniam erroris fidejussio nulla est* (1).

Weber (2) suppose qu'il s'agit, dans ce fragment, d'un débiteur qui aurait formellement limité son obligation à un certain temps ; dès lors, sa dette étant éteinte, il ne peut valablement donner de fidéjusseur. Ce fragment, d'après lui, ne serait d'aucune utilité dans la question. Mais rien ne nous fait supposer que Paul ait voulu, dans ce texte, parler d'une semblable hypothèse.

Nous préférons admettre, avec M. de Savigny (3), l'explication suivante : un individu, ignorant qu'il est libéré par la prescription et se croyant toujours obligé civilement, donne un fidéjusseur à son créancier, comme garantie de son payement. Le jurisconsulte estime qu'ici le fidéjusseur ne sera pas tenu, parce qu'il n'a été donné que par suite d'erreur, *quoniam erroris fidejussio nulla est*. Si le débiteur avait connu sa libération, il est probable qu'il n'eût pas

(1) L. 37, Dig. *de fidejuss.* XLVI. 1.

(2) Weber, *System. Entwickelung der Lehre von der natürlichen Verbindlichkeit,* § 92.

(3) Savigny, System. t. V, § 251.

fourni un garant. Ce passage admet l'existence de l'obligation naturelle, et puisque ce n'est qu'au cas d'erreur que Paul déclare nulle la fidéjussion, le jurisconsulte décidera que dans les autres cas, elle deviendra valable.

Celse confirme cette théorie dans le passage suivant : « *Si fidejussor procuratori creditoris solvit, et creditor post tempus, quo liberari fidejussor poterit; ratum habuit : tamen quia fidejussor, cum adhuc ex causa fidejussionis teneretur, solvit, nec repetere potest, nec minus agere adversus rem mandati potest, quam si tum præsenti dedisset* (1). »

Le jurisconsulte prévoit le cas où un fidéjusseur aurait payé au procureur du créancier : mais à l'époque où ce dernier ratifie le mandat du procureur, l'obligation est éteinte par l'effet de la prescription; dans ce cas, le fidéjusseur ne pourra répéter. Nous voyons donc encore, par le refus de la *condictio indebiti,* la preuve de l'existence de l'obligation naturelle.

On objecte à ce texte et aux dispositions qu'il renferme le fragment suivant d'Africain : « *Procurator cum ab eo æs alienum exegerat, qui tempore liberaretur ratam rem dominum habiturum cavit, deinde, post tempus liberato jam debitore, dominus ratam rem habet. Posse debitorem agere cum procuratore existimavit, cum jam debitor liberatus sit ; argumentum rei quod si nulla stipulatio interposita sit, condictio locum adversus procuratorem habitura sit, in locum autem condictionis interponi stipulationem* (2). »

(1) L. 74, § 1, Dig., *De solut. et liber.* XLVI. 3.
(2) L. 25, § 1. Dig., *Ratam rem habere,* XLVI. 8.

L'exemple cité a plusieurs points communs avec le précédent, et semble donner une solution opposée : un procureur, en se faisant payer par le débiteur, lui garantit par la caution *de rato* la ratification du maître. Celui-ci ratifie, mais à une époque où le débiteur était déjà libéré par l'effet de la prescription ; d'après Africain, l'action en répétition est fondée contre le procureur et, par conséquent, contre le fidéjusseur, ce qui est la négation de l'obligation naturelle.

M. de Savigny (1) tranche la difficulté résultant des décisions contradictoires de ces deux passages, en supposant qu'il est question ici, ou d'un débiteur qui aurait limité conventionnellement son obligation au *tempus*, cela résulterait de la phrase placée au commencement du texte : *qui tempore liberaretur;* ou d'un *sponsor* qui se serait trouvé libéré par suite de la loi Furia : dans ce cas, en effet, nous l'avons vu plus haut, l'obligation ne subsiste pas.

M. Machelard (2), soutenant l'inexistence de l'obligation naturelle, repousse les raisons de M. de Savigny, en trouvant que, dans l'explication des textes relatifs à la prescription, on abuse trop souvent de la loi Furia. Mais quand il s'agit d'expliquer le sens du passage de Celse, oubliant probablement ce qu'il vient de dire dans cette même page, il nous enseigne qu'on doit penser que Celse fait allusion au cas du *sponsor*, et il écarte ainsi la difficulté, tout à l'avantage de sa doctrine.

(1) *Syst.* t. V, § 251.
(2) Machelard. *De l'oblig. natur.*, p. 481.

Quant à nous, nous préférons l'explication de M. de Savigny, car si, dans la loi d'Africain, la supposition du *sponsor* peut être valablement faite, puisque le terme de *débiteur* qui est employé est un terme général, il est impossible à M. Machelard de remplacer dans le texte de Celse, le mot *fidejussor* qui est caractéristique, par *sponsor ou fidepromittor*.

Une nouvelle preuve en faveur de l'existence de l'obligation naturelle nous est fournie par un rescrit de l'empereur Gordien : « *Intelligere debes vincula pignoris durare, personali actione submota* (1). » Le *pignus* est maintenu quoique l'obligation soit éteinte : les mots *personali actione submota* se rapportent évidemment à la prescription, et, puisque, par le délai d'un an imparti aux actions pénales prétoriennes, l'obligation personnelle est éteinte, *submota*, et que le gage donné pour la garantie de cette obligation survit à son extinction, il faut conclure qu'on est en présence d'obligations naturelles.

D'ailleurs Pomponius ne répond-il pas à Inius Diophanus (2), dans l'hypothèse que ce dernier avait proposée, que l'obligation était éteinte par la prescription, mais que le *pignus* restait toujours valable : « *Ideoque et pignus quod dederat prior debitor manet obligatum* (3) ».

Il importe d'examiner rapidement quelques objections

(1) L. 2. C. *De luitione pignoris*. VIII. 31.

(2) L. 50. Dig. *De minor.*, IV, 4.

(3) Savigny, t. V, § 250.

faites à la théorie que nous croyons vraie, à savoir que l'obligation naturelle survit à l'obligation civile qui a perdu sa valeur par le laps de temps.

Pendant son absence pour le service de l'Etat, un individu a été libéré d'une action quelconque. Comme le créancier n'était pas 'en faute, puisqu'il n'avait pu agir contre lui, le Préteur lui accordait l'*in integrum restitutio* (1). On suppose qu'un tiers s'est porté fidéjusseur pour cette personne, et on se demande quelle sera la situation de ce dernier si le créancier laisse passer l'année sans exercer son action contre son débiteur ? Julien répond que le fidéjusseur ne sera pas libéré dans le cas où il n'y aurait pas eu moyen d'agir contre lui, et Africain ajoute qu'en vertu de l'édit, l'action pourra être intentée (2).

La solution est la même, qu'on prenne l'opinion de Julien ou celle d'Africain dans le texte dont nous venons de donner la paraphrase. Mais il est à remarquer que la décision donnée par Africain, est une décision de faveur pour le créancier *qui n'a pu agir contre le fidéjusseur*. Comme c'est uniquement dans ce cas qu'il obtient la *restitutio in integrum*, on pourrait penser, par *a contrario*, que dans les autres hypothèses, il est libéré, et qu'en conséquence l'obligation naturelle ne saurait survivre.

Nous répondrons que le fidéjusseur, qui s'était engagé

---

(1) L'absence était une des causes pour lesquelles le Préteur accordait cette voie de recours. V. M. de Keller. *De la procédure chez les Romains*, p. 371.

(2) L. 38, § 4, Dig., *De solut. et liber*, XLVI. 3.

pour l'absent, connaissait les dispositions de l'édit du Préteur, et n'ignorait pas que le débiteur qu'il garantissait ne pouvait être poursuivi devant les magistrats que pendant le délai d'un an. C'est uniquement pour ce délai qu'il avait aussi l'intention de se lier lui-même. Cette intention résulte de la situation respective des parties dans l'hypothèse soumise à Africain. L'année expirée, le fidéjusseur devait se considérer comme entièrement libre et dégagé de sa promesse envers le créancier : mais un nouveau fait se place encore ici : pour une raison quelconque il n'a pu être actionné. Julien répond, que dans ce cas, le fidéjusseur ne sera pas libéré, et Africain entrant dans plus de détails, nous indique quelle sera l'action qui sera donnée contre lui, et il conclut en faveur de *l'in integrum restitutio*. Telle est l'explication que nous croyons devoir donner de ce texte d'Africain, dont se sont emparés, pour combattre la doctrine que nous soutenons, les partisans de l'opinion contraire ; mais ce texte ne préjuge pas, en thèse générale, la question que nous discutons actuellement.

Nous persistons donc à admettre la survivance de l'obligation naturelle à l'obligation civile éteinte par la prescription. On trouve évidemment sur cette question des textes contradictoires, mais il nous a semblé plus facile de les concilier en adoptant cette théorie.

De plus, il est de principe qu'en droit naturel, comme d'ailleurs, dans le droit primitif romain, les obligations sont imprescriptibles : il est donc logique d'admettre que

9

l'obligation civile qui a été prescrite laisse subsister une obligation naturelle : autrement, on devrait conclure que le créancier qui a toujours été créancier naturel, serait plus efficacement protégé que celui qui, ayant eu une action civile éteinte par la prescription, ne resterait pas au moins créancier naturel. La raison exclurait cette solution, si les textes ne l'avaient déjà repoussée.

En terminant, il nous paraît nécessaire de dire quelques mots de la prescription trentenaire, établie par Théodose-le-Jeune, comme mode de libération des actions réelles ou personnelles (1).

Ici, sans aucun doute, l'obligation naturelle survivait : Théodose nous apprend que l'hypothèque continuait de produire ses effets, même après l'extinction de l'obligation civile (2), ce qui est une des preuves les plus évidentes de l'existence de l'obligation naturelle.

En outre, un argument d'analogie peut être tiré, si l'on compare la prescription de la propriété et la prescription, mode d'extinction des obligations. On sait qu'à la suite de la possession trentenaire (3), le propriétaire ne peut plus exercer la revendication contre le possesseur, quoique le droit de propriété subsiste à son profit. Il en sera de même ici, et l'obligation naturelle remplacera vis-à-vis de l'obligation

---

(1) L. 3. C. *De præsc. triginta*, VII. 39.—Code Théodosien, liv. IV, tit. XL.

(2) L. 3. C. *Id*.

(3) L. 8. § 1. C. *De prescript*. VII. 39.

civile éteinte, le droit de propriété fictif, qui subsiste en regard de la propriété perdue.

Il ne faudrait pas croire que cette solution relative au
droit de propriété soit purement théorique et ne puisse pas
produire d'importants effets en pratique. Puisqu'on reconnaît que le droit de propriété subsiste chez le propriétaire
évincé par un possesseur trenténaire, nous devons décider
que ce propriétaire devra triompher dès qu'il rencontrera
un adversaire qui ne pourra invoquer cette exception : par
exemple, un possesseur de mauvaise foi n'ayant pas encore
eu le temps de prescrire. Il est donc très important de reconnaître que son droit de propriété subsiste toujours.

§ 4. — *De l'obligation naturelle en cas de testament.*

Le testament est un acte solennel et de dernière volonté,
par lequel une personne dispose de ses biens (1).

Le principe du droit de tester se trouve dans le droit de
propriété : bien que le testament ne soit exécuté qu'après la
mort du testateur, ce serait diminuer chez ce dernier son
droit de propriété et le réduire à un simple usufruit, que
de le priver de la faculté de disposer de ses biens pour le
temps où il ne sera plus. Comme le droit de propriété, le
droit de tester est de droit naturel. Ceci est tellement vrai
que le droit Romain permettait aux étrangers de faire un

(1) Ulpien *Regulæ*, tit XX, § 1.. — L. 1, Dig. *Qui test. facere
potest.* XXVIII. 1.

testament conforme aux lois de sa patrie et accordait sa sanction à cet acte : *quoniam nec quasi civis romanus testari potest, cum sit peregrinus, nec quasi peregrinus quoniam nullius certæ civitatis civis est ut adversus leges civitatis suæ testatur* (1).

Sans doute, la loi civile pourra entourer le testament de formes spéciales afin que la volonté du testateur soit suffisamment claire pour empêcher le doute sur ses intentions, mais elle ne peut supprimer son droit.

La législation romaine en matière de testament était des plus rigoureuses : la plus petite omission ou la plus légère distraction entraînait la nullité de l'acte tout entier. Ainsi la formule de l'institution de l'héritier devait être conçue en termes solennels et déterminés par la loi (2) : conçue en d'autres termes, le testament était annulé.

L'ordre matériel où devaient se suivre les dispositions d'un même testament était réglé scrupuleusement par le législateur : par exemple, le legs inséré avant l'institution d'héritier était considéré comme non existant (3), au point de vue de la loi positive.

Il est donc fort important, en présence de lois si rigoristes, de se demander quelle sera la valeur des dispositions testamentaires faites en dehors des règles légales : la volonté du testateur était-elle annulée entièrement, ou n'avait-elle

(1) Ulpien, *Regulæ*. Tit. XX. § 14.

(2) Gaius, Comm. II, § 107.

(3) Gaius, Comm. II, §§ 220 et 230.

pas au moins le pouvoir de donner naissance à une obligation naturelle, au profit de la personne qu'il voulait avantager ? Telle est la question que nous devons résoudre, et qui, certainement, devait se poser fréquemment dans la pratique.

Un texte de Valens (1), inséré au Digeste (2), prévoyant le cas où un héritier, chargé par le testateur de restituer une hérédité tout entière, a mieux aimé respecter la volonté du défunt que de retenir la quarte à laquelle il avait droit, répond que la répétition sera refusée à cet héritier : *Si totam hereditatem rogatus restituere, tu sponte adieris, et sine deductione quartæ partis restitueris, difficile quidem crederis per ignorantiam magis, non explendi fideicommissi causa hoc fecisse ; sed si probaveris, per errorem te quartam non retinuisse, reciperare eam poteris.*

La répétition, dans le cas précité, sera admise, c'est le texte qui l'indique, dans l'hypothèse seulement où, par suite d'erreur, l'héritier n'aura pas retenu sa quarte : mais sa restitution sera valable toutes les fois qu'il aura agi en pleine connaissance de cause.

Un rescrit d'Antonin donne la même solution pour un *fideicommissum inutiliter relictum* (3), que les héritiers avaient restitué pour satisfaire à la volonté du défunt, alors qu'en droit ils n'y étaient pas obligés.

(1) Valens est un jurisconsulte du temps d'Antonin-le-Pieux, qui a fait un important traité sur les *fideicommissa*, dont on trouve quelques extraits au Digeste.

(2) L. 68, § 1. Dig. *Ad SCtum Trebellianum*, XXXVI. 1.

(3) L. 2, C. *De fideicommissis*, VI. 42.

Mais le passage le plus formel est un passage d'Ulpien qui confirme les textes que nous venons de citer. Ce jurisconsulte approuve une décision de Celse, refusant de voir une libéralité dans le fait du mari qui, chargé de restituer une hérédité à sa femme, n'a pas retenu la part que lui accordait le défunt. Les termes dont se sert Ulpien sont aussi formels que possible : *Magis pleniore officio fidei præstandæ functum maritum quam donasset videri* (1.) Cette solution est d'autant plus remarquable que tout le monde connaît la sévérité des lois romaines à l'égard des donations entre époux : et si dans l'hypothèse qui leur était soumise, Celse et Ulpien ont admis la solution que nous venons de mentionner, il faut en conclure que dans les autres cas, tous plus favorables, la règle était qu'à défaut de lien civil pouvant contraindre l'héritier à exécuter les volontés du défunt, le lien naturel subsistait toujours.

Sans doute, avec les deux textes que nous avons rapportés plus haut, on pouvait soutenir qu'une obligation morale naissait pour l'héritier, dans le cas où le fidéicommis n'était pas laissé valablement, puisque ces textes n'avaient trait qu'au refus de la répétition. Mais ce passage d'Ulpien contredit formellement cette théorie, quand il dit en termes exprès qu'on ne peut voir le germe d'une donation dans la manière d'agir de l'héritier.

D'ailleurs, Paul ne nous dit-il pas que l'héritier acquitte une véritable dette en préférant exécuter la volonté du dé-

---

(1) L. 5, § 15. Dig. *De don. inter vir. et uxor.* XXIV. 1.

funt au lieu d'examiner si toutes les formalités légales ont été remplies, lorsqu'il écrit que la répétition lui sera refusée, *nec enim indebitum solvisse videtur* (1).

On se rappelle que le caractère distinctif de l'obligation naturelle est de constituer une dette, tandis que celui de l'obligation morale est de constituer une libéralité : les textes précités d'Ulpien et de Paul reconnaissent donc à la volonté du défunt exprimée en dehors des règles du droit positif, le pouvoir d'obliger naturellement.

Les auteurs modernes sont très divisés sur cette question (2), parce que le criterium qu'ils admettent pour reconnaître l'obligation naturelle est trop large et pas assez précis. Aussitôt qu'on se trouve en présence d'un cas particulier dans lequel les textes n'emploient pas pour désigner l'obligation, l'expression *obligatio naturalis*, l'embarras est immense, car, avec les définitions que nous avons examinées plus haut, dans le Chapitre I<sup>er</sup>, il est difficile de dire si une obligation est naturelle ou non, quand on envisage un cas nouveau, dont on ne connaît pas par avance la solution.

Avec la doctrine que nous avons proposée, nous devions donner la solution que nous avons admise plus haut, quand même cette solution ne serait pas formellement résultée des textes que nous avons cités. Nous trouvons, en effet, que dans le cas qui nous occupe, les trois termes de créancier, de dé-

(1) Paul, *Sent.* liv. IV, tit. 3, § 4.

(2) Massol, *loc. cit.* p. 189 et s. — Machelard, *loc. cit.* — M. de Savigny, *Du droit des obligations.* § 11, n° 7.

biteur et de dette, sont suffisamment déterminés pour permettre l'existence de l'obligation naturelle.

Il n'y a, à la vérité, aucun texte au Digeste pour nous apprendre si, dans l'hypothèse d'un *fideicommissum inutiliter relictum*, la fidéjussion, le constitut, la novation et les effets de l'obligation naturelle, autres que le refus de la répétition, pouvaient trouver place. La raison tient à la nature même de la situation dans laquelle nous nous trouvons.

Si un débiteur, tenu d'une obligation naturelle, adjoint à sa dette les sûretés que nous venons d'énumérer, c'est qu'il veut garantir au créancier un payement qu'il lui est impossible d'effectuer en ce moment. Mais cela ne se produira jamais pour l'héritier chargé par le défunt de restituer l'hérédité ou de faire un legs que la loi ne reconnaît pas comme valable. Cet héritier a, en effet, toute l'hérédité à sa disposition et toutes les valeurs entre ses mains ; quoi de plus logique que d'exécuter immédiatement les volontés du testateur, et dans quel but mettrait-il un terme au payement de sa dette naturelle ?

D'ailleurs, les textes que nous avons rapportés suffisent à établir que loin d'avoir fait une libéralité, l'héritier, en agissant ainsi, a simplement acquitté une dette, *nec enim indebitum solvisse videtur*.

## SECTION II.

————————

### § 1ᵉʳ. — *Fils de famille.*

Le fils de famille, à Rome, bien que n'ayant à soi aucun patrimoine, pouvait s'obliger valablement par un contrat : il avait, sous ce rapport, les mêmes pouvoirs qu'un *paterfami-lias* : « *Filiusfamilias ex omnibus causis tanquam paterfamilias obligatur, et ob id agi cum eo, tanquam cum patrefamilias potest* (1). »

Quant aux tiers contractant avec le fils, leur situation est tout autre que s'ils avaient un *pater* pour débiteur. Ils pourront, il est vrai, poursuivre le fils, même tant que durera la *patria potestas*, mais ils seront obligés d'attendre, pour exercer l'*actio judicati* et faire exécuter la condamnation obtenue : *Si filiusfamilias, vivo patre, conventus et condemnatus sit, in emancipatum, vel exheredatum postea judicati actio in id quod facere potest danda est* (2).

(1) L. 39, Dig. *De oblig. et act.*, XLIV. 7.
(2) L. 5. Dig. *Quod cum eo*, XIV. 5.

Cette solution est la conséquence logique des principes Romains sur la puissance paternelle. Le débiteur ne peut être exécuté que sur ses biens ou personnellement. Sur ses biens, il n'y fallait pas songer ; le fils : *nihil suum habet.* Tout ce qu'il possède appartient au patrimoine commun de la famille, dont le *pater* est le seul représentant en même temps qu'il en est le seul maître. Si l'exécution sur sa personne avait été permise, on l'aurait réduit en esclavage, on l'aurait forcé de travailler pour le compte du créancier afin de purger sa condamnation : le fils aurait pu, dès lors, par son seul fait, en contractant des obligations, se dégager des liens de la puissance paternelle : les prétentions du créancier devaient donc être arrêtées pendant toute la durée de cette puissance.

Mais, du jour où le fils devenait *sui juris*, l'*actio judicati* était autorisée ; cependant, ici encore, elle produisait des effets différents selon la nouvelle situation du débiteur. Celui-ci pouvait devenir *sui juris* de plusieurs manières : ou par la mort du *pater*, dès lors, il avait un patrimoine pouvant répondre de ses dettes et la condamnation sortissait son plein effet ; ou il était exhérédé ou émancipé ; il était alors sans patrimoine : aussi la condamnation antérieure eût été trop rigoureuse ; le droit civil éteignait toutes ses dettes, le droit Prétorien les faisait survivre à son changement d'état, mais en n'accordant l'action que *causa cognita, in id quod facere potest* (1).

Les fils de famille n'ayant aucun patrimoine, ne pou-

_____

(1) L. 4. §§ 1, 2. 4. *Quod cum eo.* XIV. 5.

vaient vivre selon leurs goûts et leurs désirs, et étaient réduits à emprunter de l'argent à des usuriers, en leur promettant de les payer lorsqu'ils seraient *sui juris*. Profitant de cette situation et des risques qu'ils couraient, puisqu'ils devaient attendre la mort du père pour exercer l'action *judicati*, les usuriers prêtaient à des taux exagérés et grevaient ainsi par avance les patrimoines, de lourdes charges. On sait qu'à Rome les questions d'argent ont toujours tenu une large place; que les soulèvements populaires ont eu souvent pour objet les récriminations des débiteurs contre leurs trop exigeants créanciers.; aussi ne doit-on pas être étonné des nombreux textes insérés au Digeste dans le but de sauvegarder le plus possible la situation des débiteurs.

Le Sénatus-Consulte Macédonien fut édicté en haine des créanciers et pour sévir contre les usuriers, qui favorisaient, par leurs prêts d'argent, les crimes et les débauches (1).

Un Romain du nom de Macedo, harcelé par les usuriers lui réclamant l'argent qu'ils lui avaient prêté, ne recula pas devant le parricide : il tua son père afin d'être plus rapidement le maître du patrimoine qu'il attendait depuis longtemps. C'est à la suite de ce crime que le Sénatus-Consulte dont nous parlons fut édicté. Les Institutes (2), en indiquant son origine, disent qu'il est basé sur cette considération, que souvent les fils de famille, obérés par des emprunts qu'ils gaspillaient en débauches, tendaient des embûches à la vie de leurs parents.

(1) L. 40. Dig. *De cond. indebiti.* XII. 6.
(2) Inst. § 7. *Quod cum eo.* IV, 7.

C'est sous le règne de Vespasien qu'il fut rendu (1). Avant ce prince, on avait vainement essayé de mettre un frein aux excès des fils de famille. Tacite nous apprend que Claude (2) avait annulé tous les prêts dont l'exigibilité était ajournée à la mort du père. Il y avait là, en effet, une excitation presque directe au parricide : *lege lata sævitiam creditorum coercuit, ne in mortem parentum pecunias filiisfamilias fœnori darent.*

On peut facilement voir, si l'on comprend bien le but du Sénatus-Consulte, quelle sera la portée de ses prohibtions. Il défendait uniquement les prêts d'argent faits à un fils de famille. Dans les autres cas, la législation antérieure était maintenue : le fils de famille pouvait s'engager envers des tiers.

De plus, même dans l'hypothèse de prêt d'argent, le Sénatus-Consulte ne lui sera pas applicable s'il possède un patrimoine (3), ce qui se présentera lorsqu'il sera à la tête d'un pécule *castrens* ou *quasi-castrens* que lui ont valu ses services, et dont il a la libre disposition.

Bien que le Sénatus-Consulte fût rendu dans un but de protection pour la vie du père (4), ce dernier pouvait renoncer à ses dispositions : le prêt fait au fils aura toute la valeur

(1) Suétone, *Vespas.* II.

(2) Tacite, *Annales* XI. 13.

(3) L. 1. § 3. Dig. *De SCto Maced.* XIV. 6.

(4) Institutes, *Supra.*

d'un prêt ordinaire, si le père l'a autorisé ou, tout au moins, l'a ratifié après coup (1).

Si le fils de famille s'était frauduleusement fait passer pour *pater* (2), ou passait aux yeux du public pour *sui juris* (3), le préteur n'étant pas en faute, le Sénatus-Consulte ne recevait pas son application.

Comme nous l'avons dit plus haut, la prohibition atteignait le prêt d'argent fait au fils. Peu importait que le prêt fût un prêt réel ou un prêt déguisé. La loi annulait par exemple, la convention par laquelle un prêteur vendait une chose à un *filius* dans le but de permettre à celui-ci de la revendre, ce qui, en fait, constituait un prêt sous les apparences d'une vente (4).

Les textes nous apprennent que l'obligation contractée contrairement aux dispositions du Sénatus-Consulte Macédonien n'était pas nulle, mais qu'elle valait comme obligation naturelle (5).

La *condictio indebiti* était refusée.

Mœvius (6) pose la règle suivante : celui qui a une exception perpétuelle peut répéter quand il a payé par erreur. Cette règle, ajoute-t-il, n'est pas absolue, car la répétition ne

(1) L. 7. §§ 11 et 15 ; L. 12. *De SCto Maced.* XIV. 6.
(2) L. I. C. *Ad SCtum Maced.*, IV. 38.
(3) L. 3 pr. Dig. *De SCto Maced.*, XIV. 6.
(4) L. 3, § 3, Dig.        id.
(5) L. 10. Dig.        id.
(6) L. 40, pr. Dig. *De condic. indebiti*, XII. 6.

sera pas possible si l'exception, au lieu d'être donnée pour protéger le défendeur, est donnée en haine du créancier. Et, comme exemple, il cite le cas du Sénatus-Consulte Macédonien : *Veluti si filiusfamilias contra Macedonianum mutuam pecuniam acceperit, et paterfamilias factus, solverit, non repetit.*

L'hésitation cependant est permise en présence d'un texte de Pomponius, inséré au titre du Macédonien (1) : *Si is, cui, cum in potestate patris esset, mutua pecunia data fuerat, paterfamilias factus, per ignorantiam facti, novatione facta, eam pecuniam expromisit, si petatur ex ea stipulatione, in factum excipiendum erit.*

Doneau (2) suppose, à tort, pour expliquer ce texte, que le fils pensait, par suite d'une erreur, être *paterfamilias*. Cela ne peut être le cas prévu, puisque nous avons établi plus haut que le prêteur traitant avec un fils qu'il croyait *pater*, ne devait pas subir les prohibitions du Sénatus-Consulte (3), et ici la prohibition produit son effet.

Il vaut mieux supposer, pensons-nous, que le fils contractait comme *filiusfamilias*, bien qu'en fait, ignorant la mort de son ascendant, il fût *paterfamilias*. Il lui sera permis d'invoquer l'erreur dans laquelle il est tombé, et, par conséquent, de se faire traiter comme *filiusfamilias* : le prêteur ne pourra se plaindre, puisqu'il a cru contracter avec un fils, et que par

(1) L. 20, pr. Dig. *De condic. indebiti.* XII. 6.

(2) Comment. au titre du *SCte Maced.*

(3) L. 3 pr. Dig. *De SCto Maced.*, XIV. 6. — L. 1 C. *eod. tit.*

suite, il a accepté toutes les conséquences de la situation dans laquelle il se trouvait.

Un fidéjusseur pouvait garantir l'obligation naturelle du fils de famille.

Le fidéjusseur qui accède à une dette quelconque, ne le fait généralement qu'avec l'intention d'exercer son recours contre le débiteur principal, si le créancier lui réclame le payement de l'obligation. Il existe entre eux les relations de mandant à mandataire.

Si, en refusant la sanction civile au *mutuum* contracté par le fils, on avait permis à ce dernier, tant qu'il était en puissance, de s'adjoindre un fidéjusseur, celui-ci, après avoir payé au créancier, intenterait l'action de mandat contre le fils pour rentrer dans ses déboursés : la règle du Sénatus-Consulte-Macédonien serait éludée. Aussi, Ulpien (1) nous apprend que *filiofamilias et patri ejus succurritur, verum etiam fidejussori quoque et mandatori ejus.* L'action que le créancier introduira contre le fidéjusseur sera écartée par une exception tirée du Sénatus-Consulte. Le fidéjusseur n'ayant pas été condamné au payement, ne pourra à son tour rien réclamer au fils : la protection du Macédonien sera efficace.

Il peut se faire, cependant, que le fidéjusseur ait consenti à garantir l'obligation du fils *animo donandi*, sans esprit de recours contre lui : dans cette hypothèse, il ne pourra opposer l'exception au créancier. Cette intention d'agir *animo donandi* devra être établie d'une façon claire, et ne sera ja-

(1) L. 9. § 3. Dig. *De SCto Maced.* XIV. 6.

mais présumée; la présomption contraire étant plus conforme
à la véritable nature des choses, devra triompher dans tous
les cas douteux.

Le Sénatus-Consulte est conçu dans un esprit éminem-
ment protecteur pour le fils : il va même jusqu'à lui permettre, ainsi qu'à ses fidéjusseurs, d'opposer l'exception établie à leur profit, même après avoir été condamnés faute de
l'avoir invoquée, et à repousser par ce moyen l'action *judicati* (1).

Bien évidemment le fidéjusseur donné par le fils, devenu
*sui juris*, sera valablement tenu envers le créancier de l'obligation naturelle.

Le fils ne pouvait valablement éteindre sa dette naturelle tant qu'il était en puissance, en ce sens qu'au
cas de payement, la *condictio indebiti* lui eût toujours
été accordée. Si le fils mourait avant son père, le préteur
n'avait presque plus d'espoir d'être payé. On voit que l'usu-
rier, en prêtant, se trouvait vis-à-vis de son débiteur dans
une situation des moins rassurantes ; il n'avait plus qu'à
compter sur la bonne foi et la loyauté de ces emprunteurs
qui ne devaient inspirer que peu de confiance, puisque ce
furent leurs débauches et leurs crimes qui forcèrent le législateur Romain à se montrer si sévère.

(1) L. 11. Dig. *De SCto Maced*. XIV. 6.

§ 2. — *De l'obligation naturelle en cas de*
capitis deminutio.

Gaius définit la *capitis deminutio* : *status permutatio* (1).

La *capitis deminutio* est tout changement dans la personnalité juridique d'un individu ; comme la personnalité d'un
citoyen romain se compose de trois éléments : la liberté, la
cité, l'agnation, le changement pouvant affecter l'un ou
l'autre de ces éléments, on devra reconnaître trois sortes
de *capitis deminutiones*.

Si le citoyen perd sa liberté et est réduit en esclavage, on
se trouve en présence de la *capitis deminutio maxima*.

S'il perd le droit de cité, par exemple, par la déporta-
tion, l'interdiction de l'eau et du feu, il y aura *capitis deminutio media*.

S'il perd ses liens d'agnation, en changeant de famille par
la *manus* ou par l'adoption, ou en sortant complètement de
sa famille sans entrer dans une autre, par exemple, par l'é-
mancipation ou par l'adrogation, on aura la *capitis deminutio
minima*.

La *capitis deminutio* produit des effets considérables, que
nous n'avons pas l'intention d'énumérer : nous ne voulons
insister que sur celui qui nous intéresse actuellement : elle

(1) L. 1. Dig. *De capite minu.* IV. 5.

10

opère libération complète de toutes les dettes du *capite minutus* (1).

Nous devons examiner si une obligation naturelle ne survit pas à l'extinction de l'obligation civile : 1° Dans le cas de *capitis deminutio minima* ; 2° dans le cas de *capitis deminutio maxima* et *media*.

I. — Capitis deminutio minima. — L'obligation civile s'éteint, même lorsque le Romain perd seulement ses liens d'agnation : ce résultat découle logiquement de la constitution de la famille à Rome.

L'émancipé, par exemple, sort de sa famille et entre dans la vie civile sans patrimoine et sans fortune ; il serait à la merci des créanciers antérieurs à son émancipation, ne pouvant, faute de biens, les satisfaire. La loi vient à son secours et déclare éteintes toutes ses obligations civiles.

Il était juste, cependant, de permettre à cet émancipé d'acquitter ses dettes, lorsque sa fortune lui serait revenue ; c'est pourquoi on admettait l'existence de l'obligation naturelle : « *Hi qui capite minuuntur, ex his causis, quæ capitis deminutionem præcesserunt, manent obligati naturaliter* (2).

Mais, fort souvent aussi, le fils sortait de sa famille en ayant un pécule à lui : dans ce cas, l'ancienne règle de l'extinction des dettes subsistait toujours, mais le Préteur venait au secours des créanciers et leur accordait la *restitutio*

---

(1) On exceptait cependant celles résultant des délits et des quasi-délits — L. 2. § 4. Dig. *De cap. min*, IV. 5.

(2) L. 2. § 2. Dig. *De capite minutis*, IV. 5.

*in integrum* : « *Qui quæve postcaquam quod cum his actum contractumve sit, capite deminuti deminutæve esse dicuntur, in eos easve perinde quasi id factum non sit, judicium dabo* (1). Et Gaius confirme cette règle (2) : *in eum eamve utilis actio datur, rescisa capitis deminutione.* »

Dans cette législation, tout le monde est protégé : les créanciers aussi bien que le *capite deminutus* : le Préteur n'accordant la *restitutio in integrum* que *causâ cognitâ*, il lui sera facile de sauvegarder tous les intérêts.

Les garanties accessoires de l'obligation civile demeureront pleines et entières après son extinction, puisqu'elles peuvent valablement se reporter sur l'obligation naturelle qui survit.

II. — CAPITIS DEMINUTIO MAXIMA OU MEDIA. — La solution de la question n'est plus aussi simple, dans cette hypothèse, que dans la précédente, et les solutions données par les auteurs sont contradictoires.

M. de Keller (3) enseigne que la *capitis deminutio minima* était le cas principal de la *restitutio in integrum,* et que les *majores* en fournissaient quelquefois l'occasion. Il cite plusieurs lois à l'appui de son dire.

On comprend que la restitution soit rarement appliquée dans ce cas, si l'on se rapporte à la situation du *capite minutus :* il était supposé mort, sa succession s'ouvrait, ses

(1) L. 2, § 2. Dig. *De capite minutis.* IV. 5.

(2) Gaius, Comm. III. § 84.

(3) De Keller. *De la procédure civile,* § 79, note 932, p. 366 de l trad. de M. Capmas.

biens étaient vendus. Il devait donc être personnellement
libéré. Mais les créanciers s'adressaient aux successeurs :
le fisc, si leur débiteur était *servus pœnæ* ; le dominus, s'il
avait été réduit en esclavage ; l'héritier, s'il avait été fait
prisonnier de guerre. M. de Savigny enseigne qu'une action
fictive leur était donnée contre le successeur aux biens, et
il cite, comme exemple, le cas du *bonorum emptor* du
citoyen exilé (1).

Nous croyons que la dette survivait toujours comme
naturelle à l'extinction de l'obligation civile, à l'égard des
débiteurs accessoires. Nous estimons que la fidéjussion, le
gage, l'hypothèque garantissaient toujours la dette du *capite
minutus.*

M. Massol (2) résout négativement la question, et base
son opinion sur un texte de Papinien que nous reproduisons (3) : « *Si debitori deportatio irrogata est, non posse pro
eo fidejussorem accipi, scribit Julianus ; quasi tota obligatio
contra eum extincta sit.* »

Le savant auteur explique le texte en disant, que puisque
le fidéjusseur ne peut accéder à l'obligation éteinte par la
*capitis deminutio*, c'est qu'elle n'est pas réputée naturelle.
Mais il cite un second passage de Pomponius qui nous
fournit notre principal argument, et sert à indiquer la véritable portée des expressions de Papinien dans le texte pré-

(1) Savigny. *System*. II, p. 87.

(2) Massol. *De l'oblig. naturelle,* p. 115.

(3) L. 47. Dig., *De Fidejus.*, XLVI. 1.

cité : « *Cum duo eamdem pecuniam debent, si unus capitis
deminutione exemptus est obligatione, alter non liberatur ; multum enim interest utrum res ipsa solvatur, an persona liberetur. Cum persona liberatur, manente obligatione ; alter durat
obligatus. Et ideo si aqua et igni interdictum est, alicujus fidejussor postea ab eo datus tenetur* (1). »

M. Massol donne parfaitement l'explication de ce
texte (2) : « Il signifie, dit-il, que la *maxima* et la *media
capitis deminutio* déchargent la personne *sans éteindre la
dette* ; c'est là un effet analogue à celui de la confusion ;
il dispose encore que deux corrées existant, l'un encourant
la *media capitis deminutio,* un fidéjusseur peut ensuite être
donné ; nous le comprenons parfaitement, la dette n'est pas
éteinte puisqu'il existe un corrée. »

M. Massol reconnaît que, dans ce texte, Papinien exprime
cette idée que la *capitis deminutio* décharge la personne du
débiteur sans cependant éteindre la dette. C'est le résultat
que nous voulons constater. Si la dette n'est pas éteinte,
c'est donc qu'en cas de *capitis deminutio*, les effets de l'obligation peuvent se produire.

Le texte de Papinien, invoqué en premier lieu par
M. Massol, ne dit pas autre chose : il se contente de nous
apprendre que l'obligation est totalement éteinte, contre le
débiteur, *contra eum*, c'est-à-dire qu'on ne peut plus actionner ce dernier. Il ajoute qu'un fidéjusseur ne peut

(1) L. 19 Dig. *De duobus reis*, XLV, 2.
(2) Massol, *loc. cit.*

plus accéder à l'obligation, mais, il ne contredit pas le texte de Pomponius qui rapporte que les fidéjusseurs donnés antérieurement à la *capitis deminutio* restent tenus.

On conçoit facilement que le fidéjusseur ne puisse plus accéder à l'obligation naturelle, postérieurement à la *capitis deminutio*, car, autrement, il serait donné pour quelqu'un qui, aux yeux des lois romaines, n'existe plus.

Lorsqu'un fidéjusseur garantit une dette, ce n'est pas seulement pour la dette qu'il se présente au créancier, mais il s'engage pour tel débiteur déterminé et non pour tel autre.

Cela est tellement vrai que quand le débiteur est incertain, il ne peut s'engager. Ainsi, le fidéjusseur ne peut accéder aux dettes d'une hérédité jacente que grâce à la règle : *hœreditas personœ vice fungitur* (1). Si personne ne fait adition, la personnalité de l'hérédité disparaît, le fidéjusseur disparaît aussi. N'y a-t-il pas analogie complète entre les deux situations ?

Papinien, dans la loi précitée, veut dire que l'obligation est éteinte vis-à-vis du débiteur seul, *contra eum*, et c'est pourquoi un fidéjusseur ne pourra plus venir offrir sa garantie ; le texte de Pomponius admet la même solution, ce qui ne l'empêche pas de nous apprendre que les fidéjusseurs donnés antérieurement au changement d'état ne sont pas libérés. Ce texte est d'autant plus formel, en notre faveur, qu'il met une insistance particulière à nous faire remarquer

(1) L. 22, Dig., *De fidejuss.*, XLVI. 1.

que : *Multum interest utrum res ipsa solvatur, an persona liberetur*.

Nous croyons donc devoir persister dans notre opinion, et admettre que, quelle que soit la *capitis deminutio*, qu'elle soit *maxima, media*, ou *minima*, les effets produits seront les mêmes, et une obligation naturelle survivra toujours à l'extinction de l'obligation civile.

### § 3. — *Engagements du mineur de 25 ans en cas d'in integrum restitutio.*

Brusquement et sans transition aucune, le pupille passait, dans l'ancien droit Romain, de l'état d'incapacité où il se trouvait, à la capacité la plus complète, lorsqu'il arrivait à l'âge de la puberté. On conçoit que, tenu jusque-là éloigné des affaires, et acquérant tout à coup la plénitude de la capacité, à un âge aussi précoce que celui fixé par la législation Romaine, sa situation dut être des plus dignes d'intérêt.

Aussi, une loi Plœtoria, dont la date nous est inconnue, mais à laquelle Plaute fait allusion (1), décida que celui qui aurait frauduleusement abusé de l'inexpérience du jeune homme pubère, mineur de 25 ans, serait noté d'infamie, et que, en outre, le mineur trompé pourrait opposer la nullité de ses engagements. Mais, comme par suite de cette loi protectrice, la situation des mineurs eût pu devenir encore plus

---

(1) Plaute, *Pseudolus*, act. I. sc. III. v. 84.

mauvaise qu'antérieurement, à cause du peu de confiance que les tiers auraient eu en leur débiteur, cette loi les autorisa à se faire nommer un curateur, qui, en les assistant dans l'acte à accomplir, en assurât ainsi la validité.

Plus tard, le Préteur vint encore au secours des mineurs, qui, n'ayant pas été trompés frauduleusement, avaient cependant été lésés : il leur accorda l'*in integrum restitutio.*

Comme la capacité des mineurs diffère selon qu'ils ont, ou qu'ils n'ont pas de curateur, nous distinguerons ces deux hypothèses dans les quelques développements que nous allons donner sur la valeur de leurs engagements.

I. — Du MINEUR POURVU D'UN CURATEUR. — Les obligations contractées par le mineur qui traite avec l'assistance de son curateur, sont sanctionnées par la loi au même titre que celles des majeurs.

Si le mineur à qui un curateur a été nommé, néglige d'obtenir le *consensus* de ce dernier, on se demande quelle sera la nature de l'obligation dont il sera tenu.

Deux textes nous fournissent la solution de cette question.

Le premier est de Modestin : il est ainsi conçu : *Puberes sine curatoribus suis possunt ex stipulatu obligari* (1).

Le second, des empereurs Dioclétien et Maximien, supposant un mineur qui, ayant un curateur, a vendu sans son *consensus*, enseigne que ce contrat ne doit pas être maintenu : e mineur est comparé à l'interdit : *Si curatorem habens mi-*

_____

(1) L. 101. Dig. *De verborum obligatione.* XLV. 1.

*nor quinque et viginti annis post pupillarem ætatem res ven-*
*didisti, hunc contractum servari non oportet : cum non absi-*
*milis ei habeatur minor curatorem habens, cui a prætore*
*curatore dato, bonis interdictum est* (1).

On a traduit le premier texte cité, de la manière suivante :
les pubères peuvent s'obliger par stipulation sans leurs cura-
teurs, et on en a conclu que les deux textes sont contradictoires. Aussi, des essais de conciliation très nombreux ont été
proposés pour mettre d'accord ces deux fragments qui, de
tout temps, ont embarrassé les commentateurs.

Doneau (2) tranche facilement la question en ajoutant
une négation dans le passage de Modestin ; c'est, pensons-
nous, un moyen trop commode de résoudre la question.

Godefroy corrige le texte, et remplace *obligari* par *obligare* :
ce qui signifierait que le pubère peut devenir créancier sans
avoir besoin de l'assistance du curateur ; c'est une vérité
qu'il n'était pas nécessaire d'énoncer (3).

Puchta (4) adopte une opinion déjà professée par Vinnius
et suppose que, dans le premier texte cité, le curateur a ratifié après coup, la stipulation du pubère ; malheureusement
rien n'autorise une pareille supposition.

M. Machelard (5) fait la conciliation historiquement. D'a-

(1) L. 3. C. *De in integrum rest.* II. 22.

(2) Doneau, *Comment.* L. XII, ch. XXII.

(3) Sur la loi 101 Dig. *De verb. obli.* Cpr. aussi Noodt *De pactis et*
*transact.* Ch. XX.

(4) Instit. T. II. § 202.

(5) Machelard, *Des Obligations naturelles,* p. 263.

près lui, à l'époque de Modestin on n'avait encore retiré au mineur que l'administration de ses biens ; il n'avait pas entièrement perdu la capacité de s'obliger. L'empereur Marc-Aurèle introduisant dans la législation une curatelle générale pour tous les mineurs de 25 ans, on devait décider que ceux qui ne peuvent administrer leurs biens ne s'engageront pas valablement sans curateur, ce qui est le principe proclamé dans le texte de Dioclétien et de Maximien. La citation de Modestin aurait été mise par erreur dans le Digeste.

MM. de Vangerow (1) et Massol (2) estiment que le mineur de 25 ans peut s'engager, mais ils lui refusent le pouvoir d'aliéner sans le *consensus* de son curateur. Le fragment de Modestin serait trop formel pour qu'on puisse essayer d'en atténuer la portée : quant à celui de Dioclétien, il nous parle d'une vente consentie par le mineur, et, par conséquent, d'une aliénation faite par ce dernier : ce ne serait que dans l'hypothèse d'aliénation, que le *consensus* du curateur sera nécessaire. Ce n'est là qu'une supposition purement gratuite et qui ne peut être inférée des termes du rescrit de Dioclétien.

Quant à nous, nous croyons qu'on traduit mal le texte de Modestin et qu'on voit à tort une contradiction entre ce texte et le rescrit de Dioclétien et de Maximien. Il nous semble que *puberes sine curatoribus suis possunt ex stipulatu obligari* signifie simplement que le pubère, sans curateur, peut valablement s'obliger, c'est-à-dire qu'il n'a pas besoin

(1) Vangerow. T. I. § 291.

(2) Massol, *De l'Obligation naturelle*, p. 143.

de se faire nommer un curateur pour contracter : il ne parle pas du cas où un curateur a été donné au mineur.

Tel est le sens d'une traduction littérale du passage précité, lorsqu'on n'en change pas l'ordre des mots. La règle énoncée par Modestin, loin d'avoir été faite pour l'hypothèse dans laquelle nous raisonnons, n'aurait eu en vue que le cas dans l'étude duquel nous allons entrer.

Nous conclurons, en disant qu'il faut appliquer uniquement les dispositions du rescrit de Dioclétien et de Maximien : le mineur de 25 ans, pourvu d'un curateur, qui aura contracté sans le *consensus* de ce dernier, ne sera pas obligé par ce contrat, ni civilement, ni même naturellement. Les tiers lésés sont en faute : ils pouvaient, avant de s'engager, réclamer le *consensus* du curateur.

II. — DU MINEUR SANS CURATEUR. — Les empereurs Dioclétien et Maximien terminent de la manière suivante, le rescrit dont nous avons rapporté plus haut le commencement : *Si vero sine curatore constitutus contractum fecisti : implorare in integrum restitutionem, si necdum tempora præfinita excesserint, causa cognita, non prohiberis.*

La capacité du mineur n'ayant pas de curateur sera plus grande que celle du mineur qui en est pourvu : il a le pouvoir non-seulement d'aliéner (1), mais encore de s'obliger valablement (2).

Si le mineur est lésé, il aura la possibilité d'obtenir

---

(1) Voir *supra*, l. 101. p. 152.
(2) L. 3. Code *supra*. p. 152. *in fine*.

l'*in integrum restitutio*. On se demande alors si, après l'avoir obtenue et après être rentré dans sa situation primitive, par l'effet de ce bénéfice, le mineur ne sera pas cependant débiteur d'une obligation naturelle envers son ancien créancier.

Il n'y a, ni au Digeste, ni au Code, de texte nous citant l'exemple d'un mineur *in integrum restitutus* qui, devenu majeur, réclame la *condictio indebiti*, après avoir payé son créancier.

Les commentateurs s'occupant de la question, la résolvent comme ils ont résolu celle de savoir si le pupille, agissant sans l'*auctoritas*, est obligé naturellement (1). Comme nous n'avons pas cru devoir adopter sur ce point la même doctrine, nous ne pouvons pas nous contenter de cet argument d'analogie (2).

Les extraits de jurisconsultes, insérés au Digeste sur cette matière, n'ont trait qu'au point de savoir si les fidéjusseurs doivent participer ou non au bénéfice de la restitution concédée au mineur.

Ulpien (3) enseigne que, dans l'examen de l'affaire, le magistrat aura à voir s'il doit non-seulement secourir le mineur, mais même encore ceux qui se sont obligés pour lui, par exemple, les fidéjusseurs. Ainsi, dans le cas où une personne n'ayant pas confiance en un mineur, qu'elle connaissait

---

(1) Cpr. Machelard, *l. cit.* p. 242. Massol, *l. cit.* p. 144.

(2) Voir *infra*. Appendice § 1.

(3) L. 13 pr. Dig. *De minor*. IV. 4.

comme tel, s'est portée son fidéjusseur, il n'est pas juste,
dit Ulpien, qu'on vienne à son secours de manière à porter
préjudice au créancier : on se contentera de refuser au fidéjusseur l'action de mandat contre le mineur. C'est le Préteur qui
sera seul juge en cette question.

Il résulte du passage d'Ulpien que nous venons de com-
menter, que chaque fois qu'un mineur aura contracté une
obligation, garantie par un fidéjusseur, ce fidéjusseur sera
tenu envers le créancier du mineur, quand il aura eu l'intention, en cautionnant la dette, de garantir le créancier
contre les risques de la *restitutio in integrum*. C'est donc
que, si le mineur a recours à ce moyen extraordinaire en cas
de lésion, il n'en est pas moins tenu d'une obligation naturelle.

Paul admet la même doctrine dans le texte suivant : *Qui
sciens prudensque se pro minore obligavit, si id consulto con-
silio fecit, licet minori succurratur, ipsi tamen non succur-
retur* (1). Le fidéjusseur sachant, en contractant, que la
*restitutio in integrum* peut être demandée en raison de l'âge
du débiteur principal, restera débiteur accessoire lorsque le mineur aura obtenu cette *restitutio.*

Tous les textes (2) sont d'accord pour faire cette distinction entre les deux hypothèses qui peuvent se présenter :
ou le fidéjusseur ignorait l'âge du débiteur, et alors il ne

(1) Paul. *Sententiæ*, l. 1. tit. IX § 6.

(2) V. en ce sens l. 7, § 1, Dig., *De exceptionibus*, XLIV. 1 ; l. 48,
§ 1, *De fidejussoribus*, XLVI. 1.

sera pas tenu ; ou il connaissait, en contractant, la valeur de son engagement, et alors son obligation subsistera. Cette solution est logique et facile à comprendre ; elle nous conduit inévitablement à admettre la survivance de l'obligation naturelle à la *restitutio in integrum*.

Ce qui le prouverait encore, s'il était besoin d'insister sur cette question, ce serait le droit que possède le mineur devenu majeur, de confirmer les actes qu'il a passés, et de renoncer par là à la *restitutio in integrum*. L'obligation qu'il a contractée comme mineur n'était donc pas nulle, puisqu'elle admet la ratification ; elle est naturelle puisque, d'après des textes formels et indiscutables, elle peut être valablement cautionnée ou ratifiée : « *Si quis major factus comprobaverit quod minor gesserat, restitutionem cessare* (1). »

Si, au lieu de contracter avec un tiers, le mineur a contracté avec son curateur, nous rentrons dans l'hypothèse où le mineur, assisté d'un curateur, s'est obligé sous son *consensus*, puisque *in rem suam, auctorem tutorem* (ou *curatorem) fieri non potest* (2). Afin d'éviter toute contestation au sujet de la validité de cette obligation, le curateur général n'aura qu'à faire nommer un curateur spécial pour l'affaire dont il s'agit.

---

(1) L. 3. Dig., *De minoribus XXV annis* IV. 4.

(2) L. 1 pr. Dig. *De auctor. et consensu*. XXVI. 8.

## § 4. — *Obligations intervenues entre un ascendant et les enfants placés en puissance.*

La famille romaine est une religion et un petit Etat dans la République ; elle a ses dieux et ses lois distinctes : le maître absolu, le *pater*, est, pendant sa vie, le pontife et le juge de la famille (1); après sa mort il en devient le dieu.

Le peuple Romain se vantait d'être le seul au monde qui connût la *patria potestas* (2). Cependant, d'autres peuples avaient déjà admis les effets de cette puissance paternelle : nous pouvons citer les Galates, les Gaulois et, en général, toute la race Celtique (3). Chez les nations d'origine italique, il en était de même, et nous en donnons comme preuve, une disposition écrite dans la table, appelée *Table de Salpensa* (4).

Ce texte, prévoyant le cas où un habitant deviendrait citoyen Romain, dispose que cet habitant gardera sa *patria*

(1) On connaît l'exemple de Manlius Torquatus. Tite-live VIII. 7. — Valère Maxime cite l'exemple de Cassius qui, statuant comme père de famille, fit battre de verges et condamna à mort son fils, qui venait d'être tribun du peuple, parce qu'il l'accusait d'avoir aspiré à la royauté. — Valère Maxime, liv. 5, ch. VIII.

(2) Gaius. *Comm.*, I § 55.

(3) Cf. Tite-Live, *Annales*, liv. XLI, ch. 8.

(4) *Table de Salpensa*, ch. XXII. — La table de Salpensa est une table de bronze, trouvée à Malaga en 1851 et contenant des fragments du règlement municipal donné par Domitien à la ville de Salpensa : de là son nom.

*potestas* sur ses enfants, ce qui semblerait indiquer qu'elle était connue chez ces peuples comme à Rome.

Il n'existe, dans la maison romaine, qu'un seul chef et qu'un seul patrimoine : le patrimoine s'incarne dans le *pater*, qui l'administre à son gré. Quant aux personnes placées sous sa *patria potestas*, telles que le fils, elles ne peuvent rien avoir en propre, *nihil suum habent* (1).

Tant qu'il est en puissance, le fils emprunte, pour acquérir des biens à son père, la personnalité du *pater*; mais jamais il ne peut diminuer le patrimoine, même avec ce consentement. On comprend, dès lors, qu'empruntant la personnalité du père, il ne puisse contracter avec ce dernier. Pour qui acquerrait-il les créances dont son père serait débiteur, si ce n'est pour ce père lui-même ?

Pareillement, deux frères placés sous la même *patria potestas*, ne peuvent valablement contracter l'un avec l'autre. Le *pater* ayant, en effet, dans sa main, toutes les créances, la situation est la même que s'il avait figuré au contrat.

D'ailleurs, cette règle qui découle des principes eux-mêmes de la *patria potestas* est confirmée en maints endroits par des textes insérés au Digeste. Gaius, pour ne citer que lui, dit formellement qu'aucun procès ne peut s'engager entre celui qui a la *patria potestas* et ceux qui y sont soumis. A quoi serviraient, par exemple, des droits qu'on ne pourrait faire valoir ? *Lis nulla nobis esse potest cum eo, quem in potestate habemus : nisi ex castrensi peculio* (2).

(1) Gaius. *Comm.* II § 87.

(2) Gaius, l. 4, Dig., *De judiciis*, V. 1.

Ce passage de Gaius nous indique une exception aux règles que nous avons posées : le fils pourra contracter avec son ascendant, lorsqu'il s'agira du pécule *castrens*.

Le pécule *castrens* était un patrimoine accordé au fils par les chefs militaires pour ses services à la guerre. Il en avait la libre administration et était vis-à-vis de ce pécule dans la situation d'un *paterfamilias* : rien que de très logique qu'il puisse, relativement à ce pécule, contracter avec le père de famille ou avec ceux qui étaient sous la même puissance que lui.

En droit, telle était la situation ; mais il arrivait, en fait, que des obligations avaient été contractées entre les différentes personnes unies entre elles par le lien de la *patria potestas*. On se demande si, à la place de l'obligation civile, une obligation naturelle n'existera pas au profit de la partie qui a rempli le rôle de créancier.

Les textes résolvent affirmativement cette question (1) : il est intéressant de voir comment et dans quelles circonstances l'existence de l'obligation naturelle sera utile au créancier.

Il est impossible au fils qui s'est engagé envers son père, de payer sa dette tant qu'il est en puissance, puisqu'il n'a pas de patrimoine ; il n'y a d'exception que s'il est à la tête d'un pécule. Le fils pourra se libérer lorsque la puissance paternelle viendra à se dissoudre, ce qui ne peut arriver que par la mort du *pater* ou par l'émancipation.

(1) Cf. 1. 38, pr. §§ 1 et 2. Dig. *De condictione indebiti*, XII. 6.

11

Si le père meurt, l'obligation s'éteindra par confusion, si c'est le fils débiteur qui succède au père créancier. Si c'est un tiers, le fils étant, par exemple, exhérédé, ce tiers succèdera à l'obligation naturelle du père et recevra valablement le payement du fils; c'est ce que décide un passage d'Africain que nous reproduisons plus bas (1).

La puissance paternelle se dissout par l'émancipation du fils: celui-ci paiera valablement entre les mains de son père et la répétition lui sera refusée. *Quœsitum est, si pater filio crediderit, isque emancipatus solvat, an repetere possit? Respondit, si nihil ex peculio apud patrem remanserit, non repetiturum : nam manere naturalem obligationem, argumento esse, quod extraneo agente intra annum de peculio, deduceret pater, quod sibi filius debuisset* (2).

Il est nécessaire d'insister sur ce texte pour expliquer la restriction faite par Africain : « la répétition sera refusée, à moins que le père n'ait gardé le pécule, *si nihil ex peculio apud patrem remanserit*. »

En dehors des pécules *castrens*, et *quasi-castrens* (3), le fils pouvait posséder un autre pécule, que les commentateurs ont appelé pécule adventice. Ce pécule comprenait les biens

---

(1) Cf. *infra*, l. 38 § 2, *in fine, h. t.*

(2) L. 38, § 1. Dig. *De condictione indebiti*, XII. 6.

(3) Le pécule *quasi-castrens* fut créé par Constantin : il se compose des acquisitions faites par les fils de famille par suite de l'exercice de certaines charges publiques. — V. l. 1 C. *De castr.* XII. 31 et l. 57 C. *De bonis quæ lib. in pot.*, VI. 61. — Sous Justinien, le fils de famille a sur le pécule *quasi-castrens* les mêmes droits que sur le pécule *castrens* l. 37 C. *De inoff. test.*, III. 28.

que le fils avait recueillis par succession ou par libéralités. Le fils en avait la nue-propriété et son père l'usufruit; mais en cas d'émancipation du fils, le père pouvait retenir le tiers du pécule en nue-propriété (1). Au cas de pécule *castrens*, le père n'avait aucun droit puisque le fils était plein propriétaire.

Lors de l'émancipation du fils, deux hypothèses se présentaient donc : ou le père gardait une partie du pécule adventice, ou il l'abandonnait entièrement à l'émancipé. Le texte précité ne parle que de ce second cas, et il décide que le payement fait par le fils pour acquitter sa dette naturelle sera valable, et que la répétition lui sera refusée.

Il en sera autrement dans la première hypothèse : le fils qui aura payé sa dette pourra répéter ; résultat très logique, comme on va le voir, et qui n'implique pas du tout l'inexistence de l'obligation naturelle.

En effet, le pécule devait servir à payer les dettes du fils ; il était en quelque sorte le gage des créanciers. Pendant un an après l'émancipation, le père qui avait gardé le pécule était soumis à l'action *de peculio*, de la part des créanciers du fils. Mais à cause de sa *potestas*, il avait le droit de faire la *deductio*, c'est-à-dire de déduire de ce pécule, avant tout autre, les sommes dues, même naturellement, par son fils. Dès lors ce *pater* qui a gardé le pécule a été indemnisé, et il est juste d'accorder au fils l'action en répétition au cas où il aurait payé ; autrement, son père recevrait deux fois le payement d'une même créance.

(1) Sous Justinien il n'avait droit qu'à la moitié. — INSTIT. § 2. *Per quas personas*, II. 9.

Ce droit de déduction du *pater* dont la fin du passage précité d'Africain nous fait mention, est, en général, le droit, pour le maître ou pour le père, de prélever sur le pécule les sommes qui lui sont dues par l'esclave ou par le fils de famille. Nous aurions pu le classer parmi les effets des obligations naturelles, mais nous avons pensé que, vu son peu d'importance, et vu surtout l'application fort restreinte dont il est l'objet, nous devions simplement en mentionner l'existence à cette place.

Jusqu'ici, il n'a été question que du fils débiteur de son père; il se peut que les rapports soient renversés et que ce soit le père qui se trouve dans la position de débiteur vis-à-vis de son fils. Le § 2 du passage d'Africain que nous venons d'expliquer, donne la même solution, et dans les mêmes termes, comme on peut s'en convaincre en lisant ce fragment: *Contra si pater quod filio debuisset eidemque emancipato solverit non repetet : nam hic quoque manere naturalem obligationem, eodem argumento probatur : quod si extraneus intra annum de peculio agat, etiam quod pater ei debuisset, computetur. Eademque erunt, et si extraneus heres exheredato filio solverit id quod ei pater debuisset* (1).

### § 5. — *Obligations des esclaves.*

Bien que privé de toute personnalité jurique, l'esclave étant un être intelligent, était responsable de ses délits: il pou-

(1) L. 38. § 2. Dig. *De condictione indebiti*, XII. 6.

vait même être poursuivi après son affranchissement. *Servi ex delictis quidem obligantur et si manumittantur obligati remanent* (1).

Quant aux contrats qu'il pouvait passer avec les tiers, il n'était jamais obligé civilement ; comme le fils, il avait la faculté d'augmenter le patrimoine du maître auquel il empruntait sa capacité, mais jamais il ne lui était possible de le diminuer, même avec le *jussus* de ce maître.

Ulpien nous apprend que, naturellement, il avait la capacité nécessaire, non-seulement pour obliger, mais même pour être obligé : *ex contractibus autem civiliter quidem non obligantur sed naturaliter et obligantur et obligant. Denique si servo, qui mihi mutuam pecuniam dederat, manumisso solvam, liberor* (2).

Il importe d'étudier séparément les deux hypothèses qui peuvent se présenter, celle où l'esclave est créancier et celle où il est débiteur.

I. — Créances de l'esclave. — Le jurisconsulte Ulpien, en admettant que l'esclave pouvait être créancier naturel, plongea de tout temps les commentateurs du Digeste dans le plus grand embarras.

Comment expliquer, en effet, que l'esclave qui n'avait qu'une capacité d'emprunt, et dont toutes les acquisitions devenaient immédiatement la propriété du maître, pouvait se trouver dans une situation telle, qu'il eût la faculté d'acquérir pour lui-même et de posséder ainsi un patrimoine ?

(1) L. 14. Dig. *De obligationibus et actionibus.* XLIV. 7.
(2) L. 14. *h. t.*

M. de Savigny (1) estime qu'Ulpien a prévu l'hypothèse
où l'esclave contracterait avec son maître : comme ce dernier
a sur son cocontractant la *dominica potestas*, aucune obligation civile ne doit naître de la convention ; il n'en résulterait
qu'une obligation imparfaite et, par conséquent, une obligation naturelle.

Nous reconnaissons que l'obligation, contractée dans les
conditions indiquées par M. de Savigny, vaudra comme
obligation naturelle et en produira tous les effets ordinaires. Tryphoninus (2) nous dit, en effet, que le maître qui
a payé ce qu'il devait à l'esclave, après son affranchissement,
se verra refuser la *condictio indebiti*, parce que c'est selon
les principes du droit naturel qu'il faut examiner s'il y a
lieu à la *condictio*.

Mais nous ne pouvons pas adopter cette explication du
passage d'Ulpien, car M. de Savigny est obligé, pour rendre
intelligible la phrase latine qui termine ce fragment, d'ajouter
*meo* après *servo*, et ce mot n'a jamais existé dans le texte.

Puchta (3) pense que l'esclave dont parle Ulpien avait la
*libera administratio* du patrimoine. Il arrivait souvent que le
maître laissait à son esclave, lors de son affranchissement, le
pécule qu'il avait eu pendant son esclavage (4) ; et il est permis de croire que, dans ce cas, l'affranchi a dû garder aussi

(1) M. de Savigny, *System.* t. 2, appendice IV.

(2) L. 64. Dig. *De cond. indebiti,* XII. 6.

(3) Puchta, *Curs. des Inst.* t. III,

(4) L. 53, Dig. *De peculio,* XV. 1. — L. 3. Dig. *De manumissioni-
bus,* XL. 1.

les créances qu'à l'occasion de ce pécule, il avait fait naître pour son maître.

Cette doctrine ne nous satisfait pas encore : les textes que Puchta cite à l'appui de sa théorie ne contredisent pas les solutions qu'il donne, mais ils ont le tort, selon nous, de ne pas expliquer du tout le texte précité d'Ulpien. Dans l'hypothèse de l'abandon du pécule à l'esclave, c'est par la volonté tacite du maître que la créance passe à l'esclave, et nous croyons pouvoir affirmer que si, avant le payement de cette créance entre les mains de l'affranchi, le maître intentait l'action contre le débiteur, en vertu de son ancien droit de puissance, ce dernier devrait être condamné.

On pourrait encore citer des cas particuliers où l'esclave s'oblige naturellement. On sait, par exemple, qu'à Rome, certains esclaves étaient sans maître ; quelques-uns, comme les *servi publici populi Romani*, possédaient un patrimoine (1) : les contrats qu'ils passaient relativement à ce patrimoine ne pouvaient que les rendre créanciers naturels, puisque, étant sans maître, il leur était impossible d'emprunter à qui que ce soit la capacité nécessaire pour obliger.

De même encore, si l'esclave institué héritier, et affranchi sous condition par le testateur, fait des conventions héréditaires avant l'accomplissement de la condition, on décide que ces conventions, qu'il a conclues comme esclave, seront valables, mais seulement naturellement (2).

(1) Ulpien, *Regulæ*, XX. § 16.

(2) L. 7, § 18; Dig. *De pactis*, II. 14.

Le passage d'Ulpien que nous avons cité en commençant ce paragraphe, ne prévoit pas spécialement ces hypothèses : il statue d'une manière générale et décide qu'en principe, l'esclave peut s'obliger naturellement. Telle est la règle que nous devons retenir, et nous estimons que les auteurs qui ont voulu la restreindre à des hypothèses particulières, en la rejetant comme règle générale, n'ont pas compris la pensée du jurisconsulte.

Ulpien, selon la remarque qu'il fait dans un autre passage (1), n'exprime ici qu'une question de fait. Si, en droit, l'esclave n'acquiert que pour le maître, en fait il peut devenir créancier, pour certains services ou pour certains prêts. Qu'il ne soit pas créancier civil, rien que de très logique, puisqu'il ne peut aller en justice pour faire valoir ses droits, mais on ne doit pas l'empêcher de recevoir le payement des créances qu'il peut avoir. Sans doute, le maître acquiert tout ce qui advient à l'esclave, mais il arrivera fréquemment qu'une créance sera très utile à l'esclave tandis qu'elle ne serait d'aucune utilité pour le maître (2).

Pour que le payement profite à l'esclave, il faut qu'il ait lieu après son affranchissement : autrement, l'esclave ne pouvant rien avoir en propre, le montant de sa créance retournerait à son maître.

II — Dettes de l'esclave. — Comme nous l'avons vu plus haut, l'esclave peut s'obliger naturellement envers les

(1) L. 41, Dig. *De peculio*, XV. 1.
(2) V. Cujas sur la loi 41 pr. Dig. *De peculio*, XV. 1.

tiers. Le passage d'Ulpien est formel, en ce sens; il est, en outre, confirmé par plusieurs textes qui reconnaissent aux obligations contractées par l'esclave le pouvoir de produire les effets des obligations naturelles.

La fidéjussion pourra accéder à la dette naturelle de l'esclave; c'est Africain qui l'affirme :.... *Quod si hic servus manumissus fidejussori suo heres existat, durare causam fidejussionis putavit; et tamen nihilominus naturalem obligationem mansuram, ut si obligatio civilis pereat, solutum repetere non possit* (1).

Paul, après avoir constaté la validité de la fidéjussion, admet aussi, en termes formels, celle du gage : *Naturaliter etiam servus obligatur ; et ideo si quis nomine ejus solvat.... repeti non poterit ;... et pignus pro eo datum tenebitur* (2).

La situation du créancier naturel de l'esclave n'était pas toujours la même ; il faut à ce point de vue distinguer si l'esclave a ou n'a pas de pécule.

Dans le premier cas, le tiers créancier de l'esclave possède deux créances distinctes et ayant des effets différents : une créance civile, donnant lieu à l'action *de peculio* contre le maître de l'esclave, et une créance naturelle contre l'esclave lui-même. Papinien, prévoyant l'hypothèse où l'action *de peculio* a été intentée contre le maître, enseigne qu'un fidéjusseur peut s'engager pour l'esclave car, dit-il, l'obligation naturelle dont l'esclave était tenu ne s'éteint pas par l'instance

(1) L. 21 § 2. Dig. *De fidejussoribus*, XLVI. 1.

(2) L. 13 pr. Dig. *De condictione indebiti*, XII. 6.

dirigée contre le maitre : *quia naturalis obligatio quam etiam servus suscipere videtur, in litem translata non est* (1).

Le créancier pourra être valablement payé par l'esclave qui aura sur son pécule une *libera administratio*, puisqu'il aura le droit de disposer des valeurs qui y sont contenues (2). L'esclave a même le pouvoir de donner ces biens en hypothèque comme garantie de ses propres dettes naturelles.

Il en sera différemment, dans le second cas, lorsque l'esclave n'aura pas de pécule : n'ayant aucun bien, et n'étant qu'un instrument passif d'acquisition pour le maître, il ne pourra, pendant son esclavage, ni payer ni donner d'hypothèques. Il ne s'acquittera de ses dettes que lors de son affranchissement: la *condictio indebiti* lui sera refusée s'il a payé les dettes naturelles contractées pendant son esclavage (3).

On sait, nous l'avons déjà dit (4), que l'expromission de l'esclave était, en pratique, le plus souvent valable. Gaius apprend que chaque fois qu'un esclave s'obligeait pour une chose intéressant le pécule, la novation lui était permise : ce résultat ne se produisait jamais si l'esclave n'avait pas de pécule ; en ce cas, la novation était déclarée nulle (5).

(1) L. 50. Dig. *De peculio*, XV. 1.

(2) L. 13 pr., Dig., *De cond. indebiti*, XII. 6.

(3) L. 21, § 2, Dig., *De fidejussoribus*, XLVI. 1. — L. 13, pr. Dig. *h. t.*

(4) *V. supra*, ch. II, s. VII.

(5) Justinien, *Instit.*, § 3. *Quib mod.*, III. 29. — Gaius, *Comm.*, III. § 176.

Au cas d'affranchissement, l'esclave aura toute liberté pour donner à son créancier naturel les sûretés qu'il jugera convenables : il pourra garantir ses dettes par des hypothèques, par un constitut, ou faire une expromission valable.

En résumé, il résulte de tous les textes que nous avons cités et des faits que nous avons constatés, qu'évidemment le droit romain permettait à l'esclave d'être tenu d'une obligation naturelle : d'ailleurs, sur ce point tous les commentateurs sont d'accord.

# APPENDICE.

---

DE QUELQUES OBLIGATIONS QUI NE DOIVENT
PAS ÊTRE DÉCLARÉES NATURELLES.

---

### § 1. — *Engagements du pupille.*

Loin d'être établie comme mesure de protection à
l'égard des mineurs, la tutelle ne fut instituée, dans les
premiers temps de Rome, que dans l'intérêt des tuteurs eux-
mêmes (1). Le tuteur était généralement un des plus proches parents du pupille, et, par conséquent, son héritier : il
était institué pour conserver l'héritage qu'il devait recueillir
un jour, et pour empêcher les écarts que l'inexpérience de
l'enfant pouvait laisser craindre.

Mais plus tard, la législation se conformant aux vrais
principes, le tuteur fut uniquement chargé de veiller sur la
conservation des intérêts du pupille : c'est cette idée qu'exprime Justinien, lorsqu'il nous donne la définition de la

---

(1) Voir sur ce point M. Accarias, *Princ. de droit Romain,* t. I,
p. 262 et les autorités qu'il cite.

tutelle : *vis ac potestas in capite libero, ad tuendum eum qui propter ætatem se defendere nequit, jure civili data ac permissa* (1).

Le rôle du tuteur est double : ou il gère les affaires du pupille et les administre, ou il donne son *auctoritas* dans les actes faits par celui-ci (2) : cette *auctoritas* est l'approbation solennelle qu'il donne au pupille dans le but de valider les actes dans lesquels figure ce dernier. Grâce à cette *auctoritas*, la personnalité juridique du mineur sera complétée, et ses engagements auront la même force que ceux d'un majeur.

La seule question que nous ayons à examiner est celle de savoir si le pupille, contractant sans l'*auctoritas tutoris*, *auctoritas* nécessaire pour donner à l'obligation la sanction civile, n'est pas tout au moins tenu envers son créancier d'une obligation naturelle.

Cette question est résolue, au Digeste, dans deux textes, l'un de Nératius (3), l'autre de Licinius Rufinus (4). Le premier est ainsi conçu : « *Pupillus, mutuam pecuniam accipiendo, ne quidem jure naturali obligatur.* » Le second est encore plus formel : « *Quod pupillus sine tutoris auctoritate stipulanti promiserit, solverit, repetitio est, quia nec natura debet.* »

(1) Just., 1, 1, § 1, *De tutelis*, 1. 1, tit. XIII.

(2) Ulpien, *Regulæ*, XI, § 25.

(3) L. 41, Dig., *De condict. indebiti*, XII. 6.

(4) L. 59, Dig., *De oblig. et act.*, XLIV. 7.

Pour le commentateur qui veut traduire mot à mot et sans parti pris, il semble résulter de ces textes que le pupille traitant, sans l'*auctoritas* de son tuteur, n'est pas obligé naturellement. Ces deux passages ont, d'ailleurs, beaucoup embarrassé les auteurs qui soutiennent l'opinion contraire à celle que nous proposons, d'accord avec les textes.

Les uns, les rejetant purement et simplement, ont prétendu qu'en présence du grand nombre de solutions contraires insérées dans d'autres parties du Digeste, ces textes devaient être des erreurs de copiste ou des oublis de la part des compilateurs de Justinien. Ils formulaient ainsi, renonçant à toute idée de conciliation avec les autres passages contradictoires, une théorie se basant uniquement sur le plus ou moins grand nombre de dispositions qu'ils rencontraient, et se rangeaient, après leur dénombrement, du côté de la majorité.

D'autres, comme MM. de Vangerow et Massol (1), ont essayé de les expliquer de la manière suivante : ces extraits des jurisconsultes Nératius et Rufinius ne parlent que d'une seule chose : l'aliénation faite par le pupille. Que le pupille aliène sans l'*auctoritas tutoris* et qu'on lui accorde la répétition, rien que de très naturel. Sur ce point tout le monde est d'accord. Mais, disent ces savants auteurs, les jurisconsultes précités ne parlent, en aucune façon, de l'obligation naturelle, qu'ils laissaient complètement de

(1) Massol. *Obligations naturelles*, p. 122 et suiv.

côté pour ne s'occuper que de la validité du paiement fait sans l'*auctoritas* du tuteur.

Cette solution, assurément fort ingénieuse, devrait être adoptée, si malheusement elle pouvait se plier au contexte de la phrase latine. Que dans le texte de Rufinius, par exemple, on nous cite le cas d'un pupille ayant payé sans l'*auctoritas*, et que le jurisconsulte nous dise que la répétition sera possible, nous ne pouvons qu'admettre cette théorie ; mais pourquoi, ajoute-t-il, cette malencontreuse phrase : *Quia nec naturâ debet*, parce qu'il ne doit pas naturellement. La solution de MM. de Vangerow et Massol, nous le répétons, eût été la nôtre, sans ces quatre mots qui viennent complètement détruire leur théorie, et qui, on ne peut le nier, ne portent pas sur la validité du payement, mais évidemment sur l'existence même de l'obligation : *quia nec natura debet*.

Ce n'est pas tout. Comment expliquer le texte de Nératius, dans lequel le jurisconsulte, traitant de la capacité du pupille, admet non-seulement que l'obligation civile est éteinte, mais ajoute encore que l'obligation naturelle n'existe pas : « *Ne quidem jure naturali obligatur.* » Il est encore plus difficile que précédemment de supposer ici un payement effectué, et, par conséquent, une aliénation dont on contesterait la validité, La règle est formelle : le pupille n'est pas obligé naturellement.

Nous sommes donc amenés par l'examen de ces deux passages empruntés au Digeste, à admettre que l'obligation contractée par le pupille sans l'*auctoritas tutoris* est nulle.

Il y avait, cependant, injustice à concevoir un pupille s'enrichissant aux dépens d'autrui, grâce à sa situation exceptionnelle de pupille non autorisé. L'équité qui s'introduisait peu à peu dans les lois et qui venait tempérer la rigueur des anciens principes, avait fait admettre, dans ce cas, l'existence d'une obligation naturelle.

Mais cela ne suffisait pas, et le législateur, suivant toujours en cela les progrès des mœurs, sanctionna cette obligation et en fit une obligation civile. Ce fut Antonin-le-Pieux qui réalisa ce progrès (1). Nous citons le texte qui mentionne cette innovation, à cause de son importance :

« ... *Sed et cum solus sit tutor mutuam pecuniam popillo dederit, vel ab eo stipuletur, non erit obligatus tutori : naturaliter tamen obligatur, in quantum locupletior factus est : nam in pupillum non tantum tutori verum cuivis actionem, in quantum locupletior factus est, dandam divus Pius rescripsit.*

Avec ce texte, nous déciderons que le pupille qui a contracté sans l'*auctoritas* sera tenu civilement, *in quantum locupletior factus est*, dans la mesure de son enrichissement. Mais, en dehors de son enrichissement, le mineur sera-t-il tenu naturellement? Les textes de Rufinius et de Nératius, cités plus haut, disent le contraire.

Remarquons que l'obligation qu'Antonin-le-Pieux munit d'une action est toujours qualifiée d'obligation naturelle : si donc quelques textes, en parlant des engagements

(1) L. 5. pr. Dig. *De auctor. et consensu,* XXVI. 8.

contractés par le mineur, les appellent obligations naturelles nous nous rappellerons que cette expression ne doit pas être prise à la lettre, et qu'elle peut s'entendre ici d'une obligation garantie par une action. Cette remarque nous permettra d'expliquer bien des textes qui ont paru obscurs, ou qui ont été présentés pour soutenir que le pupille agissant sans l'*auctoritas tutoris* s'oblige naturellement envers son créancier. C'est cette théorie que nous allons essayer de réfuter.

Les partisans de cette opinion, s'efforcent de montrer que, d'après les textes, l'obligation du pupille non autorisé est capable de produire tous les effets de l'obligation naturelle, lorsque celui-ci ne s'est pas enrichi dans l'opération. Examinons-en quelques-uns.

1° *Condictio indebiti.* Pomponius (1) nous cite le cas d'un pupille actionné en restitution d'une somme qu'il a empruntée sans l'*auctoritas* : le serment lui est déféré : il jure *se dare non oportere.* L'obligation est éteinte, et s'il paie par erreur il pourra répéter. Mais si le serment ne porte que sur le défaut d'*auctoritas,* la *naturalis obligatio* existera toujours : on en conclut que le pupille est tenu, dans cette hypothèse, d'une obligation naturelle, bien que Pomponius ne mentionne pas l'enrichissement.

Nous répondrons que le point de droit que Pomponius veut éclaircir, est simplement celui-ci : dans le cas où on défère le serment, il faut examiner la situation dans la-

(1) L. 42, Dig. *De juris,* XII. 2.

quelle on peut se trouver, et dans l'espèce proposée, en particulier, la solution de la contestation sera différente, si l'on
a en vue l'existence de la dette ou le défaut d'*auctoritas*. Les
compilateurs de Justinien, à la recherche d'un exemple qui
montrât cette doctrine, le trouvèrent dans les écrits de Pomponius et l'insérèrent au Digeste sans examiner si toutes
les parties de la citation étaient encore conformes au droit
en vigueur à leur époque. Pomponius vivait sous le règne
d'Adrien dans un temps, par conséquent, antérieur au
règne d'Antonin, et alors que le pupille était tenu naturellement dans la mesure de son enrichissement : seul cas
prévu par le jurisconsulte, puisque c'était le seul admis
par les lois dont il écrivait le commentaire.

Comme presque tous les textes du Digeste qui parlent
de l'obligation du pupille font la mention : *in quantum
locupletior factus est*, nous croyons pouvoir suppléer cette
mention dans les textes peu nombreux où elle fait défaut,
surtout quand nous pouvons l'expliquer aussi facilement
que nous venons de le faire.

Un texte de Paul nous autorise à admettre cette solution : *Item quod pupillus sine tutoris auctoritate mutuum
acceperit, et locupletior factus est, si pubes solvat non repetit* (1).

Le jurisconsulte, ayant à se demander si le payement
fait par un pubère qui a emprunté sans l'*auctoritas* de son
tuteur, doit être considéré comme valable, répond affirma-

(1) L. 13 § 1. Dig. *De cond. indebiti*. XII. 6.

tivement, mais dans le cas où *locupletior factus est*. Si la théorie que nous repoussons eût été admise à Rome, nous ne comprenons pas l'utilité de ces mots, *in quantum locupletior factus est*, mis au milieu de la phrase ; ces mots n'auraient aucun sens.

2° *Novation.* — Gaius (1) et Justinien (2) nous parlent d'un pupille qui a fait novation sans l'*auctoritas*. L'obligation nouvelle sera nulle, disent-ils, mais la novation sera valable. On en a conclu que l'obligation sera nulle *civiliter*, mais valable *naturaliter* : cela, dit-on, est impossible autrement ; puisque la novation est valable, c'est qu'évidemment une dette en a remplacé une autre : en admettant que cette dette est naturelle, on trouve que les conditions requises pour la validité de la novation sont remplies : *novari verbis potest, dummodo sequens obligatio aut civiliter teneat, aut naturaliter* (3).

Il nous semble qu'on fait dire à ce texte plus qu'il n'en dit en réalité ; on ne peut le comprendre qu'en le citant tout entier. *Præterea novatione tollitur obligatio, veluti si id quod tu Seio debeas, a Titio dari stipulatus sit, nam interventu novæ personæ nova nascitur obligatio, et prima tollitur translata in posteriorem, adeo ut interdum, licet posterior stipulatio inutilis sit, tamen prima novationis jure tollatur, veluti si id quod tu Titio debebas, a pupillo sine tutoris*

(1) Gaius, Comm. III, § 176.

(2) Inst. § 3, *Quib. mod. obli. tollitur.* Lib. III, tit. XXIX.

(3) L. 1. § 1. Dig. *De nov.* XLVI. 2.

*auctoritate stipulatus fuerit. Quo casu res amittitur nam et prior debitor liberatur, et posterior obligatio nulla est. Non idem juris est, si a servo quis fuerit stipulatus, nam tunc prior perinde obligatus manet, ac si postea nullus stipulatus fuisset.*

Justinien nous indique dans ce passage une des conditions requises pour la validité de la novation : le changement de personne. Il nous fait part de son intention au commencement de ce paragraphe 3. La règle qu'il pose est celle-ci : peu importe que la stipulation soit nulle ou valable, pourvu que le changement de personne ait lieu, la novation produira ses effets. Il nous cite deux exemples : tout d'abord, c'est un pupille qui traite sans l'*auctoritas* : il y a une personne véritable, il faut donc décider que la novation sera efficace, quoique la stipulation soit nulle. Le second exemple est l'hypothèse inverse : le nouveau débiteur n'est pas une personne, c'est un esclave ; dans ce cas, aucun effet ne sera produit. La question de l'obligation naturelle n'est nullement préjugée.

3° *Fidéjussion.* — On invoque un passage de Scœvola (1) pour établir que le pupille non autorisé peut garantir son obligation par un fidéjusseur. L'espèce prévue est la suivante : Un pupille, sans l'*auctoritas*, promet par stipulation de donner un esclave, et fournit caution. Contre lui aucune action ne naît, mais la caution est obligée. Ce résultat, dès lors, disent les partisans de la doctrine de l'obli-

---

(1) L. 127. Dig. *De verb. oblig.* XLV. 1.

gation naturelle, est un signe certain de la *naturalis obligatio*, de même que le refus de l'action contre le pupille indique que, dans l'hypothèse de Scœvola, ce pupille ne s'était pas enrichi.

Le Digeste, nous avons eu déjà l'occasion de le faire remarquer, renferme beaucoup de textes contradictoires, qui ne peuvent s'expliquer que si on se rapporte aux idées des jurisconsultes qui en sont les auteurs, et surtout au temps où ils ont vécu. La question qui nous occupe actuellement est une de celles où les contradictions apparentes doivent être des plus fréquentes, puisqu'il y a eu à ce sujet un changement de législation. Antonin-le-Pieux déclare que l'obligation du pupille qui s'était enrichi, naturelle dans le principe, deviendrait civile, et serait, en conséquence, munie d'une action. C'est un résultat que connaissaient les compilateurs de Justinien ; mais, obligés de chercher dans les nombreux écrits des principaux jurisconsultes, des passages pour établir différents points de droit, ils ont souvent oublié qu'une partie de l'exemple qu'ils proposaient, n'était plus admise dans le droit de leur époque.

Si l'on remarque la place qu'occupe au Digeste la loi de Scœvola, on se convaincra qu'elle a pour but d'expliquer une particularité de la *mora*. La loi 128, qui la suit immédiatement, parle de *corréalité* : le Digeste explique en cet endroit, les particularités du cautionnement ; il n'a nullement l'intention de nous parler particulièrement des actes faits par un pupille. L'exemple donné ne doit donc être envisagé que sous les réserves que nous venons de faire. Ce qui nous confirme dans notre opinion, c'est que le jurisconsulte Scœvola, de qui est le texte, vivait bien avant Antonin-le-Pieux. Quoique M. Machelard (1) soutienne que Scœvola ait écrit après cet empereur, nous n'avons pu trouver de jurisconsulte de ce nom postérieur à Q. Mucius Scœvola, qui fut consul en même temps que Licinius Crassus, en l'an 658 de Rome, et que Cicéron disait être « le plus grand orateur parmi les jurisconsultes et le plus grand jurisconsulte parmi les orateurs. »

Le texte précité était parfaitement exact à l'époque où son auteur l'écrivait, puisqu'il était reconnu en ce temps, qu'il y avait obligation naturelle dans le fait du pupille s'enrichissant aux dépens d'autrui.

En résumé, en présence du doute qui peut naître des passages du Digeste, que nous venons d'examiner ; en présence des termes formels des textes de Nératius et de Rufinus, par l'exposé desquels nous avons commencé cette discussion, nous ne croyons pas qu'il puisse exister à Rome, d'obligation naturelle pour les engagements du pupille traitant sans l'*auctoritas* du tuteur. Il ne s'obligeait civilement que dans un seul cas, le cas où il s'enrichissait aux dépens d'autrui (2).

Il n'entre pas dans notre intention d'expliquer tous les textes du Digeste, qui traitent de cette délicate question. Qu'il nous soit permis de faire remarquer qu'on peut aplanir

(1) Machelard. *Des oblig. natur. en dr. Romain*, p. 232.
(2) En ce sens, M. Lefebvre à son cours 1875-1876.

les difficultés qu'ils peuvent faire naître, en songeant à la réforme d'Antonin-le-Pieux, et en sous-entendant dans presque tous, les mots *in quantum locupletior factus est*. Le texte de Paul, cité plus haut, autorise cette supposition (1).

Nous devons dire maintenant quelques mots des autres doctrines qui ont encore été proposées sur ce sujet : elles sont d'ailleurs repoussées par la plupart des auteurs.

La première (2) met à profit la distinction des Institutes de Justinien qui considère plusieurs sortes de pupilles : les uns sont des *infantes*, les autres, des *proximi infantiæ*, enfin il y a des *proximi pubertati* (3). L'obligation sera nulle ou naturelle, selon qu'elle aura été contractée à l'un ou l'autre de ces âges. *L'infans*, étant supposé n'avoir pas assez de jugement, sera complètement incapable; le *proximus pubertati*, au contraire, pourra être débiteur naturel. Quant à la catégorie des *proximi infantiæ*, qu'on distinguait tout d'abord des autres, elle se confondait généralement avec celle des *infantes* (c'était du moins l'opinion de Gaïus) (4) et en suivait les mêmes règles.

Il n'y avait dès lors à s'occuper que des deux termes extrêmes, le pupille *infans*, et le pupille sorti de l'*infantia*. Les textes de Nératius et de Rufinus viseraient la première hypothèse, les autres donneraient la solution de la seconde.

(1) V. 1. 13, § 1. Dig. *De cond. indeb.*, XII. 6.
(2) La Glose, sur la loi, I. Dig. *de novatione*, XLVI, 2, *in fine*.
(3) Inst. § 10 *de inut. stipul*, liv. III tit. XIX.
(4) Comm. III § 9.

Cette distinction, surtout la distinction tripartite, peut être excellente au point de vue criminel pour examiner le degré de culpabilité de l'accusé. Mais nous doutons que le législateur y ait jamais pensé pour examiner la validité d'un acte civil. En tout cas, si les jurisconsultes s'étaient préoccupés de cette distinction, ils l'auraient indiquée au Digeste, et dans les nombreux textes qui traitent de notre sujet, nous n'avons jamais vu qu'ils prissent pour base de leurs décisions les différents âges du pupille.

Sans aucun doute, lorsque le mineur n'a pas l'intelligence nécessaire pour savoir ce qu'il fait ni ce qu'il dit, l'obligation sera nulle. Sur ce point tout le monde ne peut qu'être d'accord. Mais nous nous refusons à voir dans la classification des Institutes, la preuve qu'en dehors de ce cas, l'obligation du pupille contractant sans l'*auctoritas tutoris*, sera naturelle.

On a proposé en, second lieu, de considérer l'engagement du pupille comme nul vis-à-vis de lui, et comme générateur d'obligations naturelles à l'égard des tiers qui interviennent dans cette obligation (1).

On fait remarquer que les deux principaux textes, qui parlent du payement fait par le pupille, déclarent que ce dernier pourra répéter, parce qu'il n'est pas obligé naturellement ; tous les autres textes, admettant l'obligation naturelle, ne parlent plus de pupille, mais uniquement des tiers

(1) Molitor, *Des oblig.* I, n° 23. — Gluck, t. IV, p. 64. — Doneau, Comm. t. II. p. 1547. Ed. Lyon.

qui sont venus garantir la dette de celui-ci. Ces tiers pourront intervenir valablement, et vis-à-vis d'eux l'obligation, nulle pour le débiteur principal, pourra exister.

Cette théorie, en apparence conforme aux textes, n'a que le défaut d'être antijuridique : c'est le reproche le plus grave qu'on puisse lui adresser. Il est difficile, en effet, de soutenir que l'intervention d'une caution, par exemple, puisse tirer du néant une obligation et la garantir. Si pour le mineur l'obligation n'existe pas, à quoi sert la caution ? Il est un principe essentiel de droit, qu'on a toujours appliqué et qu'on appliquera toujours, c'est que l'accessoire suit le sort du principal : *accessorium sequitur sortem rei principalis*. Si la dette principale n'existe pas, on ne conçoit pas comment elle pourrait être accessoirement garantie.

Remarquons, en terminant, que la solution que nous avons adoptée dans cette discussion, sera la même que celle que nous donnerons dans le cas où le pupille, au lieu de traiter avec un tiers, traitera avec son tuteur lui-même.

Il ne s'obligera pas civilement envers son tuteur, même avec l'*auctoritas* de ce dernier. Le tuteur ne peut, en effet, jouer le rôle de créancier et de débiteur : il serait dans la nécessité, s'il agit comme tuteur, de se reconnaître débiteur envers lui-même, de se poursuivre lui-même. Si donc, le pupille qui veut contracter avec lui ne peut avoir l'*auctoritas* d'un autre tuteur, son obligation ne peut être civile. Quelle en sera la valeur ?

Nous ne trouvons au Digeste, sur ce point, qu'un seul texte, la loi d'Ulpien rapportant la réforme d'Antonin, que

nous avons déjà citée en partie, et que nous reproduisons ici
en entier (1) : *Pupillus obligari tutori eo auctore non potest.
Plane si plures sint tutores, quorum unius auctoritas sufficit, dicendum est, altero auctore, pupillum ei posse obligari :
sive mutuam pecuniam ei det, sive stipuletur ab eo. Sed et cum
solus sit tutor mutuam pecuniam pupillo dederit vel ab eo stipuletur, non erit obligatus tutori : naturaliter tamen obligatur, in quantum locupletior factus est : nam in pupillum
non tantum tutori, verum cuivis actionem, in quantum
locupletior factus est, dandam divus Pius rescripsit.*

Cette loi porte que le pupille ne sera obligé que *in quantum locupletior factus est,* c'est-à-dire dans les mêmes conditions que s'il avait contracté avec un tiers sans l'*auctoritas*.
Le tuteur, ici, est un tiers vis-à-vis de lui, et l'engagement
est passé sans l'*auctoritas*, puisque le tuteur ne peut donner l'*auctoritas* dans sa propre cause.

Cette solution qu'on est forcé d'admettre sans discussion,
puisqu'il n'y a qu'un seul texte qui ait prévu cette hypothèse, concorde ainsi avec celle que nous avons donnée plus
haut, pour le cas du mineur non autorisé traitant avec un
tiers.

## § 2. — Des engagements du Fou.

Dans toute convention, il est de règle que les parties con-
tractantes aient conscience de ce qu'elles ont voulu faire :

(1) L. 5. *Dig. De auct et cons.* XXVI. 8.

le législateur Romain, se conformant à la raison, déclare que le fou ne peut valablement contracter. Gaius (1) enseigne que si on stipule d'un fou, et si on veut adjoindre à cette obligation un fidéjusseur, non-seulement la stipulation, mais même la fidéjussion, seront nulles, car *negotium nullum gestum intelligitur* (2).

Les Institutes (3) nous rapportent que le testament, et par conséquent tous les autres actes, faits par le fou dans un intervalle lucide, seront valables. Cette solution que Justinien nous donne comme admise de son temps, avait été, avant lui, l'objet d'une controverse sérieuse entre les jurisconsultes ; il est facile de s'en convaincre par la lecture d'un de ses rescrits (4).

Les empereurs Dioclétien et Maximien, écrivent que le fou peut s'engager valablement dans ses moments lucides : *.... Nec furiosi ullum esse consensum manifestum est. Intermissionis autem tempore furiosos majores viginti quinque annis venditiones et alios quoslibet contractus posse facere non ambigitur* (5).

On doit donc conclure que le fou ne pourra jamais s'engager envers les tiers, lorsqu'il n'aura pas sa raison : dans

---

(1) L. 70. § 4. Dig. *De fidej et mand.* XLVI. 1.

(2) L. 5 *De div. regulis juris,* L. 17.

(3) Inst. § 1. *Quib non est perm.* liv. II. tit. XXII.

(4) L. 9. C. *Quibus test. facere possint,* VI. 22.

(5) L. 2, *De contrah. emptione,* IV. 8. — V. l. 6. C. *De curatoribus furiosis et aliis etc..* XXVII. 10.

les intervalles lucides, au contraire, ses actes seront valables, et il pourra agir seul sans l'assistance de son curateur. Néanmoins, des auteurs prétendent que l'obligation ainsi créée ne sera qu'une obligation naturelle.

La difficulté vient d'un passage d'Ulpien, conçu en ces termes : *Marcellus scribit si quis pro.... prodigo vel furioso fidejusserit, magis esse ut ei non subveniatur quoniam his mandati actio non competit* (1).

D'après M. Massol (2), Ulpien aurait choisi dans cette loi, un moyen terme entre les différentes doctrines des jurisconsultes, qui, nous venons de le dire, étaient partagés (3) sur le point de savoir si l'obligation contractée par le fou dans un intervalle lucide, était nulle ou valable. Le jurisconsulte, à l'exemple de Marcellus, dans le dessein de concilier les deux opinions, aurait proposé une troisième solution : celle de l'obligation naturelle. Mais, il est facile de le remarquer, le texte d'Ulpien serait en contradiction avec les textes précités des Institutes et du Digeste.

Cujas et Pothier pensent que dans le passage d'Ulpien, il s'agit d'un fidéjusseur qui aurait garanti le fou, obligé *re* (4).

(1) L. 25. Dig. *De fidej.* XLVI. 1.

(2) Massol, *De l'obligation naturelle*, p. 158.

(3) L. 9. C. *supra.*

(4) Le fou pouvait être obligé *re* dans plusieurs hypothèses : pour ne citer qu'un exemple, nous mentionnerons le cas où le fou est dans l'indivision avec un tiers. Ce tiers pouvait intenter l'action *communi dividundo* pour rentrer dans les dépenses faites à l'occasion de la chose indivise : le pupille sera obligé sans avoir obtenu le *consensus* de son curateur. — L. 46. Dig. *De oblig. et act.* XLIV. 7.

Ce fidéjusseur serait tenu vis-à-vis du créancier, quoiqu'il n'ait pas de recours contre le fou.

Nous repoussons encore cette solution pour deux raisons : la première, c'est qu'il n'était pas besoin d'un texte pour énoncer cette vérité, que le fidéjusseur d'un fou n'a pas contre celui-ci l'action *mandati* pour rentrer dans ses déboursés ; il aura l'action *negotiorum gestorum*, et cela lui suffira ; — la seconde raison, est que pour arriver à leur explication, Cujas et Pothier sont obligés de substituer dans le texte *quamvis* à *quoniam*, et ces sortes de corrections doivent être, à notre avis, fort rarement employées.

Nous pensons que le texte d'Ulpien est resté au Digeste par suite d'une erreur des compilateurs de Justinien. La preuve en est facile à donner.

Ulpien dit formellement (1) dans son commentaire *ad Sabinum*, que le fidéjusseur ne peut intervenir pour un fou ; puis, dans un autre passage (2), celui sur lequel nous discutons, le fragment qui porte son nom commence par ces mots : *Marcellus scribit.* Que faut-il conclure, sinon qu'Ulpien nous rapporte dans ce second texte, l'opinion de Marcellus ? Peut-être va-t-il nous donner son opinion sur cette question et réfuter la doctrine de Marcellus ? On n'en sait rien, car Tribonien et ses rédacteurs ont découpé le passage d'Ulpien et l'ont fait assez maladroitement pour ne pas nous laisser connaître la véritable opinion de ce juriscon-

(1) L. 6, Dig,, *De verb. oblig.*, XLV, 1.

(2) L 25, Dig., *De fidejussoribus*, XLVI, 1.

suite. Ils l'ont mis ainsi en contradiction avec lui-même, dans deux livres consécutifs du Digeste.

On se rappelle ce que nous avons dit plus haut : une controverse sérieuse avait existé entre les juristes, sur le point de savoir si les actes faits par le fou dans un intervalle lucide sont valables. Le Digeste et Justinien ont admis la validité, confirmant ainsi les doctrines qu'Ulpien enseigne dans son commentaire sur Sabinus. Probablement, Marcellus était d'un autre avis, et c'est à tort que les compilateurs de Justinien ont laissé subsister ce texte dans leur compilation.

Nous concluons donc, que le fou ne peut s'obliger tant qu'il est sous l'empire de la démence ; dans ses intervalles lucides, ses obligations étaient valables, non pas comme obligations naturelles, mais bien comme obligations civiles.

### § 3. — Du prodigue interdit.

Le prodigue interdit par le Préteur est totalement incapable de s'obliger (1), et c'est en ce sens qu'il faut interpréter les vers d'Horace :

> . . . . . . . Interdicto huic omne adimat jus
> Prætor, et ad sanos abeat tutela propinquos (2).

Le poëte va trop loin, lorsqu'il écrit omne adimat jus, car

(1) L 9, § 7, Dig. De rebus creditis, XII. 1.
(2) Horace. Satyræ, II. 3, v. 217 et 218.

activement le prodigue est capable : il peut valablement obliger. Les textes que nous avons cités, et les théories que nous avons établies par rapport au fou, doivent également trouver leur place dans ce paragraphe. Il serait donc oiseux d'y revenir.

Nous constaterons seulement, que jamais le prodigue interdit, à la différence du fou, ne s'obligera civilement. Il ne peut être question ici d'intervalles lucides. Ses obligations, nous dit Ulpien, sont déclarées nulles et un fidéjusseur ne peut valablement intervenir pour lui : *Nec fidejussor pro eo intervenire poterit sicut nec pro furioso* (1).

## § 4. — *Du bénéfice de compétence.*

Il est de règle en procédure, que le débiteur soit condamné envers son créancier à payer la totalité de sa dette. Peu importe que ses biens ne suffisent pas à son entier acquittement, la condamnation s'exécutera non-seulement sur les biens présents, mais encore sur ceux qu'il pourra acquérir plus tard.

La loi, dans certains cas, a dérogé à cette règle. Lorsque le créancier et le débiteur sont liés ensemble par des rapports de parenté, d'association, de reconnaissance, elle a déclaré que la condamnation ne saurait être prononcée que dans les limites des ressources du débiteur : *Condemnari debere qua-*

(1) L. 6, *De verb. oblig.*, XLV, 1.

*tenus facere possit, id est quatenus facultates ejus patiuntur* (1).
C'est ce qu'on appelle le bénéfice de compétence.

Ce bénéfice est accordé : au père dans ses rapports avec
le fils émancipé ; au patron vis-à-vis de son affranchi ; aux
associés entre eux ; aux époux entre eux ; au donateur à
l'égard du donataire.

Voici les règles qu'on devait suivre pour déterminer
dans quelles limites le débiteur sera condamné : on éta-
blissait la valeur des biens actuels, sans en déduire les
dettes (1) ; c'est sur cette valeur qu'on basait le montant du
*id quod facere potest.*

Pour le donateur, la règle d'estimation n'était pas la
même : le donataire ne pouvait lui faire exécuter sa promesse que *deducto ære alieno* : cette exception se comprend
facilement, si on envisage les rapports qui devaient exister
entre le donataire et le donateur : on ne fait des libéralités
qu'après avoir payé ses dettes.

Mais lorsque le débiteur avait réussi à obtenir le bénéfice
de compétence, devait-on le considérer comme entièrement
libéré vis-à-vis de son créancier : l'obligation civile était-elle
éteinte pour ne plus laisser place qu'à une obligation naturelle ?

Il semble résulter des généralités que nous venons d'é-
noncer, que si la condamnation est réduite, l'obligation n'en
paraît cependant pas diminuée et qu'elle reste civile pour les

---

(1) Institutes § 37. *De act.* l. IV. tit. 6.

(1) L. 16. Dig. *De re judicata* ; L. 49. Dig. *id.* XLII. 1.

parties non comprises dans la sentence du juge. C'est la solution que nous adoptons, en faisant, en outre, remarquer
qu'il y a une certaine analogie entre le débiteur condamné
*in id quod facere potest*, et le débiteur de bonne foi qui fait
cession de biens à ses créanciers pour éviter leurs poursuites ;
dans ce dernier cas, le créancier pourra toujours poursuivre
son débiteur, s'il acquiert de nouveaux biens (1).

Il est nécessaire de répondre à une objection qui a été
faite à cette théorie : S'appuyant sur ce fait, qu'il y a un jugement, et en vertu de cet adage, *omnis res deducta est in judicium*, on a soutenu que le créancier avait complètement
épuisé son droit, mais qu'évidemment il restait une obligation naturelle. Ulpien, en effet, enseigne que le débiteur condamné *in id quod facere potest*, un mari, dans l'espèce,
n'aura pas le droit de répéter, s'il a payé, même en se
trouvant dans un état complet d'insolvabilité : *Nam est
maritus, si, cum facere nihil possit, dotem solverit, in ea causa
est ut repetere non possit* (2).

La répétition, nous l'admettons, sera refusée ; mais elle
le sera, non pas parce que l'obligation naturelle survit (le
texte n'en dit rien), mais bien plutôt parce que l'obligation
civile elle-même n'est pas éteinte. On ne peut pas dire qu'il
y ait chose jugée pour le tout ; si le juge s'est seulement
borné à restreindre la condamnation, il n'en a pas moins reconnu l'existence de l'*intentio* qui lui était soumise, et par

(1) L. 4 et 7, Dig. *De cessione bonorum*. XLII. 3
(2) L. 9. Dig. *De cond. indebiti*, XII. 6.

13

conséquent, l'existence de l'obligation qui y était relatée. Que si la condamnation est diminuée, c'est uniquement parce qu'il a pensé que la morale exigeait qu'on dût se laisser inspirer par des sentiments de bienveillance par égard pour le débiteur.

D'ailleurs, le créancier pouvait exiger de celui-ci la promesse d'acquitter en entier la dette dont il était tenu, lorsque ses ressources le lui permettraient (1). Il est, en outre, probable que le juge en prononçant la condamnation, réservait pour l'avenir les droits du créancier, ce qui ôtait beaucoup de son importance à la question que nous venons d'examiner.

### § 5. — De l'absolution du défendeur.

Il est de principe, dans toute bonne législation, que ce qui a été jugé doit être tenu pour vrai : s'il en était autrement on aboutirait à des procès interminables, qui n'auraient pour fin que la patience des plaideurs. Qu'il y ait eu condamnation ou absolution du défendeur, celui qui succombe n'a plus le droit de remettre en question ce qui a été souverainement décidé par le juge. L'adage *res judicata pro veritate accipitur* (2) est de tous les temps et de tous les pays.

Les jurisconsultes romains nous font saisir la véritable

(1) L. 63, § 4, Dig. *Pro socio,* XVII. 2.; 1. unique § 7, C. *De rei uxariæ,* V. 13.

(2) L. 207. Dig., *De regulis juris,* L. 17.

portée de cette règle, lorsqu'ils comparent les effets du jugement à ceux produits par le serment (1). Lorsqu'une des parties défère le serment à son adversaire, elle entend par là le choisir pour juge de la contestation ; les deux parties en acceptant du Préteur la nomination du juge qui doit prononcer, s'accordent ainsi par avance à accepter sa décision.

Les lois établissent que le débiteur qui a prêté serment est à l'abri de toute action : il peut même répéter ce qu'il a payé. Peu importe même qu'il y ait parjure de sa part : il suffit, dit Paul (2), qu'il soit exposé à la peine du parjure pour avoir une assez juste punition. Il en sera de même dans le cas de *res judicata* : le défendeur absous sera à l'abri de toute action ; les nombreux rapprochements entre ces deux modes d'extinction des obligations, le serment d'une part, le jugement de l'autre, ne font que confirmer cette règle.

On a cependant soutenu (3) que dans les cas où le juge aurait absous à tort, une obligation naturelle survivrait à l'absolution, au profit du demandeur, et l'on a invoqué deux textes, qui, au premier abord, semblent confirmer cette théorie.

C'est, en premier lieu, un texte de Paul ainsi conçu : *Julianus, verum debitorem, post litem contestatam, ma-*

---

(1) L. 1. pr. Dig. *Quarum rerum actio non datur*, XLIV. 5. — LL. 26. § 2. 35, § 1. Dig. *De jurejurando*, XII. 2, l. 56, Dig., *De re judicata*, XLII, 1.

(2) L. 22. Dig. *De dolo malo*, IV, 3.

(3) Comp. *Cujas ad. leg.* 60. *De condict. indebiti*, XII. 6. — Savigny, *System.* t. v. — Schwanert, *loco citato.*

*nente adhuc judicio, negabat solventem repetere posse, quia nec absolutus, nec condemnatus repetere posset, licet enim absolutus sit, natura tamen debitor permanet* (1).

Cette loi peut paraître formellement opposée à la théorie que nous avons émise : aussi tous les auteurs dont nous adoptons l'opinion (2), ont-ils cherché la manière de l'expliquer.

Nous n'avons pas l'intention d'entrer dans toutes les discussions auxquelles ce texte a donné lieu : nous nous bornerons à fournir l'explication que nous croyons la meilleure.

Avec M. Machelard (3), nous estimons que la pensée du commentateur doit être appelée sur les mots *verus debitor*, employés par Paul au commencement du texte précité.

Au moyen de plusieurs exemples nous allons en préciser la signification.

Si nous supposons que le débiteur actionné soit un fils de famille ayant emprunté contrairement aux dispositions du Sénatus-Consulte Macédonien, il devra nécessairement être absous, puisque son obligation est naturelle et n'est pas, en conséquence, susceptible de fournir une action au créancier. Si ce fils de famille devenu *sui juris* par la mort de son père, paye sa dette naturelle à son créancier, tout le monde admet qu'il y aura dans cet acte un payement valable, et que, par conséquent, la *condictio indebiti* sera refusée. Le fils

(1) L. 60. pr. Dig. *De condictione indebiti*. XII. 6.

(2) Doneau, Comm. XIV. 12. — Vangerow, t. I. § 173.

(3) Machelard, *De l'obligation naturelle en droit Romain*, p. 426.

séra, aux yeux de la loi, un *verus debitor*, c'est-à-dire que malgré son absolution, qui n'a tenu qu'à des causes étrangères à la dette en elle-même, il reste toujours tenu de cette dette. L'obligation naturelle qui survit, n'a pas été créée par le fait de l'absolution : née avant le jugement, son existence n'a pas été mise en cause par le jugement ; la décision des tribunaux devait donc la laisser intacte.

Dans ces conditions, Paul a eu raison, en reproduisant l'opinion de Julien, de décider que l'obligation naturelle n'était pas atteinte par le jugement d'absolution.

D'autres cas de *veri debitores* analogues peuvent se présenter : ou bien c'est un débiteur qui a été poursuivi avant l'échéance : grâce à la *plus petitio* il pourra se faire absoudre. Ou bien encore, c'est un affranchi poursuivi pour une promesse faite pendant qu'il était esclave : dans ces cas et dans bien d'autres semblables, il serait injuste d'admettre que l'absolution fît cesser l'obligation naturelle. Le créancier, par son trop grand empressement, ou par sa négligence, a engagé une instance qui a tourné contre lui ; mais il n'en est pas moins créancier, et son débiteur : *verus debitor*. La question de l'existence de la dette n'a pas été tranchée : on n'a résolu, en réalité, qu'un cas de procédure.

En outre, le juge rendait compte de ses décisions (1), ses sentences étaient motivées (2). En effet, il admettait ou non

---

(1) Savigny, *Droit Romain*, t. VI, § 291.

(2) L. 7. Dig. *De compensat.* XVI. 2 ; ll. 9, pr. 17, 18. Dig., *De exceptione rei judicatæ.* XLIV. 2 — l. 1, § 2. Dig. *Quæ sent. sine appl.*, XLIX. 8

l'*intentio* de la formule ; il disait s'il trouvait fondées ou non les exceptions proposées ; dès lors, on pouvait facilement voir si la question de la dette était véritablement tranchée, et si le *verus debitor* continuait à exister.

Telles sont les explications qui nous ont paru les meilleures à donner, et qui rendent le mieux compte des dispositions du passage de Paul, que nous avons cité.

Un second texte a été invoqué par les partisans de la doctrine contraire à la nôtre : c'est un fragment du même jurisconsulte : *Judex, si male absolverit, et absolutus sua sponte solverit, repetere non potest* (1).

Il est admis, par tous les commentateurs du droit Romain qui se sont occupés de la matière des obligations naturelles, qu'il n'y a pas lieu d'examiner si le payement a été fait par erreur ou en pleine connaissance de cause : la *condictio indebiti* sera toujours refusée. Or, ici nous voyons que Paul ne tient aucunement compte de ce principe, et qu'il exige que le débiteur *male absolutus* paye sciemment ce qu'il doit. Il faut donc refuser de voir ici le germe de l'obligation naturelle.

Nous ne croyons pas davantage qu'il y ait obligation morale. Sous le rapport de la *condictio indebiti*, les principes de l'obligation morale étaient les mêmes que ceux de l'obligation naturelle.

Mais on peut, à notre avis, expliquer le texte de Paul, et démontrer qu'il n'a pas la portée qu'on lui attribue.

(1) L. 28. Dig. *De cond. indebiti*. XII. 6.

Le juge a pu, par vénalité ou par faveur, rendre une sentence contraire à la loi (1). Il est vrai que non-seulement ces sentences entraînent contre le magistrat l'application de certaines peines (2), mais, de plus, elles sont radicalement nulles (3). Les parties ont la faculté de faire juger leur différend à nouveau.

Il peut se trouver que la partie qui succombe, le demandeur dans l'hypothèse actuelle, n'ait plus le droit d'intenter son action contre le débiteur *male absolutus* : cela se présente si l'action sur laquelle la sentence nulle est intervenue, était temporaire. N'y avait-il pas lieu, dans ce cas, de décider que l'obligation naturelle devait continuer à exister ?

Qu'on y fasse attention, ce n'était pas une obligation survivant à l'absolution prononcée à tort qui était maintenue ; mais c'était celle qui devait son existence à la prescription de l'obligation civile. Il y aura bien, en réalité, une obligation pouvant permettre le payement au *male absolutus*, mais cette obligation ne sera pas la conséquence du mal jugé.

Nous terminerons ce chapitre en faisant remarquer qu'en adoptant la règle contraire à celle que nous croyons vraie, l'instabilité la plus complète règnerait dans les affaires judiciaires.

Le débiteur absous, à tort ou à raison, pourrait, poussé par

---

(1) L. 15 § 1. Dig *De jud*. V. 1.

(2) Dans la loi des XII Tables, le juge convaincu de vénalité était puni de mort. Aulu-Gelle. XX. 1.

(3) L. 19. Dig. *De appellatione*, XLIX. 1 ; l. 7 Dig. C. *Quando provocare*, VII. 64.

certaines considérations, payer son prétendu créancier; puis, se repentant de cette action, demander au Préteur de lui accorder la *condictio indebiti*, se basant sur ce motif qu'il a été absous à juste titre et que c'est par erreur qu'il a fait le payement à son créancier. On devrait donc considérer si le payement repose ou non sur l'existence d'une obligation naturelle survivant à l'absolution prononcée à tort : et dès lors, il faudrait examiner de nouveau les pièces du procès ; dans ce cas, nous nous le demandons, quelle serait l'autorité de la chose jugée? quelle serait la force de cet axiome inscrit par tous les législateurs en tête de leurs codes : *Res judicata pro veritate accipitur ?*

# DROIT FRANÇAIS.

## CHAPITRE PREMIER.

### ORIGINE ET CARACTÈRE DE L'OBLIGATION NATURELLE.

La théorie générale des obligations naturelles, en droit Français, est renfermée dans un seul article du Code civil ; cet article est ainsi conçu :

> ART. 1235. — Tout paiement suppose une dette, ce qui a été payé sans être dû est sujet à répétition. — La répétition n'est pas admise à l'égard des obligations naturelles qui ont été volontairement acquittées.

Le législateur français a gardé le plus profond silence sur l'origine et le caractère des obligations naturelles : il ne nous cite nulle part d'exemple de ces obligations et ce n'est qu'incidemment qu'il mentionne leur existence, en parlant d'un des effets que nous leur avons vu produire en droit Romain : le refus de la répétition au cas d'exécution de l'obligation.

.Dans ces conditions, il est nécessaire de construire la
théorie en entier et de suppléer, par l'application des principes généraux du droit civil, au silence des textes.

Il importe avant de commencer cette étude, de se demander si le législateur a eu tort de se montrer si réservé.
N'a-t-il pas, au contraire, fait acte de sagesse en laissant
cette matière dans l'ombre ?

L'éminent doyen de la Faculté de droit de Caen, répond
à cette question de la manière suivante : « Les faits d'où
peut résulter l'obligation naturelle offrent une si infinie
variété, ils peuvent revêtir tant de nuances diverses, et
surtout ils sont subordonnés à tant d'éléments, si relatifs,
si intimes, si personnels, qu'il est véritablement impossible
de la discerner et de la reconnaître ; à ce point qu'un fait
qui semblerait le même en apparence, peut engendrer une
obligation naturelle pour l'un et n'en point engendrer pour
l'autre ; aussi le législateur a-t-il fait preuve de beaucoup
d'expérience et de beaucoup de sagesse en n'entreprenant
pas de la définir, et en laissant entièrement à la conscience
individuelle de chacun, sous sa responsabilité morale, le
soin de prononcer ce jugement (1). »

Certainement, le Code ne pouvait faire une énumération limitative des obligations naturelles sous peine de voir
son œuvre changer presque journellement.

Mais il est des principes généraux qu'il est bon de formuler. Ayant probablement devant les yeux, cet adage tou-

(1) Demolombe, *Des donations*, III. 7.

jours vrai : *Omnis definitio periculosa est*, le législateur français, assez sobre en général de définitions, n'a pas voulu ici prêter à la critique et il s'est renfermé dans un système complet d'abstention.

Il est vrai qu'il pouvait s'abstenir de définir l'obligation naturelle, puisqu'il ne nous donne même pas la définition de l'obligation civile !

Nous devons donc rechercher dans les auteurs dont se sont inspirés les rédacteurs du Code, et dans les législations qui ont servi de base à la nôtre, les règles qui conviennent à notre sujet.

Pothier (1) divise les obligations en obligations naturelles et civiles tout ensemble, en obligations seulement civiles et en obligations seulement naturelles.

L'obligation naturelle, la seule dont nous ayons à nous occuper ici, est celle qui, dans le for de l'honneur et de la conscience, oblige celui qui l'a contractée, à l'accomplissement de ce qui y est contenu.

L'obligation seulement civile est un lien de droit : le débiteur peut être forcé en justice à son accomplissement, quoiqu'il n'y soit pas obligé en conscience.

Les obligations naturelles et civiles tout ensemble, sont les obligations naturelles sanctionnées par la loi civile et munies par elle d'action. Ces obligations sont en dehors de notre sujet, puisque ce sont, en réalité, de véritables obligations civiles.

(1) Pothier, *Traité des obligations*, P. 2, ch. I.

Quant aux obligations naturelles proprement dites,
Pothier les range sous deux titres. Sous le premier sont
comprises (1) celles pour lesquelles la loi dénie l'action par
rapport à la défaveur de la cause d'où elles procèdent : telle
est la dette due à un cabaretier pour dépenses faites par un
domicilié, dans son cabaret (2). Sous le second, il comprend
celles qui naissent des contrats de personnes qui, ayant un
jugement et un discernement suffisants pour contracter, sont
néanmoins, par la loi civile, inhabiles à contracter : telle
est l'obligation d'une femme sous puissance de mari, qui a
contracté sans être autorisée.

Ces obligations, dit le jurisconsulte, qui naissent d'une
cause improuvée par les lois ou qui ont été contractées par
des personnes à qui la loi ne permet pas de contracter,
n'auraient pas eu, par le droit Romain, même le nom
d'obligations naturelles. Aussi, ne pense-t-il pas qu'elles
doivent avoir, en droit Français, les effets que le droit Romain donnait aux obligations naturelles. « Le seul effet de
ces obligations, conclut-il, est que lorsque le débiteur a
payé volontairement, le payement est valable et n'est pas
sujet à répétition. »

On doit le remarquer : les exemples choisis par Pothier
ne peuvent être considérés comme des obligations naturelles telles que nous les entendons. Ainsi la dette de cabaret, déclarée nulle par l'article 128 de la Coutume de

(1) Pothier. *loc. cit.*, ch. II,

(2) Coutume de Paris, art. 128.

Paris, a une analogie frappante avec la dette de jeu, prohibée par l'article 1965 du Code civil. Si on veut se reporter aux développements que nous donnerons plus loin à cette question, on constatera que le seul effet que cette dette puisse produire, si tant est qu'elle en produise, est d'empêcher la répétition du débiteur qui a payé ; mais on ne doit pas voir, dans ce refus de la répétition, la preuve de l'obligation naturelle, car le législateur, pour baser sa doctrine, s'est appuyé sur l'adage : *In turpi causa melior est causa possidentis,* et non sur le fait de l'existence de l'obligation naturelle.

La définition que Pothier donne des obligations naturelles ne doit pas être adoptée, car elle méconnaît la distinction que nous croyons fondamentale, en droit Français comme en droit Romain, entre les obligations naturelles et les obligations morales. D'ailleurs, il est facile de voir que Pothier faisait cette confusion, et que, dans ses théories, il avait même plus souvent en vue les obligations morales que les obligations naturelles proprement dites. On peut s'en convaincre en examinant les raisons qu'il donne, lorsqu'il traite des différents effets produits par ces obligations.

Il repousse notamment l'admission de la compensation en cas d'obligation naturelle, et l'argument qu'il invoque est celui-ci : la dette opposée en compensation doit être déterminée, ce qui ne peut s'entendre de la dette naturelle dont la fixation est laissée au bon plaisir du débiteur.

Or, nous le demandons, la dette naturelle de la

femme qui a contracté sans autorisation (1), la dette naturelle du mineur qui s'est fait restituer (2), et toutes les
autres dettes du même genre sont-elles laissées, quant à
leur *quantum*, au bon plaisir du débiteur ?

Cette indétermination se produira dans une autre catégorie de dettes : celles que nous appelons dettes morales :
ainsi, le riche tenu en conscience de faire l'aumône, ne
consultera que son cœur pour la fixation de ses libéralités.

Nous estimons qu'en droit Français moderne, la compensation n'est pas admise en matière d'obligations naturelles, mais pour d'autres raisons que celles que donne
Pothier (3) : en matière d'obligations morales, notre solution,
*à fortiori*, sera la même, mais alors, et seulement ici, nous
pourrons invoquer avec autorité l'argument fourni par ce
jurisconsulte.

A notre avis, le droit Romain peut être utilement con-
sulté : on verra par la suite, que nous avons cru devoir
reproduire la plupart de ses solutions.

Un auteur très estimé, M. Laurent (4), soutient que la
théorie Romaine doit être étrangère à celle de notre droit
actuel. Le savant auteur s'appuie sur ce que le pacte
produisait une obligation naturelle à Rome, tandis qu'en
France il est générateur d'une obligation civile. De cette

(1) Voir *Infrà*, Ch. III. s. II § 2.

(2) Article 1304.

(3) Pothier. I ch. II.

(4) Laurent. *Principes de droit civil*, t. VII, p. 7.

différence, il conclut que les principes n'étant plus les mêmes, les effets ne doivent pas non plus être semblables.

Ce n'est pas tout. M. Bigot-Préameneu, dans l'*Exposé des motifs*, semble aussi repousser toute idée d'analogie entre les principes français et les principes romains : « Il ne s'agit point ici de ces obligations qui, dans la législation romaine, avaient été mises au nombre des obligations naturelles parce que, n'ayant ni la qualité de contrat, ni la forme de stipulations, elles étaient regardées comme de simples conventions dont une action ne pouvait naître. Ces conventions sont dans notre législation au rang des obligations civiles, et on ne regarde comme obligations purement naturelles que celles qui, par des motifs particuliers, sont considérées comme nulles par la loi civile. Telles sont les obligations dont la cause est trop défavorable pour que l'action soit admise, et celles qui ont été formées par des personnes auxquelles la loi ne permet pas de contracter. Telles sont même les obligations civiles lorsque l'autorité de la chose jugée, le serment décisoire, la prescription, ou toute autre exception péremptoire, rendrait sans effet l'action du créancier. Le débiteur qui a la capacité requise pour faire un payement valable, et qui, au lieu d'opposer ces divers moyens, se porte de lui-même et sans surprise à remplir son engagement, ne peut pas ensuite dire qu'il a fait un payement sans cause. Ce payement est une renonciation de fait aux exce tions sans lesquelles l'action eût été admise, renonciation que la bonne foi seule et le cri de la conscience sont présumés avoir provoquée (1). »

(1) Bigot Préameneu, *Exposé des motifs*, n° 113. Locré, t. IV, p. 168.

Notre but n'est pas de contester toute différence entre la législation romaine et la législation française. Entre une législation formaliste et une législation admettant la liberté complète des conventions, il doit y avoir de sérieuses dissemblances. Quant aux pactes, ils formeront chez nous des obligations civiles; mais est-ce à dire que les autres principes du droit Romain doivent être rejetés?

La plupart du temps, le législateur a emprunté aux jurisconsultes du Digeste, les théories qu'ils enseignent, en ayant soin de les approprier aux idées nouvelles qu'il professait. C'est cet exemple que nous devons suivre.

Car, il ne faut pas prendre à la lettre les théories de M. Bigot-Préameneu. Dans le passage que nous venons de citer, on peut, par exemple, relever facilement plusieurs erreurs.

Il est complètement inexact d'admettre, pour ne citer qu'un cas, que l'autorité de la chose jugée laisse survivre une obligation naturelle. Nous reviendrons plus tard sur cette question (1), et nous lui donnerons de plus longs développements ; mais nous pouvons dire dès à présent que cette solution est conforme au droit naturel lui-même. Le droit naturel exige que les arrêts de la justice soient inattaquables et qu'on ne puisse plus remettre en cause ce qui a été souverainement jugé.

Et quelles fraudes ne permettrait pas la doctrine de l'orateur du gouvernement! Le Code s'est appliqué à trouver

(1) *Infra,* ch. III. Appendice § 4.

des moyens pour empêcher le donateur de faire des libéralités. Le législateur, sans contredit, voit d'un très mauvais
œil tout ce qui s'appelle donation. Et il viendrait lui-même
enseigner aux parties la manière d'éluder ses prescriptions !
Le donateur qui voudra acquérir l'entière liberté de disposer,
et frustrer par ses libéralités les droits de ses héritiers réser-
vataires, n'aura qu'à se faire attaquer en justice, pour une
cause futile, par celui qu'il veut avantager. Il gagnera nécessairement son procès, mais il se reconnaîtra plus tard
tenu d'une dette naturelle qu'aurait laissé subsister le jugement : la fraude sera commise. Aux termes de l'article 1235,
il y aura payement véritable ; l'action en répétition sera refusée aux héritiers lésés !

On peut même aller plus loin. Ce donateur pourra priver
par là ses créanciers de toutes leurs espérances, en se rendant complètement insolvable. Ces derniers n'auront aucun
recours : le payement de l'obligation naturelle étant valable
et pouvant leur être opposé.

Logiquement, ce résultat est-il admissible, et une pareille théorie peut-elle trouver place dans un droit comme
le nôtre ? C'est pourtant celle de l'exposé des motifs. Il est
vrai, que ce n'est pas celle du Code. Ce ne sera pas, du reste,
la seule fois où nous remarquerons des divergences entre la
pensée du législateur et la solution qu'il consacre.

En montrant cette conséquence vraiment excessive de la
doctrine professée par les auteurs du Code, nous avons
réfuté incidemment une autre théorie, qui a pour elle l'autorité d'un jurisconsulte éminent.                    14

M. Demolombe (1) s'exprime ainsi : l'élément qui nous paraît constitutif de l'obligation naturelle, c'est l'aveu de l'obligé; c'est la reconnaissance par lui faite volontairement qu'il se considère comme tenu en conscience d'une dette naturelle envers une personne déterminée.

Que l'aveu de la partie fasse la preuve de l'obligation naturelle, nous l'accordons; mais qu'il suffise à sa création, nous le nions : « Ce sera, dit fort bien M. de Folleville (2), la meilleure et la plus complète des démonstrations; mais c'est aller trop loin que de présenter l'aveu comme un *élément constitutif*: la création des obligations naturelles ne peut pas, en effet, dépendre du caprice de l'homme : cela est si vrai, que plusieurs de ses conséquences peuvent se produire, malgré l'abstention du débiteur et même nonobstant sa volonté contraire formellement exprimée : c'est ainsi que le créancier d'une obligation simplement naturelle peut, en dehors de l'assentiment du débiteur, obtenir d'un tiers, son intercession à titre de caution personnelle, ou se faire consentir, également par un tiers, une hypothèque à titre de sûreté réelle. »

S'il suffisait à la partie qui se prétend obligée, de faire l'aveu de l'obligation pour lui rendre toute sa valeur, lorsqu'elle « est considérée comme nulle par la loi civile » (3), il serait tout à fait inutile de faire un Code sur les obligations, ou tout au moins de parler d'obligations naturelles.

(1) Demolombe. *Contrats.*

(2) D. de Folleville. *Notion du droit*, p. 73.

(3) Cf. Bigot-Préameneu, *suprà*.

Si M. Demolombe est arrivé à cette solution, c'est qu'il paraît confondre les obligations morales et les obligations naturelles. L'obligation morale n'existera que par l'aveu fait par le débiteur, car il n'y a ici qu'une question de relativité : telle obligation sera morale pour l'un et ne sera pas morale pour l'autre ; elle variera, en quelque sorte, selon la conscience de chacun.

Cette confusion, qui existe chez les rédacteurs du Code eux-mêmes, entre les obligations naturelles et celles qui sont déclarées nulles par la loi, se fait chaque jour sentir dans la pratique.

Quand, par exemple, deux parties ont pris une part égale à une convention immorale et sont, par conséquent, non recevables à en demander en justice l'exécution, celui des deux contractants qui aura exécuté volontairement la convention pourrait-il poursuivre la répétition des sommes qu'il aurait payées ?

L'article 1131 est formel pour décider que l'obligation sur cause illicite ne peut avoir aucun effet ; cependant la jurisprudence refuse l'action en répétition (1).

La pratique se laisse guider ici le plus souvent par ce qu'on appelle l'équité. Mais il faut prendre garde de ne pas donner à cette prétendue équité une étendue trop absolue, surtout lorsqu'elle est en contradiction avec le texte formel de la loi ; autrement, les magistrats mériteraient ces reproches que leur

---

(1) Cass. 15 décembre 1873. Sirey. 1874 I 241. — Caen, 29 juillet 1874. Dalloz, 1875 II. 27. Sirey, 1875 II. 298. — Douai, 9 mars 1880, affaire Caley. Contra : Demolombe, t. XXIV p. 362, t. XXVII. p. 40.

adresse d'Aguesseau : « Dangereux instrument de la puissance du juge, hardie à former tous les jours des règles nouvelles, cette équité arbitraire se fait, s'il est permis de parler ainsi, une balance particulière et un poids propre pour chaque cause. Si elle paraît quelquefois ingénieuse pour pénétrer dans l'intention secrète du législateur, c'est moins pour la connaître que pour l'éluder ; elle la sonde en ennemi captieux plutôt qu'en ministre fidèle, elle combat la lettre par l'esprit, et l'esprit par la lettre ; et au milieu de cette contradiction apparente, la vérité échappe, la règle disparaît et le magistrat demeure le maître. »

Sans le respect de la loi, la société ne saurait exister. Mais cette loi doit être une pour tout le monde, et la jurisprudence actuelle la fractionne, si nous pouvons nous exprimer ainsi, en autant de parties qu'il y a de ressorts judiciaires. S'appuyant sur ce que le Code n'énumère pas les obligations naturelles, elle déclare que c'est aux juges qu'il appartient de décider quels sont les droits qui constituent des obligations de cette espèce. Leur décision ne saurait, en général, fournir sur ce point matière à cassation, pourvu, toutefois, qu'ils indiquent que, dans l'espèce qui leur est soumise, il y a véritablement obligation naturelle (2).

Dès lors, la Cour de Cassation, qui seule peut arriver par ses arrêts à créer l'unité de jurisprudence, se refusant à apprécier si la qualification des juges du fait est conforme ou

(1) Marcadé sur l'art. 1133. — Colmet de Santerre, V. n° 49 bis. Revue pratique, XX. p. 441-467.

(2) Cf. les arrêts cités au Dalloz. *Répertoire* V° Disposition n° 764.

non au texte de la loi, laisse chaque tribunal trancher cette question selon ses idées personnelles, et, en matière d'obligations naturelles, les opinions varient, en quelque sorte, à l'infini.

La Cour suprême s'est seulement réservé le droit d'examiner quelle était la qualification donnée par les tribunaux à l'acte qui leur était soumis : dès que la convention, quelle que soit, d'ailleurs, cette convention, est désignée sous le nom d'obligation naturelle, la Cour refuse de se prononcer.

Dans quelques occasions cependant, où la violation du droit était manifeste, la Cour de Cassation se déjugea. C'est ainsi que dans l'exemple suivant, rapporté par M. Laurent, elle cassa un arrêt qui avait jugé, en fait, qu'il y avait une obligation naturelle (1).

La duchesse de La Rochefoucauld fit, pendant l'émigration de son mari, prononcer le divorce. On procéda à la liquidation des droits de chacun des époux divorcés, et le duc se trouva débiteur de la duchesse d'une somme de 1,651,400 francs. Pour se libérer, il céda à sa femme des terres d'une valeur de 1,050,000 francs. Mais, se fondant sur les pertes éprouvées par M. de La Rochefoucauld pendant la Révolution, notamment par suite de la dépréciation des immeubles, la duchesse rétrocéda à son mari les terres de Liancourt et d'Estissac. L'acte fut passé le jour même de la cession et fut qualifié de pacte et d'arrangement de famille. Entre les enfants, des difficultés s'élevèrent sur la nature de cette rétro-

(1) Laurent, Droit civil, t. XVII. n° 9.

cession : était-ce une libéralité ; était-ce le paiement d'une dette naturelle ? La Cour de Paris pensa que c'était un acte de conscience et de justice et non une donation.

La Cour suprême cassa cet arrêt ; tout en rendant hommage aux motifs généreux qui avaient poussé la duchesse à renoncer à ses droits, elle estimait que l'acte devait être envisagé comme étant une libéralité, car la duchesse ne pouvait être obligée naturellement, n'étant pas cause des pertes et de la dépréciation des immeubles de M. de La Rochefoucauld.

Il ne faut donc pas s'étonner, comme nous l'avons dit plus haut, des contradictions que nous rencontrerons dans les arrêts que nous aurons à examiner : nous en citerons fort peu, car la plupart confondent sous le nom d'obligations naturelles celles qu'on appelle obligations morales, et leur appliquent, sous prétexte de ne pas blesser l'équité, des règles qui n'ont pas été faites pour elles.

On ne doit pas, cependant, être injuste, et reprocher trop amèrement à la pratique ses divergences, puisque la théorie elle-même présente, sur notre matière, les solutions les plus contradictoires.

Nous avons montré précédemment les différents systèmes qui s'étaient produits lorsqu'on avait voulu, en droit Romain, définir l'obligation naturelle. Sous d'autres noms, nous les retrouvons en droit Français.

Weber avait soutenu (1) qu'on doit présumer en principe, que toute obligation découlant du droit naturel est munie

(1) Weber, *Systematische entwickelung der Lhere von der natürlichen Verbindlichkeit*, ₰ 44.

d'action; elle n'en sera privée que si le droit positif la lui a expressément refusée. Il pensait que la raison s'opposait à la nécessité de la reconnaissance particulière de chaque obligation par le droit civil.

Toullier soutient que toutes les obligations ont commencé par être naturelles. Elles auraient ainsi précédé l'existence des lois et des tribunaux. La loi vient à leur secours et met à leur service toute sa puissance.

Cette théorie est aujourd'hui universellement repoussée; aussi n'insisterons-nous pas pour la réfuter. Elle a le grand inconvénient de laisser une trop large place à l'appréciation des tribunaux. Il est inutile de faire des lois positives, si on admet que toutes les obligations sanctionnées par le droit naturel entrent dans la législation, sans que la loi positive indique à chacun quelle sera son étendue et quelle sera sa force. Maîtresse de la sanction civile, elle l'accorde aux obligations selon sa volonté et peut la refuser aux obligations primitives.

Il n'est pas rare même de voir, d'un droit à l'autre, des obligations changer de caractère. Ainsi, en droit Romain, la fille avait action contre son père pour établissement par mariage. Le droit Français déclare que l'enfant n'aura aucune action contre ses père et mère.

Doneau soutient qu'au lieu d'être un lien de droit comme l'obligation civile, l'obligation naturelle n'était qu'un *vinculum æquitatis*. Duranton (1) enseigne que le juge doit

(1) Duranton, t. X nᵒ 34. V. Marcadé sur l'art. 1235, nᵒ 2. — Larombière sur l'art. 1235, nᵒ 6.

prendre l'équité comme guide de ses décisions. Il ne fait, du reste, que paraphraser les paroles du tribun Jaubert dans son rapport : « L'obligation naturelle consiste dans le lien qui dérive de l'équité, à la différence de l'obligation civile qui dérive du lien de droit (1). »

Nous avons déjà montré les dangereux effets de cette doctrine reposant sur l'équité. Chacun, comme dit le président Favre, s'en forge une à sa guise ; il y a autant de lois que de juges, c'est dire qu'il n'y a plus de droit.

De plus, presque toutes les dispositions de notre Code sont uniquement basées sur l'équité : on ne peut donc voir dans l'équité le *criterium* capable de faire discerner tout d'abord les obligations naturelles.

En outre, la loi elle-même se met en contradiction avec cette équité : pour ne citer qu'un exemple : la loi du 4 vendémiaire an II, encore en vigueur, qui rend tous les habitants d'une commune civilement garants des attentats commis sur le territoire de la même commune, soit envers les personnes, soit envers les propriétés, par des attroupements ou rassemblements armés ou non armés, établit à l'égard des personnes qui n'y ont pas pris part une obligation civile contraire à l'équité naturelle, qui ne veut pas voir l'innocent puni pour le coupable.

MM. Aubry et Rau définissent, d'après Zachariæ (2) l'obligation naturelle, en disant qu'elle comprend les devoirs ju-

(1) Jaubert. *Rapport* Locré ; 1. **VI**, p. 206.

(2) Aubry et Rau, IV. § 25. 7.

ridiques de leur nature, susceptibles comme tels d'exécution forcée, mais que le législateur refuse de reconnaître en ne fournissant pas d'action au créancier. Ces auteurs donnent, dans leurs développements, une telle étendue à cette expression : devoirs juridiques, qu'elle leur fait souvent confondre des obligations morales avec des obligations naturelles.

Les commentateurs de Zachariæ enseignent, par exemple, que les proches parents, autres que ceux désignés par les articles 205 et 207, doivent, en vertu d'une obligation naturelle, fournir, dans la mesure de leurs facultés, des aliments à leurs parents légitimes ou naturels. Or, nous le demandons, qu'y a-t-il de plus vague que cette règle ? Que devra-t-on entendre par proche parent ? Pour tel auteur ou tel tribunal, un cousin au cinquième degré sera considéré comme proche, tandis que, pour tel autre, il sera regardé comme éloigné. Tout ce que nous pouvons admettre ici, c'est l'existence d'une obligation morale fondée sur la charité, et la charité n'a jamais créé un lien de droit entre deux personnes.

Il faut, d'ailleurs, considérer comme obligations civiles, et non comme obligations naturelles, les obligations se rattachant aux liens du sang. Les personnes ainsi unies ont, d'après le Code, une action pour obtenir des aliments, et, par conséquent, leur créance n'est pas dépourvue de sanction.

On ne peut objecter à cette doctrine les termes de l'article 349 du Code civil ; cet article enseigne que : « *L'obligation naturelle* qui continuera d'exister entre l'adopté et ses père et mère, de se fournir des aliments dans les cas déter-

minés par la loi, sera considérée comme commune à l'adoptant et à l'adopté, l'un envers l'autre. » Car, bien évidemment, cette expression, *obligation naturelle*, a été mise dans
le texte pour marquer l'opposition entre l'obligation civile
nouvelle, naissant par suite de l'adoption entre l'adopté et sa
famille adoptive, et l'obligation antérieure, résultant des
liens du sang, et existant entre l'adopté et sa famille selon la
nature. La preuve en est facile à donner : personne ne
peut nier que l'adopté ou ses père et mère, auront toujours
le droit, les uns vis-à-vis des autres, d'intenter une action
pour obtenir des aliments.

On a été plus loin : on a soutenu qu'une obligation
naturelle résulterait de la parenté naturelle. Sans doute,
l'enfant naturel reconnu aura une action contre ses père et
mère, et sera ainsi créancier d'une obligation civile ; ce n'est
pas sur ce point que porte la difficulté ; mais la discussion
s'est élevée lorsqu'on s'est demandé si la reconnaissance
faite sans les formes prescrites, ou dans les cas où la loi la
repousse, par exemple s'il s'agit d'enfants adultérins ou in-
cestueux (1), ne créera pas une obligation naturelle entre
l'enfant et ses parents naturels.

Avec M. Massol (2), nous soutiendrons qu'aucune obligation ne pourra exister. Pour les enfants que la loi défend
de reconnaître, la solution est évidente : sa prohibition étant
absolue. Quant aux autres, nous ne serons pas moins affir-

(1) Code civil, art. 335.

(2) Massol, *De l'obligation naturelle*, p. 222. — Contrà, Toullier,
t. IV, p. 384. Duranton, X. 57.

matifs : l'article 334 du Code civil a exigé un acte authentique comme preuve de la reconnaissance de l'enfant. Si la
reconnaissance a eu lieu par acte sous-seing privé, la décla-
ration sera nulle, car la loi ne donne ici de valeur qu'à l'acte
authentique. On comprend que dans ces questions de reconnaissance, tout le monde doive se montrer sévère et
n'admettre que les preuves les plus évidentes : il faut garantir avant tout, la libre expression de la volonté de celui
qui fait la reconnaissance, et cette garantie ne peut être jugée
suffisante que si on exige un acte authentique.

Rien ne met obstacle à ce qu'une obligation morale existe
entre les parties intéressées : la répétition sera refusée à
celui qui aura rempli les devoirs que lui impose la parenté
naturelle ; ce sera le seul effet que pourra produire une telle
obligation. Le cautionnement et les autres effets des obligations naturelles n'accèderont jamais à cette obligation pour
la garantir.

Domat, à qui les rédacteurs du Code ont emprunté l'article 1235, place le fondement des obligations naturelles,
dans le droit naturel. « Ceux que la nature, dit-il (1), ne
rend pas incapables de contracter et qui ne le sont que par la
défense de quelque loi, ne laissent pas de s'engager par leurs
conventions à une obligation naturelle qui, selon les circonstances, peut avoir cet effet, qu'encore qu'ils ne puissent être
condamnés à ce qu'ils ont promis ; s'ils satisfont à leur engagement, ils peuvent en être relevés. »

---

(1) Domat, *Lois civiles*, I. tit. I, sect. V.

Nous citons encore ce passage du même jurisconsulte, en priant le lecteur de se reporter aux termes de l'article 1235 que nous avons placé en tête de ce chapitre. Il est impossible de ne pas s'apercevoir que le législateur a copié Domat : « Le payement supposant la dette, celui qui se trouve avoir payé par erreur ce qui n'était pas dû, peut le recouvrer. Mais s'il n'a payé que ce qui était dû légitimement, quand même la dette eût été telle qu'il n'eût pu être condamné en justice, il ne peut demander qu'on lui rende ce qu'il a payé (1). »

Bien évidemment, après cette citation, nous devons conclure que le législateur, s'inspirant des théories de Domat sur le payement des obligations naturelles, a dû admettre la doctrine générale de ce jurisconsulte sur ces obligations. S'il l'avait trouvée inexacte ou contraire aux principes du droit qu'il écrivait, aucun doute que dans un article de son Code il n'eût exprimé sa manière de voir.

Le droit naturel formera donc, selon nous, la base de la théorie des obligations naturelles. Nous sommes, en cela, en parfaite conformité d'idées avec le législateur lui-même.

Mais, nous n'admettrons pas que toutes les obligations du droit naturel soient considérées comme obligations naturelles ; nous reconnaîtrons à côté de ces obligations appelées naturelles, l'existence d'obligations morales. Cette distinction nous est imposée par la nature elle-même des faits. On en saisira l'importance lorsque, à la fin de ce chapitre, nous montrerons les dissemblances qui séparent ces obligations.

(1) Domat, *Lois civiles,* l. IV. s. I § 4.

Restreignant la portée de la définition de MM. Aubry et Rau, nous dirons qu'il faut entendre par obligations naturelles, les obligations qui, rationnellement, donneraient lieu à une obligation civile, mais que la loi n'a pas sanctionnées ; et par obligation, nous entendrons tout lien existant entre deux personnes déterminées à propos d'une chose elle-même déterminée.

Sous le nom d'obligations morales, nous comprendrons celles que Pothier appelle obligations *imparfaites*, et qu'il définit ainsi (1) : « ... Les obligations dont nous ne sommes comptables qu'à Dieu, et qui ne donnent aucun droit à personne d'en exiger l'accomplissement : tels sont les devoirs de charité, de reconnaissance ; tel est, par exemple, l'obligation de faire l'aumône de son superflu. Cette obligation est une véritable obligation, et un riche pèche très grièvement lorsqu'il manque à l'accomplir ; mais c'est une obligation imparfaite, parce qu'il n'en est comptable qu'à Dieu seul. » Nous ne nous rallions pas à l'opinion du savant jurisconsulte, lorsqu'il dit que l'obligation imparfaite ou morale, est une véritable obligation. Nous essaierons de démontrer qu'elle constitue, au contraire, une libéralité.

L'obligation morale sera celle uniquement fondée sur la conscience, et pour laquelle le lien n'existera pas, soit pour indétermination dans la dette, soit pour indétermination dans les personnes.

Toute la différence entre ces deux sortes d'obligations,

_____

(1) Pothier, *Obligations, Article préliminaire. 1.*

quant à leur nature, sera la détermination des trois termes, créancier, débiteur et dette, d'un côté, et indétermination de l'un d'eux, de l'autre.

On comprend, dès lors, pourquoi l'une admet, par exemple, le cautionnement et l'autre le repousse. L'article 2013 du Code civil porte que le cautionnement ne peut excéder ce qui est dû : or, nous le demandons, peut-on savoir ce qui est dû dans une obligation dont le quantum de la dette est indéterminé? Le cautionnement ne sera refusé qu'à cause de cette indétermination qui plane sur toute obligation morale. On ne peut garantir ce qui est laissé à la conscience et, par conséquent, à l'arbitraire du débiteur.

L'obligation naturelle constitue pour celui qui en est tenu, une véritable dette; l'article 1235 du Code civil est formel en ce sens, puisqu'il commence par poser ce principe : tout paiement suppose une dette, et ce qui a été payé sans être dû est sujet à répétition, puis, immédiatement après il ajoute : la répétition n'est pas admise à l'égard des obligations naturelles qui ont été volontairement acquittées.

Cette solution est conforme aux principes romains que nous avons exposés plus haut, et elle a une grande importance pratique. La distinction des obligations naturelles et des obligations morales, tient tout entière à ce fait, que les premières constituent des dettes, tandis que les autres sont des libéralités.

Ainsi, un arrêt de Cassation décida qu'une malade ayant fait remise au médecin qui l'avait soignée pendant sa dernière maladie, de sommes que ce médecin lui devait, acquitte une dette naturelle, parce que la testatrice lui avait vendu des terrains pour un prix exagéré (1). Grâce à l'existence d'une véritable dette en cas d'obligation naturelle, la Cour suprême avait pu décider que cette remise ne constituait pas une libéralité, et ne tombait pas, en conséquence, sous le coup de l'article 909 du Code civil prohibant les libéralités faites au médecin qui a soigné le testateur pendant sa dernière maladie.

M. Massol, qui rapporte cet arrêt (2), fait remarquer que la testatrice acquittait, non pas une obligation naturelle, mais une obligation morale. La raison, cependant, commande de se ranger à l'avis de la Cour de cassation : c'est, au fond, ce que fait M. Massol, mais il réfute l'argument qu'on pourrait tirer de l'article 909 prohibant les donations à un médecin, en disant que cette sorte de libéralité n'est pas prohibée par cet article 909 qui n'a en vue que les dispositions qui seraient le résultat de la captation. Sa conclusion est celle-ci : il n'y aura pas répétition, non pas comme la Cour l'a décidé, parce qu'il y a obligation naturelle, mais parce qu'il y a là l'accomplissement d'un devoir moral.

Sans doute, répondrons-nous, le législateur a voulu éviter la captation en édictant l'article 909, mais ses termes formels nous empêchent de rechercher s'il y a ou non captation. La règle est absolue : les médecins ne pourront

(1) Cass. 10 décembre 1851 Dalloz, 1852, I. 80.

(2) Massol. *De l'obligation naturelle*, p. 234, n. 2.

profiter des dispositions entre-vifs ou testamentaires que le défunt aurait faites en leur faveur pendant le cours de la dernière maladie. Aucune libéralité, qu'on l'appelle donation ou obligation morale, n'échappe à la prohibition.

Nous nous rangerons donc à l'avis de la Cour de cassation, et nous reconnaîtrons ici l'existence d'une obligation naturelle.

Toute obligation qui aurait pu rationnellement donner lieu à une obligation civile, parce qu'elle renferme les trois termes nécessaires, mais qui, par un texte de loi, est privée des effets des obligations naturelles ordinaires, ne devra pas être rangée dans la classe des devoirs moraux, mais dans celle des obligations déclarées nulles par le législateur. Les détails dans lesquels nous entrerons plus loin confirmeront cette manière de voir.

Une dette existant, en cas d'obligation naturelle, la créance pourra être cédée ou léguée par le créancier : aucun texte de loi ne le défend. On peut céder tout ce qui existe, tout ce qui est déterminé : les parties, en contractant, connaissent l'objet de leur convention et la cause de leur obligation.

Evidemment, elles ne pourront transmettre cette créance imparfaite qu'avec son imperfection elle-même : c'est-à-dire la créance non munie d'action.

L'article 1235 reconnaît implicitement, que le caractère de l'obligation naturelle est de ne pouvoir être garantie par une action : il se borne à refuser la répétition au débiteur qui a exécuté. Ce défaut d'action doit être absolu ; c'est-à-dire que l'obligation sera dépourvue de tout moyen de contrainte, même indirect.

Ainsi, nous repousserons l'application des régles de la compensation.

Il y a compensation lorsque deux personnes se trouvent débitrices l'une envers l'autre (1). Dans la partie du droit Romain qui traite cette question, nous avons examiné le but et l'utilité de cette institution : nous n'avons pas à y revenir.

Rappelons, seulement, que dans notre ancien droit Français la compensation n'était pas toujours admise, même à l'égard des obligations civiles. La vieille règle coutumière était ainsi formulée : « Une dette n'empêche pas l'autre (2). »

On ne pouvait opposer la compensation que dans quelques hypothèses, et avec des lettres qui en permettaient, l'application : ces lettres étaient dites *lettres de compensation*. Dans les autres cas, la règle précitée conservait toute sa force (3).

Cependant, pour les obligations civiles, cette règle disparut peu à peu, à cause des ennuis pratiques qui pouvaient en résulter pour les parties ; Guy Coquille (4) nous rapporte qu'après bien des hésitations, la Coutume de Paris (5) avait fini par admettre la compensation en règle générale.

(1) *Code civil*, art. 1289.
(2) Loysel. *Institutes coutumières*, liv. V, tit. II, règle 3.
(3) Bouteiller. *Somme rurale*, l. XXVII, p. 154.
(4) Guy Coquille. *Cout. du Nivernais*, quest. 32.
(5) *Coutume de Paris*, art. 305.

15

Aux termes de l'article 1290 du Code civil, la compensation est un payement forcé, qui est exécuté à l'insu, et même contre le gré des parties :

> ART. 1290. — La compensation s'opère de plein droit par la seule force de la loi, même à l'insu des débiteurs ; les deux dettes s'éteignent réciproquement, à l'instant où elles se trouvent exister à la fois, jusqu'à concurrence de leurs quotités respectives.

Le législateur français ayant exigé, à la différence du droit Romain, que le payement d'une obligation naturelle fût fait volontairement (1) et en pleine connaissance de cause par le débiteur (2), on est forcé de ne pas admettre l'application des principes de la compensation à notre théorie : autrement, l'acquittement de la dette aurait lieu contre la volonté de l'obligé. Le créancier ne peut exiger le payement quand son droit est dépourvu d'action.

Tous les auteurs sont unanimes en droit Français et la jurisprudence est constante (3).

M. Massol, cependant, professant ici les mêmes principes qu'en droit Romain, soutient que le créancier naturel pourrait user du droit de rétention, afin de forcer son débiteur à exécuter. Le savant auteur enseigne que la compensation *ex eadem causâ* doit être admise.

Le droit de rétention, dit-il, étant un droit de l'équité,

---

(1) Code civil. Art. 1235.

(2) Voir *infrà*, p. 237.

(3) V. *Exposé des motifs* de Bigot-Préameneu, Locré, t. XII, p. 364. — Touiller, V. 389. — Cpr. Desjardins, *Compensation*, n° 120. — Dijon, 27 décembre 1828, Sirey 1835, I. 277.

l'on devrait s'étonner que le législateur français le repoussât : le silence du Code à cet égard semble confirmer cette manière de voir.

Nous pensons, quant à nous, que si le législateur n'a pas expressément formulé sa pensée, son intention n'en est pas moins certaine. Elle découle logiquement des principes admis en notre matière. Accorder le droit de rétention, c'est accorder indirectement le droit d'action qu'il refuse ailleurs aux obligations naturelles.

Et ensuite, quelle est la nature du droit de rétention? C'est un droit réel, spécial et exceptionnel, et, par conséquent, applicable dans les seules hypothèses déterminées par la loi.

L'article 2093 du Code civil pose, en règle générale, que les biens du débiteur sont le gage commun de ses créanciers, et l'article 2094 n'apporte à ce principe que deux exceptions. L'article 2093 ne sera pas applicable lorsqu'il existe entre les créanciers des causes légitimes de préférence, et ces causes légitimes sont, dit-il, les privilèges et les hypothèques.

En pratique, ce droit dont les effets sont si importants, serait laissé à l'arbitraire du juge si on ne le restreignait aux cas limitativement énumérés par la loi. Les tribunaux, en effet, pourraient dans chaque hypothèse particulière, créer de leur propre autorité un droit de préférence à l'égard de certains créanciers, et le refuser aux autres (1).

(1) M. D. de Folleville, à son cours.

Restreignons donc le droit de rétention aux espèces prévues par la loi ; autrement nous tomberions en contradiction avec les principes de l'article 2093, puisque, en réalité, le droit de rétention est un droit de préférence. Il ne sera applicable que dans les hypothèses des articles 545, 867, 1612, 1613, 1673, 1749, 1948, 2082, 2087, 2280 du Code civil ; 306 et 577 du Code de commerce ; 3 de la loi du 3 mai 1841.

Nous conclurons donc, contrairement à M. Massol, que l'obligation naturelle ne permettra pas la compensation. Il en sera de même, *a fortiori*, de l'obligation morale. La question ne peut même pas se poser en cas d'obligation morale. Laissée complètement à la conscience du débiteur et considérée comme une libéralité, l'obligation morale perdrait ce caractère si on lui permettait d'éteindre par compensation une obligation civile ou naturelle du créancier.

Ce n'est pas, d'ailleurs, le seul rapprochement qu'on puisse faire entre ces deux sortes d'obligations.

Comme l'obligation naturelle, l'obligation morale est dépourvue d'action. Cela est évident lorsqu'on considère que l'action, ou droit de recourir à l'arbitrage d'un tribunal, ne peut être accordée par la loi qu'aux obligations qu'elle admet.

Sans doute, le Code reconnaît l'obligation naturelle et l'obligation morale, puisqu'à l'une il laisse produire tous les effets accessoires des obligations ordinaires, et qu'à l'autre il accorde le caractère de libéralité et refuse la répétition en cas d'exécution ; mais il se regarde en quelque sorte comme

incompétent lorsqu'il s'agit de définir les rapports du créancier et du débiteur. Il laisse, dans les deux cas, à la conscience de ce dernier, le soin de reconnaître son obligation ;
et il n'a pas pensé que d'autres que le débiteur puissent,
dans ces particuliers, déclarer l'existence de la dette.

On connaît la vieille règle de procédure : *Onus probandi
incumbit actori* : le fardeau de la preuve incombe au demandeur. La loi a estimé que l'aveu de l'obligé pouvait être la
seule preuve admise en notre matière : tant que cet aveu
n'existe pas, il est donc inutile de recourir aux tribunaux ;
ceux-ci ne pourraient que débouter le créancier de sa demande : la loi a cru, en refusant l'action, empêcher les demandes inutiles.

Le pauvre, créancier moral du riche, si nous pouvons
nous exprimer ainsi, pas plus que le créancier naturel du
mineur qui a obtenu la restitution, ne pourra actionner
en justice son débiteur.

Comme l'obligation naturelle, l'obligation morale empêche la répétition lorsque l'exécution a été volontaire.
L'article 1235 pose la règle en matière d'obligations naturelles. Les principes des donations sont applicables aux
obligations morales.

De plus, toutes deux peuvent servir de point de départ
à la formation d'un engagement civil valable (1). Aucun
article du Code civil ne contredit cette théorie. L'article
1131 s'occupant de la cause dans les obligations, ne déclare

(1) Cf. D. de Folleville, *Notion du droit,* p, 78.

nulles que celles contractées sans cause ou sur une cause illicite. Expliquant la pensée du législateur sur la nature de la cause illlicite, l'article 1133 s'exprime ainsi :

Art. 1133. — La cause est illicite quand elle est prohibée par la loi, quand elle est contraire aux bonnes mœurs ou à l'ordre public.

Qui pourrait soutenir que les personnes créant des rentes au profit des établissements de bienfaisance, au profit des hospices, contractent des obligations sans cause, ou sur cause illicite. On est donc forcé d'accorder aux obligations morales le pouvoir de donner naissance à un engagement civil. Il en serait, à *fortiori*, de même des obligations naturelles, qui dans l'ordre des lois positives occupent une place plus élevée que les obligations morales, puisque le législateur leur reconnaît des effets plus étendus.

Il résulte des idées que nous avons émises plus haut, que si l'obligation naturelle fait partie des biens du créancier, et peut, par conséquent, être cédée ou faire l'objet d'un legs, l'obligation morale constitue de la part de celui qui l'exécute, une véritable libéralité, et est, par suite, soumise aux règles des donations.

Ces règles seront les suivantes :

I La somme payée comme acquittement du devoir moral sera réductible si elle dépasse la réserve (1).

II Cette libéralité sera révocable pour cause de survenance d'enfant chez le débiteur (2).

(1) Code civil. Art. 913, 920.

(2) Art. 960.

III Il en sera de même pour cause d'ingratitude de la part du créancier (1).

IV Le créancier qui aura été payé, devra faire le rapport s'il vient à la succession du débiteur (2).

V On appliquera les droits d'enregistrement relatifs aux donations, et non ceux qui frappent les mutations à titre onéreux.

Cette dernière différence entre les obligations naturelles et les obligations morales, qui résulte cependant de la nature propre de ces dettes, n'a pas toujours été admise en pratique.

L'enregistrement avait décidé que l'acte par lequel un individu s'oblige à payer une somme à un tiers, dans la seule vue de remplir une obligation naturelle contre laquelle la loi ne donne aucune action, sera considéré comme contenant une libéralité, et, à ce titre, soumis au droit proportionnel de donation et non à celui de reconnaissance de sommes (3).

Le tribunal de la Seine (4), avait d'ailleurs admis la théorie de l'enregistrement et regardant l'obligation naturelle comme une donation, la soumettait, en conséquence, au droit dû pour les libéralités.

Mais aujourd'hui, tout le monde est d'accord, les tribu-

(1) Art. 955.

(2) Art. 843.

(3) Décision du directeur de l'enregistrement d'Evreux, du 17 novembre 1836.

(4) Tribunal de la Seine, 18 juillet 1832.

naux et l'enregistrement reconnaissent que le payement d'une obligation naturelle ne constitue pas une libéralité, tandis que l'acquittement d'un devoir moral doit être regardé comme une donation (1).

En cas d'obligation morale, les formalités exigées pour la validité de la donation ne seront pas requises. Dans cette hypothèse, en effet, la cause qui fait agir le donateur est assez évidente pour que les formalités ne soient plus nécessaires, d'autant plus que ces formalités, étant souvent un obstacle à la répétition, doivent disparaître lorsqu'il s'agit de satisfaire au cri de la conscience (2). C'est là la seule différence que nous constaterons entre les donations et les obligations morales.

Si nous poursuivons notre comparaison entre l'obligation naturelle et l'obligation morale, nous reconnaîtrons que l'obligation naturelle établit un lien de droit entre les obligés, tandis que l'obligation morale est complètement indéterminée. On connait bien le débiteur, mais le *quantum* de la dette (3), et même en certains cas le créancier est inconnu. En conséquence, le débiteur doit être considéré comme le seul maître de l'obligation morale : seul il peut la faire naître, seul il peut l'acquitter. L'obligation naturelle produit, au contraire, des effets indépendants de la volonté du débiteur : le créancier peut la céder, la léguer,

---

(1) Code civil annoté de Dalloz, art. 1235 n° 23. Jurispr. générale de Dalloz v°. Obligations n° 1057 et v° Enregistrement, n° 3711.

(2) V. Toullier, t. V. p. 186.

(3) Voir Introduction.

accepter un cautionnement, un gage, une hypothèque, même sans l'assentiment du débiteur.

Ces effets ne sauront se produire en cas d'obligation morale. « ....Concevrait-on, dit M. D. de Folleville (1), un tiers venant cautionner à un pauvre mon obligation générale de faire l'aumône ? Me concevrait-on, moi-même, léguant ou transportant sur la tête d'une tierce personne le devoir de conscience qui m'astreint à la charité envers mes semblables? Tous ces agissements juridiques supposent évidemment une obligation préexistante : or, ici aux yeux de la loi, il n'y a rien, c'est le néant, car la loi sociale ne peut pas descendre dans le domaine de la conscience, pour faire respecter les obligations découlant de la morale pure : elle doit garder une sage neutralité, en laissant à chaque citoyen la responsabilité de ses croyances et l'appréciation de l'étendue de ses devoirs. »

Tels sont les principes généraux que nous avons cru devoir placer en tête de notre étude. Les détails dans lesquels nous allons entrer ne feront que les confirmer. Toutes les obligations auxquelles la loi refuse l'action, et dans lesquelles la détermination des trois termes de créancier, de débiteur et de dette sera facile à faire, seront rangées par nous, soit dans les obligations naturelles, soit dans les obligations nulles. Nous ne reconnaîtrons à aucune d'elles le pouvoir de devenir des obligations morales.

Ces dernières seront seulement, à nos yeux, celles où

_____

(1) Notion du Droit et de l'obligation, p, 85,

une indétermination quelconque existera, soit chez le créancier, soit dans la dette.

Dès lors, on comprendra pourquoi des obligations, telles que celles résultant de l'autorité de la chose jugée ou de la dette de jeu, seront considérées comme nulles dans cette étude, et non comme obligations morales. Nous tâcherons de démontrer ces points, en ne nous appuyant que sur les textes et les principes admis par tous les jurisconsultes, heureux, si, en terminant, nous avons pu jeter quelque clarté sur cette difficile matière.

# CHAPITRE DEUXIÈME.

## EFFETS DES OBLIGATIONS NATURELLES.

---

Les principes généraux des obligations naturelles sont les mêmes en droit Romain et en droit Français ; on ne devra donc pas s'étonner de nous voir suivre la même marche que précédemment, et examiner dans le même ordre les effets produits par ces obligations.

Sans doute, nous remarquerons quelques divergences dans les détails : nous les avons fait pressentir dans le chapitre premier, lorsque nous avons dit que les règles devaient différer sur certains points, puisque d'un côté nous avions une législation essentiellement formaliste, tandis que de l'autre nous sommes en présence d'un droit admettant que la convention fait seule la loi des parties. Mais les règles fondamentales sont identiques : l'obligation naturelle est une véritable dette et, à part l'action, elle est susceptible de faire naître tous les effets des obligations civiles.

En droit Français, nous n'examinerons pas si la cession de l'obligation naturelle est valable : nous avons déjà résolu affirmativement la question quelques lignes plus haut (1), et si, en droit Romain, nous avons fait un titre

---

(1) V. *suprà*, p. 224.

spécial pour cet effet des obligations naturelles, c'est que
la question avait été vivement discutée, encore tout récem-
ment, par M. Schwanert (1).

Nous ne parlerons pas non plus du constitut. Le constitut a été introduit dans la législation romaine par le Préteur pour sanctionner valablement certains pactes, qui,
d'après le droit civil, ne produisaient aucun effet. En droit
Français, le pacte ayant tout autant de valeur que la stipulation en droit Romain, le Code n'a pas eu à maintenir
l'existence du constitut. (2).

L'obligation naturelle, en France, empêchera l'action en
répétition de la part du débiteur qui se sera exécuté ; elle
pourra être garantie vis-à-vis du créancier par une fidéjussion, un gage, ou une hypothèque ; les parties pourront
l'élever au rang des obligations civiles par la ratification et
la novation. Tels sont les effets reconnus généralement aux
obligations naturelles : nous allons les examiner en détail.

## SECTION I.

### L'OBLIGATION NATURELLE EMPÊCHE LA RÉPÉTITION.

---

Il est inutile de reproduire les termes de l'article 1235
du Code civil. Nous avons déjà cité cet article au commen-

(1) V. *supra* p. 83.
(2) V. Contrà, Troplong, *Cautionnement*, 34.

cement de notre étude sur le droit Français, en faisant observer que c'était le seul qui s'occupât de la théorie des obligations naturelles.

Ce sont, d'ailleurs, les principes romains que le législateur moderne a appliqués. Ces principes sont conformes à la raison.

Chaque fois qu'il est question d'examiner l'efficacité d'un payement, il est nécessaire de considérer les causes qui ont poussé le débiteur à l'effectuer. Le législateur devait décider que dans les cas, où, placé entre la loi civile qui lui permettait de s'abstenir, et sa conscience qui lui conseillait de se libérer, le débiteur avait mieux aimé être tenu, la répétition lui serait refusée.

L'article 1235 ne repousse l'action en répétition que si le payement a été fait volontairement.

Quelques auteurs ont pensé, malgré les termes formels de cet article, que la *condictio indebiti* est refusée, non-seulement au débiteur qui a exécuté l'obligation tout en reconnaissant qu'elle était naturelle, mais encore à celui qui a payé, en se croyant par erreur tenu civilement, alors qu'il ne l'était que naturellement. Les jurisconsultes romains trouvaient, en effet, que ici encore, il y avait toujours un *debitum*.

M. Massol, généralisant tous les principes du droit Romain, et en faisant l'application au droit Français, admet cette théorie. Le savant auteur base, de plus, sa doctrine sur un argument d'analogie, qu'il tire de la comparaison de l'article 1967 et de l'article 1235.

Au sujet des dettes de jeu, le Code s'exprime ainsi :

ART. 1967. — Dans aucun cas, le perdant ne peut répéter ce qu'il a volontairement payé, à moins qu'il n'y ait eu, de la part du gagnant, dol, supercherie, ou escroquerie.

Il semblerait, dit M. Massol, que d'après ce texte, le payement volontaire ne serait que celui qui a eu lieu sans dol, supercherie ou escroquerie de la part du gagnant ; tout autre payement, celui par exemple effectué par un débiteur naturel, se croyant débiteur civil, sera valable.

Mais on peut répondre que l'exemple proposé est assez mal choisi : on reconnaît presque unanimement, en doctrine et en jurisprudence, que les dettes de jeu ne donnent pas naissance à des obligations naturelles. C'est un point sur lequel nous reviendrons plus loin.

On ne peut donc considérer le refus de répétition résultant de l'article 1967, comme occasionné par l'existence d'un véritable payement.

De plus, le mot *volontairement* employé par le Code dans l'article 1967, n'a pas trait au payement en lui-même. Les circonstances de dol, supercherie, ou escroquerie, ne doivent être envisagées que si on examine quelle est la nature du jeu, et les conditions dans lesquelles les parties se sont trouvées. Les deux membres de phrase ne sont pas liés d'une façon telle qu'on ne puisse les séparer. Un joueur peut payer volontairement, c'est-à-dire sachant qu'il n'est tenu que naturellement, sans qu'il y ait aucune contrainte de la part de son adversaire, et l'action en répétition pourra néanmoins être accordée. Si son partner a usé, dans le jeu,

de moyens constituant les faits de dol ou d'escroquerie, trou-
vera-t-on un tribunal pour repousser la demande du perdant, et un jurisconsulte pour donner raison aux prétentions du gagnant ?

L'article 1967, dans ses trois lignes, indique aux juges
les deux règles à suivre dans ces sortes de contestations : la
première a rapport aux conditions du payement : il doit être
volontaire ; la seconde ne vise que le jeu en lui-même : il
doit avoir été conduit loyalement et avec bonne foi.

Dans l'exposé des motifs devant le Corps législatif, M.
Bigot-Préameneu a indiqué la véritable portée du mot *volon-*
*tairement*, employé par l'article 1235, lorsqu'il s'exprime
ainsi : « Le payement est une renonciation de fait aux exceptions sans lesquelles l'action eût été admise ; renonciation que *la bonne foi et le cri de la conscience* sont présumés avoir provoquée ; renonciation qui forme un lien civil
que le débiteur ne doit plus être le maître de rompre (1). »

En outre, l'expression *volontairement* serait surabon-
dante, si on l'entendait autrement, et alors elle ne saurait
avoir aucune valeur. C'est la détourner de sa signification,
et en forcer complètement le sens, que de vouloir l'expliquer comme le fait M. Massol.

Mais, bien entendu, ce sera au demandeur en répétition à
fournir la preuve que le payement a été fait par lui dans la
croyance qu'il pensait être tenu civilement. Cette preuve
sera souvent fort difficile à faire, car ordinairement, dans les

(1) Bigot-Préameneu, *Exposé des motifs.* Fenet. t. XIII. p. 263.

quittances données par le créancier, l'objet seul du payement est indiqué et la cause n'en est pas exprimée.

Le majeur, par exemple, payant à son créancier la dette qu'il a contractée pendant sa minorité sans l'assistance de son tuteur, ne fera pas constater, lors du payement, qu'il acquitte son obligation parce qu'il se croit tenu civilement, bien qu'en fait il pense être obligé par la loi civile à son exécution.

Jusqu'à preuve contraire, les obligations naturelles seront supposées avoir été acquittées par le débiteur avec l'intention de les éteindre comme telles.

La doctrine romaine sur ce point était tout autre, comme on peut en juger par le passage suivant du jurisconsulte Tryphoninus : « *Si quod servo debuit manumisso solvit quamvis existimans ei se aliquá teneri actione tamen repetere non poterit* (1).

La raison de la différence entre les deux législations peut s'expliquer facilement. Le droit Français exige que toute obligation ait une cause, et il déclare que toute obligation sans cause, sur fausse cause ou sur cause illicite est nulle et ne peut avoir aucun effet (2). La convention n'en est pas moins valable, quoique la cause n'en soit pas exprimée (3).

En droit Romain, il en était différemment : il suffisait d'exprimer sa volonté, dans les formes déterminées pour

(1) L. 64. Dig. *De condict. indebiti*. XII. 6.

(2) Code civil, art. 1131.

(3) Code civil, art. 1132.

créer le lien juridique. Peu importait la cause. L'exemple suivant fera mieux comprendre la portée et l'étendue de cette règle.

Une personne croit faire une donation, et le tiers à qui elle transfère, par tradition, la propriété de sa chose, croit recevoir cette chose à titre de prêt. Nous sommes en présence de deux personnes, l'une voulant livrer en vertu d'une certaine cause et l'autre croyant recevoir en vertu d'une autre cause. Malgré cela la tradition sera valable, quoi-que faite par erreur, et elle transférera véritablement la pro-priété à l'accipiens (1). Il en sera de même, si la tradition a été faite en vertu d'une obligation qui n'a jamais existé.

Cet exemple est frappant en ce sens qu'il montre clai-rement que le droit Romain reconnaissait à la volonté des parties, des effets qu'elle n'avait jamais eu l'intention de produire.

La forme emportait toujours le fond.

Aussi, dès qu'on avait à envisager la validité d'un payement exécuté selon les formes requises, les juriscon-sultes, par respect pour le formalisme, devaient recher-cher, avant d'annuler ce payement, s'il n'existait pas quel-que moyen de le valider. Dans le cas qui nous occupe ac-tuellement, et avec les principes de la *condictio indebiti*, ils devaient décider, pour être logiques, que le débiteur qui avait payé une dette naturelle, se croyant obligé civile-

---

(1) Julien, l. 36. Dig., *De acq. rerum dominio*, XLI. 1.

ment, était non recevable à avoir l'action en répétition. Bien que n'ayant jamais eu l'intention d'éteindre la dette naturelle, il était supposé, en droit, avoir eu cette intention.

En droit Français, la convention faisant la loi des parties, on devra décider que le débiteur naturel ne se verra refuser la répétition que s'il a eu l'intention d'éteindre une dette naturelle.

Cette solution est, d'ailleurs, conforme aux vrais principes des obligations naturelles. Ces obligations sont dépourvues d'action, et, par conséquent, le débiteur ne peut être contraint au payement. Or, nous le demandons, ne doit-on pas voir une contrainte indirecte, dans ce fait qu'on le force à regarder comme valable un payement qu'il n'avait pas l'intention d'effectuer. S'il avait pensé n'être tenu que naturellement, il n'aurait peut-être jamais satisfait à son obligation.

La jurisprudence a fait souvent l'application de cette règle. Pour ne citer qu'un exemple, nous rappellerons l'arrêt suivant de la Cour d'Angers (1) : un débiteur de rente féodale se croyait civilement tenu, bien que les rentes féodales, supprimées par le décret du 17 juillet 1793, laissassent seulement subsister à la charge du débiteur, une obligation naturelle (2). Celui-ci, apprenant qu'il pouvait refuser le payement à son créancier, ne voulut plus acquitter les annuités qu'on lui réclamait, et alla même

(1) Angers, 31 juillet 1822.

(2) Voir *Infrà*, Ch. III. — Appendice de la s. I.

jusqu'à répéter les sommes échues précédemment et dont il avait fourni le payement. La Cour, se basant sur ce qu'il avait eu l'intention de se libérer d'une dette naturelle, a rejeté ses prétentions; il semblait résulter des dires du demandeur en répétition qu'il s'était cru civilement obligé; autrement, disait-il, il n'eût jamais payé les annuités de la rente dont il était débiteur. Mais, probablement qu'il n'a pu faire la preuve de son intention lors du payement, puisque la Cour dit formellement dans un de ses considérants : « Attendu qu'il avait eu l'intention de se libérer d'une dette naturelle ». Cet arrêt admet donc implicitement que le payement volontaire d'une obligation naturelle est celui qui est fait par le débiteur dans l'intention d'éteindre, comme telle, cette obligation.

## SECTION II.

### L'OBLIGATION NATURELLE PEUT ÊTRE CAUTIONNÉE.

L'article 2012 du Code civil est ainsi conçu :

> ART. 2012. — Le cautionnement ne peut exister que sur une obligation valable. — On peut néanmoins cautionner une obligation encore qu'elle pût être annulée par une exception purement personnelle à l'obligé, par exemple, dans le cas de minorité.

Il semble résulter de ce texte que l'obligation naturelle peut être valablement cautionnée.

Les exceptions purement personnelles à l'obligé sont celles qui dépendent entièrement du débiteur ; ce sont les exceptions qu'il peut invoquer ou non, à son gré, selon les prescriptions de sa conscience. Par la reconnaissance de sa dette, le débiteur renonce à l'exception que la loi lui accorde. Nous nous trouvons en présence des obligations naturelles, telles que nous les avons définies plus haut, puisqu'il dépend uniquement du débiteur d'opposer une exception à l'action que lui intente le créancier.

L'exemple cité par l'article 2012 *in fine* nous confirme, d'ailleurs, dans notre opinion, puisqu'il prévoit un des cas dans lesquels nous reconnaissons l'existence de l'obligation naturelle.

Les auteurs sont cependant loin d'être d'accord sur cette question.

Zachariæ (1) soutient que le cautionnement ne peut existar, mais il ne va pas jusqu'à lui refuser tout effet : il vaudrait comme *expromission* et produirait ainsi, en réalité, les conséquences voulues par les parties.

Nous ne saurions admettre cette doctrine. On pourrait la concevoir à la rigueur dans le droit Romain, qui considérait uniquement la forme de la convention sans s'inquiéter de la volonté des parties. Mais en droit Français, l'article 1156 pose comme règle primordiale, qu'on doit rechercher quelle a été l'intention commune des parties, et ici, leur but a été de donner une caution ; dès lors, le cautionnement sera en-

(1) Zachariæ, § 424, note 10.

tièrement valable comme tel, ou entièrement nul. Il n'y a pas de place pour un moyen terme.

De plus, la doctrine de Zachariæ fait produire au contrat des conséquences que les parties n'ont jamais eues en vue. L'*expromission* suppose une novation ; elle n'a donc pu être faite par le créancier que dans le but de libérer le débiteur, afin de lui en substituer un autre (1). Or, nous le demandons, qu'ont voulu faire le créancier et le débiteur ? Le créancier a voulu se donner une garantie pour le cas d'inexécution, et non pas libérer son débiteur. Ce dernier a eu, d'ailleurs, d'autant moins l'intention de se libérer, qu'il a, en assistant à la convention, fait en quelque sorte la reconnaissance de son obligation naturelle.

MM. Aubry et Rau (2) proposent une solution plus logique. Admettant le point de départ de Zachariæ, ils poussent les conséquences jusqu'à leurs dernières limites, et déclarent que celui qui a cautionné une obligation naturelle ne peut pas être tenu à acquitter son obligation. D'après eux, l'exception admise par le deuxième alinéa de l'article 2012, en ce qui concerne les obligations civiles, devenues naturelles par suite de l'annulation prononcée à raison de l'incapacité des parties, ne saurait être étendue aux obligations naturelles en général (3).

(1) Pothier, *Oblig.*, n° 583. — Cassation. 24 mars 1841. *Sir*. 1841. I, 643.

(2) Aubry et Rau, t. IV. 4ᵉ édition, p. 676.

(3) En ce sens, Laurent, *Droit civil*, t. XVII, n° 28.—V. Toullier, t. III. 2, n° 393 et suiv.

On peut répondre que l'article 2012 est général dans ses termes et ne fait aucune distinction entre les obligations naturelles, provenant de l'incapacité du débiteur, et celles provenant des autres causes. Le texte cite comme exemple, et uniquement à titre d'exemple (le mot lui-même est employé), le cas du mineur s'obligeant naturellement.

Nous ne pouvons, pour confirmer cette doctrine, nous appuyer sur les travaux préparatoires du Code civil ; ils sont en complète contradiction, non-seulement avec notre théorie, mais même avec celle de MM. Aubry et Rau. « L'obligation naturelle, dit M. Bigot-Préameneu, ne devenant un lien de droit que par induction tirée du paiement, cette obligation ne peut avoir d'autres effets que celui d'empêcher la répétition de ce qui a été payé. Mais elle ne peut faire la matière d'une compensation, ni avoir les autres effets que lui donnait la loi romaine. » Comment concilier ces paroles avec les termes de l'article 2012 ? La théorie des obligations naturelles était véritablement très confuse dans l'esprit des rédacteurs du Code, puisque de telles dissemblances existent entre la pensée du législateur, et la manière dont il l'exprime. Quoi qu'il en soit, nous appliquerons l'article 2012 dans toute sa généralité, et nous reconnaîtrons aux obligations naturelles le pouvoir de permettre le cautionnement.

## SECTION III.

Aucun texte au Code n'indique que l'obligation naturelle puisse être garantie par un gage ou par une hypothèque. Il n'y a à cela rien d'étonnant, puisque, en commençant cette étude, nous avons dit que la loi française ne contenait qu'un seul article sur la matière des obligations naturelles ; et encore, était-ce incidemment qu'elle s'en occupait. Nous sommes donc forcés de nous en rapporter aux principes généraux du droit.

Le nantissement, dit l'article 2071, est un contrat par lequel un débiteur remet une chose à son créancier pour sûreté de la dette. Cet article devra trouver ici son application. Dans le chapitre 1er, en traitant de l'origine et du caractère des obligations naturelles, nous avons établi que ces obligations constituaient une véritable dette pour ceux qui en étaient tenus : dès lors, il faudra décider que les conditions requises par l'article 2071 pour la validité du cautionnement seront remplies, et que les obligations naturelles seront valablement garanties par un gage ou une hypothèque.

Cette solution résulte, en outre, de l'économie générale de notre sujet. Puisque le Code permet à l'obligation naturelle d'être la cause d'un payement régulier, il doit lui permettre inévitablement de devenir la cause d'un payement fictif, car le gage ou l'hypothèque, ne sont, en réalité, que des variétés de payement. Ayant un droit réel sur la chose grevée d'hypothèque, le créancier peut considérer cette chose comme étant le prix de sa créance, en ce sens que si, au jour du payement, il ne reçoit pas satisfaction, il pourra se faire désintéresser par la vente du bien hypothéqué. De plus, comme nous allons le démontrer dans une des sections suivantes, l'obligation naturelle peut être ratifiée. N'est-ce pas un mode particulier de ratification, que celui du débiteur consentant à donner à son créancier un gage pour sûreté de sa créance ?

Nous appliquerons donc ici les principes romains ; aucun texte du Code ne vient contredire cette solution, qui est en parfaite conformité avec les idées que nous avons émises en définissant les obligations naturelles, et avec les règles établies par le législateur français en matière de gage et d'hypothèque.

## SECTION IV.

### L'OBLIGATION NATURELLE PEUT ÊTRE NOVÉE.

Toute novation suppose une obligation antérieure qui sert de cause à l'obligation nouvelle.

Conformément aux principes que nous avons exposés

plus haut, et d'après lesquels l'obligation naturelle constitue pour celui qui en est tenu, une véritable dette, nous devons admettre, pour être logique, qu'elle peut faire l'objet d'une novation.

Le Code permet au débiteur naturel de reconnaître sa dette en la payant, pourquoi ne lui permettrait-il pas de la reconnaître en la novant?

Il n'existe, il est vrai, aucun texte dans nos lois, pour imposer cette solution, mais la raison la commande.

M. Laurent (1) ne conçoit pas l'existence de la novation en matière d'obligations naturelles. Nous croyons qu'en examinant de près les raisons qu'il donne pour appuyer son opinion, il serait facile de voir que ce savant auteur confond, non-seulement les obligations naturelles avec les obligations morales, mais même avec les obligations déclarées nulles par la loi. Sans doute, au commencement de l'exposé de sa théorie générale, il établit nettement la distinction, mais notre matière a cela de particulier, que même avec les idées les plus nettes et les plus tranchées, lorsqu'il s'agit d'établir les principes, on arrive rapidement à retomber dans la confusion, lorsqu'on entre dans les détails.

M. Laurent s'étonne des inconséquences de la doctrine. Après avoir posé, en principe, dit-il, que l'obligation naturelle peut être novée, elle ajoute une exception pour les dettes de jeu, et elle n'étend pas cette exception aux rentes féodales. C'est l'arbitraire le plus absolu, ou pour mieux dire, les auteurs et les tribunaux font la loi.

(1) Laurent, *Droit civil Français*, t. XVII, p. 44.

La différence signalée entre les dettes de jeu et les rentes féodales ne nous semble pas inconséquente avec les principes. Il suffit, pour s'en convaincre, de se rappeler que le décret du 17 juillet 1793, qui supprima les rentes féodales, laissa subsister une obligation naturelle à l'égard du débiteur, tandis que l'article 1967 du Code civil déclare nulles les dettes de jeu. Rien que de très logique, dès lors, à admettre la novation dans le premier cas, et à la repousser dans le second.

Pour que la novation soit parfaite, il faut qu'une obligation nouvelle soit substituée à l'ancienne.

De graves difficultés peuvent s'élever sur la nature de cette obligation nouvelle. Une exemple nous fera facilement comprendre :

Un mineur s'offre, sans autorisation de son tuteur, pour être, dans une dette civile, substitué au lieu et place du débiteur. Le créancier l'accepte. Mais ce mineur obtient, selon la règle de l'article 1304, la restitution de ce qu'il a payé ; l'obligation continue à subsister comme obligation naturelle; on se demande, si la restitution obtenue ainsi par le mineur, n'aura pas pour effet de faire tomber la novation ? L'intérêt de la question est sérieux.

La dette civile antérieure est, en effet, éteinte par la novation. Le créancier se trouve donc créancier naturel, c'est-à-dire créancier dans une position fort désavantageuse, puisqu'il ne peut actionner son débiteur devant les tribunaux.

MM. Aubry et Rau (1), après un nouvel examen de la
question, disent-ils, soutiennent que la novation constituant
de sa nature une opération intéressée, le créancier est en
général censé ne renoncer au bénéfice de l'ancienne obligation que sous la condition de l'acquisition d'une nouvelle
créance, juridiquement efficace; de sorte que, cette condition venant à manquer, la novation n'a plus de cause au
point de vue de la renonciation du créancier (2).

Nous croyons devoir repousser cette doctrine et admettre
celle que soutenaient MM. Aubry et Rau dans les premières
éditions de leur commentaire sur Zachariæ. Il nous semble
qu'on perd complètement de vue le vrai caractère de la
novation. Regardée par le droit Romain comme un mode
d'extinction des obligations, rangée sous le même titre en
droit Français, elle doit toujours conserver ce caractère
spécial. Une fois éteinte, il est impossible de faire revivre
l'obligation antérieure : *Obligatio sive actio, semel extincta
non reviviscit.*

D'ailleurs, comme le dit fort bien M. Massol (3), il faut
répondre que l'obligation du mineur n'est pas annihilée.
Elle conserve son essence, comme le faisait remarquer
M. Treilhard devant le Conseil d'Etat, dans son *Exposé des
Motifs* sur le cautionnement : la caution demeure liée,
bien que le mineur ait obtenu la rescision (1).

(1) Aubry et Rau, *Droit civil*, t. IV § 324, note 23.

(2) Marcadé sur 1272 nᵒˢ II et III ; Colmet de Santerre. 1. 220 bis.

(3) Massol, *Des obligations naturelles*, p. 245.

(4) Treilhard, *Exposé des Motifs*. Fenet, t. XV, p. 38.

De plus, le créancier, en contractant, ne pouvait ignorer la véritable valeur des engagements de son débiteur. Il devait prendre ses précautions, et il avait la faculté d'apposer comme condition à la novation, qu'il n'entendait renoncer à l'obligation antérieure qu'autant que la nouvelle vaudrait comme obligation civile (1).

## SECTION V.

### L'OBLIGATION NATURELLE PEUT ÊTRE RATIFIÉE.

La loi ne reconnait aux obligations naturelles qu'une valeur secondaire, parce que, n'ayant en son pouvoir que des moyens d'appréciation fort restreints, elle ne peut se prononcer et accorder sa sanction dans les hypothèses où la volonté des parties ne lui paraît pas suffisamment exprimée.

Mais si cette volonté se manifeste ensuite de la manière la plus catégorique, il eût été injuste de ne pas faire cesser cette présomption. Lorsque, par exemple, le mineur devenu majeur ratifie l'acte qu'il a passé quand il était incapable, cette ratification doit rendre à l'obligation toute sa force, puisque, par elle, le débiteur fait l'aveu de sa dette.

Les principes généraux commandent donc cette solution.

---

(1) Cf. Larombière, t, III art. 1272. — Toullier, t. IV, n° 298. — Aubry et Rau, t. IV, § 324, note 23, dans les 3 premières éditions.

La logique l'impose aussi. Nous avons démontré plus haut, que l'obligation naturelle pouvait faire valablement l'objet d'une novation : de là à admettre la validité de la ratification pour ces sortes d'obligations, il n'y a qu'un pas.

La plupart du temps, en droit Français du moins, la novation n'est, en réalité, que la confirmation de la dette antérieure. Sans doute nous reconnaissons entre ces deux effets des obligations, de profondes différences ; en matière de confirmation, la dette antérieure subsiste, tandis que dans la novation elle est éteinte. Mais il n'en est pas moins vrai de dire que fort souvent, surtout lorsqu'il s'agit d'obligations naturelles, la novation ne sera qu'un acte de confirmation. Aussi, nous ne pouvons nous empêcher de trouver très inconséquente avec elle-même la théorie de MM. Aubry et Rau (1) : ces auteurs repoussent la confirmation après avoir admis la novation.

On peut invoquer encore en faveur de la doctrine que nous soutenons, les textes mêmes du Code civil. Un article spécial n'indique pas expressément cette solution, mais elle semble résulter implicitement de quelques dispositions particulières.

Le majeur qui laisse passer dix ans sans demander la nullité ou la rescision d'actes faits pendant sa minorité, n'est plus recevable à attaquer ces actes devant les tribunaux. Il y a donc, aux termes de l'article 1304, une sorte de confirmation tacite reconnue par le législateur.

(1) Aubry et Rau, Code civil, t. IV. § 297, note 22.

L'article 1338, en outre, est ainsi conçu :

Art. 1338.—L'acte de confirmation ou ratification d'une obligation contre laquelle la loi admet l'action en nullité ou en rescision, n'est valable que lorsqu'on y trouve la substance de cette obligation, la mention du motif de l'action en rescision, et l'intention de réparer le vice sur lequel cette action est fondée.

A défaut d'acte de confirmation ou ratification, il suffit que l'obligation soit exécutée volontairement après l'époque à laquelle l'obligation pouvait être valablement confirmée ou ratifiée.

La confirmation, ratification ou exécution volontaire, dans les formes et à l'époque déterminées par la loi, emporte la renonciation aux moyens et exceptions que l'on pouvait opposer contre cet acte, sans préjudice néanmoins du droit des tiers.

Le commencement de cet article reproduit les termes de l'article 1304, lorsqu'il nous parle des actions en nullité ou en rescision. Il est donc impossible de nier la validité de la confirmation, puisque l'article 1338 se réfère entièrement aux obligations naturelles indiquées dans l'article 1304. Nous ne voyons pas pourquoi il faudrait refuser cet effet aux autres obligations. Puisque la loi n'a pas réglementé cette matière, nous pensons qu'on doit admettre toutes les dispositions qui ne sont pas contraires à l'esprit général du Code.

Cet esprit se manifeste encore d'une façon assez précise dans l'article 1235. Par le payement volontaire, l'obligation naturelle devient une obligation civile. Ce résultat est la conséquence de ce que, par le payement, le débiteur reconnaît l'existence de l'obligation et la confirme. Pourquoi, dès lors, la confirmation expresse, en règle générale, ne produirait-elle pas les effets qu'on accorde à la confirmation tacite, résultant de l'article 1304, ou à la confirmation expresse, conséquence forcée de l'article 1235 ?

Cependant, cette doctrine a trouvé de nombreux et d'éminents contradicteurs (1).

MM. Aubry et Rau basent leur théorie sur deux arguments.

Tout d'abord, ils prétendent que *confirmatio nihil dat novi* ; la confirmation ne change pas la nature de l'obligation et, par suite, elle est inutile.

Nous avons répondu par avance à cette objection, lorsque nous avons établi, plus haut, que l'obligation naturelle était une véritable dette, susceptible de produire tous les effets de l'obligation civile, moins l'action. Sans doute, s'il s'agissait d'obligations morales, c'est-à-dire de ces actes que le législateur ne reconnaît pas comme obligations et qu'il range dans la catégorie des donations, il serait juste de penser que *confirmatio nihil dat novi*. On ne peut confirmer le néant. Mais nous ne sommes pas ici en présence d'obligations inexistantes.

En commençant cette section, nous avons dit que le législateur n'avait pas sanctionné les obligations naturelles, parce qu'il lui était impossible de savoir si toutes les conditions de validité avaient été remplies dans la formation de ces obligations. Mais, évidemmment, sa présomption tombe lorsque celui qu'il voulait protéger vient renoncer au bénéfice de ses

(1) Zachariæ II, § 339. — Aubry et Rau, § 297, note 22. — Larombière, Obligations III, art. 1235, n° 9.

exceptions, et se déclare valablement tenu. La confirmation pourra donc fournir à l'obligation naturelle la sanction civile qui lui manquait.

En second lieu, MM. Aubry et Rau pensent, et c'est leur principal argument, que la doctrine que nous soutenons doit être rejetée, parce que l'exécution partielle d'une obligation naturelle ne donnerait pas lieu à la poursuite du payement du surplus.

Ce résultat n'a rien qui nous étonne. Si le payement est partiel, c'est que la confirmation elle-même est partielle. Mais si la reconnaissance est totale, le payement ne pourra être partiel, puisque la confirmation a fait monter l'obligation naturelle au rang de l'obligation civile.

M. Laurent (1) estime, comme MM. Aubry et Rau, que l'obligation naturelle ne peut être confirmée : il s'appuie sur cet argument, qu'une obligation inexistante ne peut pas être confirmée. Or, dit cet auteur, l'obligation naturelle est inexistante en ce sens que cette obligation ne produit aucun effet avant d'être payée. M. Laurent admet cette solution pour être logique avec les principes qu'il professe, car il soutient que l'obligation naturelle n'est susceptible d'avoir aucun effet, si ce n'est d'empêcher la répétition. On comprend que notre solution doive différer, puisque, en démontrant que le cautionnement peut valablement accéder à une dette naturelle, et nous avons reconnu par là que l'obligation naturelle pouvait exister vis-à-vis du créancier, même avant le payement de la créance ; rien que de très logique, dès lors, d'admettre aussi la validité de la confirmation.

La jurisprudence a varié fort souvent sur cette question : les arrêts que nous avons consultés, confondant la plupart du temps les obligations naturelles avec les obligations morales, ne peuvent être invoqués avec autorité. Comme les différences entre ces deux sortes d'obligations sont profondes, on [ne doit pas s'étonner des divergences qui existent entre les différentes décisions judiciaires.

# CHAPITRE TROISIÈME.

## DES PRINCIPALES OBLIGATIONS NATURELLES.

Nous comptons suivre dans cette étude la même marche qu'en droit Romain. La tâche nous sera rendue ainsi plus facile, car nous n'aurons pas à revenir, dans la plupart des cas du moins, sur les principes généraux des obligations que nous étudierons.

Nous examinerons sous les mêmes titres, les obligations naturelles : elles dérivent toutes, soit du rigorisme du droit, soit de l'incapacité des parties.

Sous le premier titre, nous rangerons les obligations naturelles résultant des contrats pour lesquels la loi exige des formes solennelles, et les obligations éteintes civilement par la prescription.

Sous le second titre seront comprises les obligations contractées par les mineurs, les interdits, les femmes mariées sans l'autorisation de leur tuteur, de leur curateur, ou de leur mari.

Enfin, dans un appendice général, nous traiterons de certaines obligations, sur la nature desquelles des controverses se sont élevées, et auxquelles nous ne croyons pas devoir accorder le caractère d'obligations naturelles.

## SECTION I.

OBLIGATIONS NATURELLES PROVENANT DU RIGORISME
DU DROIT.

---

§ 1. — *Des actes pour lesquels la loi exige des formes
solennelles.*

---

En droit Français, la convention fait la loi des parties :
notre législation repousse le formalisme romain. Il est de
règle que, pour examiner la validité d'un contrat, on doit
faire attention à la volonté elle-même des parties et non à
la manière dont cette volonté est exprimée.

Cependant, pour quelques contrats, en raison des intérêts graves qu'ils mettaient en jeu, et en raison de la protection que la loi devait à certaines parties, des formes spéciales ont été exigées.

C'est ainsi que pour la constitution d'hypothèque, un
acte authentique est nécesssaire (1). Le législateur veut que
tout le monde connaisse les biens qui sont hypothéqués,
afin d'éviter les fraudes et les surprises. Le secret absolu
de l'hypothèque ouvrirait la voie au stellionat. Celui qui

---

(1) *Code civil*, art. 2127.

prête sur hypothèque, ne sachant dans quel rang il doit
venir, pourrait, au jour de l'échéance, voir primer sa créance
par d'autres créances hypothécaires considérables. Celui
qui achète des terres, ignorant l'existence d'hypothèques
sur les biens qu'il acquiert, se trouverait à la merci de
nombreux créanciers inconnus : sa seule ressource serait de
les payer de son argent ou de leur abandonner les immeubles qu'on lui a vendus. Ce sont donc les droits des tiers,
en même temps que ceux des créanciers, que le législateur
a voulu sauvegarder.

En droit Romain, on devait préférer le créancier ayant
un titre passé devant les officiers publics, à celui qui n'en
avait pas ; mais les jurisconsultes admettaient fort bien la
validité de l'hypothèque consentie verbalement. Gaius nous
l'apprend dans les lignes suivantes : « *Et ideo et sine scrip-
turâ si convenit ut hypotheca sit, et probari poterit, res obli-
gata erit de quâ conveniunt. Fiunt enim de his scripturæ, ut
quod actum est, per eas facilius probari possit. Et sine his
autem valet quod actum est, si habeat probationem* (1). »

Il résulte donc de ce texte, qu'à Rome l'hypothèque
valait toujours entre le créancier et le débiteur, quand
même elle était consentie sans solennité. En cas de contestation entre créanciers, le créancier ayant un acte authentique était préféré aux autres.

En droit Français, l'acte authentique est expressément
exigé pour que l'hypothèque soit valable, non-seulement

(1) L. 4. Dig. *De pignor. et hypothecis*, XX. 1.

à l'égard des tiers, mais même entre le créancier et le débiteur. Nous devons, dès lors, nous demander, si tout au moins, dans le cas où les formalités n'auraient pas été remplies, une obligation naturelle ne subsistera pas ?

Nous croyons pouvoir résoudre cette question d'une manière générale, et donner la même solution pour tous les contrats solennels du droit Français ; ces contrats, peu nombreux sont, dans notre législation actuelle, au nombre de six. Ce sont :

1° L'adoption ;

2° La donation ;

3° Le testament ;

4° Le contrat de mariage ;

5° La constitution d'hypothèque ;

6° La subrogation à l'hypothèque légale de la femme mariée.

En règle générale, les obligations sujettes à nullité ou à rescision, peu importe que la nullité soit de fond ou de forme, d'ordre privé ou d'ordre public, sont susceptibles, dans le droit Français, d'être confirmées. On doit en conclure qu'à défaut de lien civil qui détruit cette nullité elle-même, subsiste un lien naturel capable de valider cette confirmation.

Le tribun Jaubert, dans son *Rapport au Tribunat* (1) et l'article 1338, par la généralité de ses termes, admettent cette solution.

_____

(1) Jaubert. *Rapport au Tribunat*, Locré XII, p. 523.

Mais dans les six contrats que nous avons énumérés ci-dessus, nous devons constater une exception à cette règle générale. Les nullités qu'édicte le Code sont, dans ces cas, d'ordre tout à fait spécial, en ce sens que le créancier ne peut couvrir la nullité par la ratification ou la confirmation du débiteur : tant que le débiteur existe, il peut faire disparaître la nullité en remplissant les formalités exigées par la loi; on comprend donc que le Code se montre fort sévère à son égard.

Le donateur, le testateur, par exemple, pourront rendre valables la donation ou le testament dont ils sont les auteurs, en exécutant les prescriptions légales. De même, le créancier hypothécaire donnera à son hypothèque la publicité nécessaire, ou rectifiera les mentions défectueuses de l'acte.

La question de l'existence de l'obligation naturelle ne se posera donc jamais entre les parties elles-mêmes : cette obligation ne pourra naître qu'entre le créancier et les ayant-cause du débiteur. Entre eux, elle sera susceptible de produire ses effets.

Cette règle est, du reste, posée au Code pour un des six cas énumérés plus haut, celui de la donation. Ce n'est évidemment qu'à titre d'exemple, que la loi dans les articles 1339 et 1340 a parlé de donation, parce que c'est l'hypothèse qui se présente le plus fréquemment en pratique.

> ART. 1339. — Le donateur ne peut réparer par aucun acte confirmatif les vices d'une donation entre-vifs; nulle en la forme, il faut qu'elle soit refaite en la forme légale.

Art. 1340. — La confirmation ou ratification, ou exécution volontaire d'une donation par les héritiers ou ayant-
cause du donateur, après son décès, emporte leur renonciation à opposer soit les vices de forme, soit toute autre
exception.

Ainsi donc, jamais le donateur ne pourra ratifier la
donation nulle pour vice de forme : son seul moyen de lui
donner une valeur quelconque sera de la refaire en les
formes voulues.

Quant à ses héritiers ou ayant-cause, la solution est tout
autre. Ils auront le droit de ratifier la donation de leur
auteur, sans être obligés de la refaire dans les formes. Et
qui ne voit que nous sommes en présence d'une obligation naturelle ? Le donataire ne peut actionner les héritiers
en payement de la donation, mais la répétition sera interdite s'il y a exécution ; c'est donc que la ratification sera
permise ; nul doute non plus que les autres effets des obligations naturelles ne soient possibles.

Dans quel but la loi a-t-elle exigé des formes pour la
donation, si ce n'est pour garantir les héritiers contre les
libéralités exagérées de leur auteur ? Si ces héritiers reconnaissent le bien fondé des donations dont ils sont les
victimes, on doit leur permettre de les exécuter.

Il en sera de même pour le testament. Ici cependant,
la distinction sera différente. Par sa nature, en effet, le
testament ne peut être exécuté qu'après la mort du testateur ; aucune contestation ne s'élevera donc entre l'héritier
et le testateur durant la vie de ce dernier, c'est-à-dire dans

le temps où il pourrait recommencer l'acte et lui donner toute sa valeur.

A la mort du testateur, les héritiers pourront observer les dispositions de leur auteur et permettre à l'héritier testamentaire de prendre sa part, car une obligation naturelle existera entre les héritiers légitimes et les héritiers testamentaires ou les légataires. La jurisprudence, d'ailleurs, admet cette solution et l'a confirmée par de nombreux arrêts.

Elle reconnait que le devoir pour l'héritier ou le légataire universel de respecter et d'exécuter les dernières volontés de leur auteur, quoique verbales, constitue une obligation naturelle ; et que cette obligation peut être la cause d'un engagement subséquent produisant des effets civils (1).

Il en sera encore de même pour l'hypothèque, constituée sans l'accomplissement des formes légales, et en général, pour tous les cas que nous avons énumérés.

Mais remarquons-le, le cas de la donation et du testament seront les plus fréquents. Car ici, nous sommes en présence des héritiers de l'auteur de l'acte invalidé, tandis que dans les autres hypothèses, nous nous trouvons en face de tiers, et d'étrangers qui n'ont aucun ménagement à garder avec leur cocréancier.

Ainsi, si nous supposons plusieurs créanciers hypothécaires inscrits venant en concours avec un créancier hypo-

(1) V. Cassation, 10 décembre 1860, !Sir. 1861. I. 370. — Nimes, 5 décembre 1860, Sir. 1861. II. I. — Cassation, 20 novembre 1876, Sir. 1877. I. 69.

thécaire non inscrit, pour le partage du prix de vente des immeubles du débiteur : nous sommes persuadés que si ces créanciers admettent au concours celui qui n'est pas inscrit, ils ne feront pas à ce dernier une donation des biens du créancier. S'ils ne sont pas entièrement payés par la vente, le reliquat de leurs créances ne pourra être répété sur les sommes abandonnées au créancier hypothécaire non inscrit. Voilà ce que les principes et la raison nous commandent.

Nous ne pouvons citer aucun arrêt sur ce point, par la raison que nous avons indiquée plus haut, que les créanciers d'un débiteur, surtout s'ils ont des hypothèques, n'ont aucun intérêt à se ménager les uns les autres. Mais la solution n'en est pas moins exacte.

Généralisant donc les dispositions des articles 1339 et 1340, nous en ferons l'application aux cas d'adoption, de testament, de contrat de mariage, de constitution d'hypothèque, de subrogation à l'hypothèque légale de la femme mariée. Ces dispositions, comme on peut le voir d'après les exemples que nous avons donnés en cas de donation, de testament et d'hypothèque, sont conformes aux principes généraux du droit civil, à l'équité, à la raison. Il a toujours été admis que ceux en faveur de qui ont été créées des exceptions, peuvent y renoncer; autrement en soutenant dans les questions précédentes une opinion contraire à la nôtre, on pourrait justifier cette boutade de Casimir Delavigne, si nous ne nous trompons : « Le droit est la plus belle découverte que les hommes aient faite contre l'équité ? »

§ II. — *De l'Obligation naturelle en cas de prescription.*

Très discutée en droit Romain, la question de la survivance de l'obligation naturelle à la prescription divise aussi les auteurs en droit Français. Nous croyons devoir admettre la doctrine que nous avons déjà soutenue plus haut, et nous prononcer sur cette question par l'affirmative.

Il faut reconnaître que l'ancien droit Français niait la survivance de l'obligation naturelle. Dunod s'exprime ainsi : « Le consentement qui forme l'obligation naturelle est effacé suivant le droit naturel même, par un consentement contraire dans la prescription, parce que celui qui demeure longtemps sans demander ce qui lui est dû, le remet ou l'abandonne : la loi le présume ainsi ; et elle a raison de le présumer (1). » Cujas (2) enseignait la même doctrine.

Dans notre droit actuel, la prescription est ainsi définie :

> Art. 2219. — La prescription est un moyen d'acquérir ou de se libérer par un certain laps de temps, et sous les conditions déterminées par la loi.

On a exagéré, selon nous, le rôle de la prescription : « C'est d'abord, avant tout, une institution d'intérêt social, destinée à assurer la stabilité des droits et des fortunes (3) ; »

---

(1) Dunod, *Traité des prescriptions*, I. Ch. XIV.

(2) Cujas, *sur les questions de Papinien*, l. l. 18, 95 *de solutionibus*.

(3) D. de Folleville. *Notion du droit*, p. 87.

on va même jusqu'à l'appeler la patronne du genre humain, *patrona generis humani* (1).

Elle rend, nous ne le contestons pas, les plus grands services au législateur, forcé de se confiner dans les limites du temps et de l'espace. Sans doute, si pendant trente années consécutives la même personne a possédé tel bien déterminé, la présomption de propriété à l'égard de cette personne sera des plus fortes. Mais la prescription doit cesser de produire ses effets lorsque les dangers qu'elle veut éviter n'existent plus, c'est-à-dire lorsque le débiteur protégé par elle, refuse de s'en servir : aussi déclare-t-on que la renonciation à la prescription est permise (2).

On soutient que la prescription ne laisse pas survivre une obligation naturelle à l'obligation civile qu'elle éteint, en invoquant les articles 1234 et 2219, qui déclarent, le premier, que la prescription est un mode d'extinction des obligations, et le second, que la prescription est considérée comme un moyen de se libérer. Si la prescription anéantit l'action, et si elle est regardée comme mode de libération, il en résulterait que rien ne peut survivre à l'obligation civile qui est prescrite.

Nous répondrons que cet argument prouverait trop, si on voulait s'y arrêter : il risquerait, par conséquent, de ne rien prouver du tout. Car, si les effets de la prescription sont si absolus, pourquoi le Code lui-même admet-il une dérogation

(1) Dumoulin. *Coutume de Paris*, tit. I § 1, ch. IV n° 15.

(2) *Code civil*, art. 2220 et suivants.

aussi grave que celle qu'il consacre dans l'article 2220, en enseignant que le débiteur peut renoncer à la prescription acquise ?

De plus, les termes des articles 1234 et 2219 ne doivent pas être pris à la lettre, car, par exemple, l'article 1234, dans son énumération des modes d'extinction des obligations, cite l'hypothèse de la *nullité* ou de la *rescision* des obligations. Or, nous démontrerons, et il est d'ailleurs généralement admis, que la *rescision* d'une obligation laisse, dans certains cas, subsister une obligation naturelle (1). Nous ne voyons donc pas pourquoi on attribuerait à la prescription, qui est citée dans le même article, des effets plus étendus qu'aux autres cas mentionnés par le législateur dans le même article.

Nous ajouterons que ce n'est pas l'obligation, à proprement parler, qui s'éteint par la prescription ; c'est le droit de faire valoir en justice cette obligation : en un mot c'est l'action. L'article 2262 dont le but est de limiter le délai fixé pour prescrire, est ainsi conçu :

> ART. 2262. — *Toutes les actions,* tant réelles que personnelles, sont prescrites par trente ans sans que celui qui allègue cette prescription soit obligé d'en rapporter un titre, ou qu'on puisse lui opposer l'exception déduite de la mauvaise foi.

Les travaux préparatoires confirment la solution que nous croyons devoir adopter. Dans l'exposé des motifs, M. Bigot-Préameneu s'exprime de la manière suivante : « Le

(1) *Code civil,* art. 1304 et 1305.

cri de sa conscience qui lui rappellera sans cesse son obligation naturelle est la seule ressource que la loi puisse laisser au propriétaire ou au créancier qui aura laissé courir contre lui la prescription. »

Nous admettrons l'existence d'une dette véritable, subsistant à la prescription : nous en conclurons qu'elle peut être valablement cautionnée. Aucun texte ne s'y oppose dans notre droit.

En cas de cautionnement, deux choses pourront se produire : ou le débiteur lui-même prend part à l'acte, ou la caution s'engage en dehors de lui.

Dans la première hypothèse, il y aura ratification tacite de la part du débiteur, et, par conséquent, renonciation à la prescription.

Dans la seconde, si la caution s'engage, sachant que la dette est prescrite, elle sera valablement tenue (1).

Ce résultat n'est-il pas désirable : nous en appelons, dit M. Larombière (2), au sentiment de l'équité la plus vulgaire : est-ce de droit naturel que de payer son médecin, son domestique, le maître de pension de son fils par la prescription de la loi ? Et l'ami qui viendrait cautionner de pareilles dettes ne pourrait-il pas le faire valablement ?

Les auteurs qui n'admettent pas qu'il y ait obligation naturelle dans le cas qui nous occupe, ne peuvent tout au

---

(1) Le Roux de Bretagne, t. I. p. II : Cassation, 11 juillet 1820, *Sirey* 1821, I. 190.

(2) Larombière. *Obligations*, t. V sous 1376, n° 22.

moins nier l'existence de l'obligation morale. Ils estiment même que c'est la seule manière d'expliquer l'article 2225 du Code civil. Pourquoi, disent-ils, l'article 2225 permet-il aux créanciers d'invoquer la prescription quand le débiteur y renonce. C'est donc qu'une obligation civile ou naturelle ne survit pas.

Cet article s'exprime ainsi :

> ART. 2225. — Les créanciers ou toute autre personne ayant intérêt à ce que la prescription soit acquise peuvent l'opposer, encore que le débiteur ou le propriétaire y renonce.

En fait, il arrive souvent qu'on renonce à la prescription acquise pour ne pas acquitter ses dettes. On a l'intention de faire une libéralité, et de s'entendre avec le créancier dont la créance est prescrite, dans le but de frauder les tiers. C'est ce qui explique les dispositions de cet article.

Mais nous pensons que si l'article 2225 n'avait pas été édicté, la solution eût été la même (1).

En principe, qu'ont à craindre les créanciers ordinaires d'une personne ?

1° De se trouver en présence d'un débiteur négligent et absurde, qui renonce à la prescription sans examiner s'il ne lèse pas, non-seulement ses intérêts, mais même ceux de ses créanciers. L'article 1166 conserve à ces derniers leurs droits, et les garantit contre ses maladresses. Ils peuvent invoquer la prescription s'ils y ont intérêt.

_____

(1) *Contrà*. Cassation. 21 décembre 1859. Sirey 1860. I. 945.

L'article 2225 décide de même.

2° De se trouver en présence d'un débiteur déloyal et malhonnête, faisant tout pour les frustrer. L'article 1167 vient à leur secours : ils intenteront l'action Paulienne en prouvant le préjudice causé, et la fraude.

A nos yeux, l'article 2225 n'est que la conséquence des articles 1166 et 1167.

Les principes généraux conduisaient à cette solution, et l'article 2225 n'a pas le sens qu'on voudrait lui attribuer : il est inexact de dire que de ses termes résulte la preuve de l'existence d'une obligation morale. Il rappelle seulement l'application du droit commun.

*Appendice. — Obligation du débiteur d'une rente féodale.*

Les rentes féodales étaient des rentes payables aux seigneurs pour l'acquitement de certaines dettes.

Comme presque toutes les rentes dans notre ancien droit, elles étaient perpétuelles.

On connait la raison de cette particularité.

Se basant sur un texte obscur des Ecritures Saintes, les théologiens défendaient le prêt à intérêt. Le pape Martin V pensait que ce contrat amenait « un refroidissement de la charité chez le créancier et augmentait la dureté et l'ingratitude assez communes aux débiteurs. » C'était au moment de la restitution du capital que ces sentiments pouvaient se produire. Aussi, pour remédier à ces causes, on décida que des rentes perpétuelles pouvaient être crées : le capital ne devant jamais être réclamé, on estimait que les parties conserveraient toujours l'une à l'égard de l'autre la même bienveillance.

La plupart du temps, les rentes féodales étaient des rentes foncières, ou des rentes servies en raison de l'obtention de certains bénéfices. Les seigneurs féodaux accordaient souvent la liberté à leurs serfs, moyennant une redevance annuelle payable à perpétuité.

L'Assemblée constituante supprima toutes les rentes perpétuelles, en ce sens qu'elle permit leur rachat. Mais la Convention nationale alla plus loin. Le 17 juillet 1793, elle rendit un décret dont l'article 1er est ainsi conçu : « Toutes redevances, ci-devant seigneuriales, droits féodaux, censuels, fixes et casuels, même ceux conservés par le décret du 25 août dernier sont supprimés sans indemnité. »

Ce décret n'avait qu'un but politique ; et la Convention, dans sa haine contre tout ce qui se rattachait à l'ancien régime, violait ouvertement le droit le plus sacré, le droit de propriété. La réforme de l'Assemblée constituante avait été juste et équitable, car elle respectait les droits de tous, et ne dépouillait pas les créanciers au profit des débiteurs.

On devait donc admettre la survivance de l'obligation naturelle à l'extinction de l'obligation civile.

Le législateur de 1804 reconnaissait lui-même cette théorie, puisqu'il la formula quelques années après la rédaction du Code civil, dans un décret relatif aux provinces annexées à l'Empire.

Napoléon rendit, le 9 décembre 1811, un décret portant abolition de la féodalité dans les départements des Bouches-de-l'Elbe, etc.... réunies à la France. Il dispose que tous les droits féodaux ou censuels utiles qui étaient le prix d'une concession primitive de fonds seraient rachetables, mais qu'ils seraient payés jusqu'au rachat. Il n'a pas voulu consacrer sur le territoire de ces nouveaux pays, l'injustice commise par la Convention nationale.

Nous devons donc maintenir notre solution pour les départements faisant partie de la France, sous peine d'être forcé d'admettre des différences dans la législation, entre les sujets d'un même Etat.

La jurisprudence a, du reste, constamment admis que l'obligation naturelle survivait dans les cas où le décret du 17 juillet 1793 était applicable : les arrérages de ces rentes, dit-elle notamment, pourront être exigés s'il y a eu novation dans le titre, attendu que l'obligation naturelle est une cause de novation (1).

A l'époque actuelle, cette hypothèse d'obligation naturelle se présentera fort rarement en pratique. Nous l'avons notée dans cette étude, uniquement pour fortifier les théories que nous avons développées dans notre chapitre Ier, sur l'origine et le caractère des obligations naturelles. Nous vou-

---

(1) Cass. 3 juillet 1811 ; *Sirey* 1811, I. 321. — Angers, 31 juillet 1822 ; *Sirey* 1822, II. 30. — Cass. 19 juin 1832 ; Dalloz 1832, I. 250. — Cass. 28 janvier 1810. Dalloz, v° *Propriété féodale*, n° 461.

18

lions surtout montrer que le Code a eu raison de ne pas faire une énumération limitative de ces obligations, car personne ne peut savoir d'avance les obligations naturelles qui survivront à l'abolition de certains droits de créances.

La raison et les principes généraux du droit nous enseignent qu'il est logique de donner aux rentes féodales frappées par la Convention nationale, un effet positif quelconque pour ne pas léser complètement les créanciers de ces rentes. Nous admettrons cet effet à cause de la généralité des termes du Code sur les obligations naturelles, et nous ménagerons ainsi tous les intérêts et tous les droits, conformément au principe de toute bonne législation.

Il ne faut pas cependant aller trop loin dans cette voie. Nous ne pouvons approuver un arrêt de la Cour d'Aix du 22 avril 1828 (1), décidant que la rétrocession gratuite, faite par l'acquéreur d'un bien national, en faveur de l'ancien propriétaire, constitue l'acquittement d'une obligation naturelle, et qu'en conséquence la répétition sera interdite conformément à l'article 1235 du Code civil. Nous préférons la jurisprudence du tribunal de Cherbourg (2), d'après laquelle on doit décider que le gouvernement seul est naturellement obligé à indemniser les émigrés, et que l'acquéreur d'un bien national n'est nullement tenu à restitution à son égard.

---

(1) Aix, 22 avril 1828. Dalloz, Répertoire, p. 248 note.

(2) Trib. Cherbourg, 15 juillet 1827, aff. Jouenne. Dalloz, *l. cit.*

## SECTION II.

OBLIGATIONS NATURELLES TENANT A L'INCAPACITÉ
DES PARTIES.

_____

### § 1er — Du mineur.

Le droit Romain distinguait deux sortes de minorité :
la minorité qui durait jusqu'à 12 ans pour les filles et 14 ans
pour les fils, et la minorité qui durait jusqu'à 25 ans. Dans
la première, nous croyons l'avoir démontré, les actes
passés par le pupille sans l'assistance de son curateur sont
nuls ; dans la seconde, il demeure tenu d'une obligation
naturelle, en cas de restitution pour cause de lésion.

Le droit Français n'a pas admis cette distinction ; la
minorité cesse à l'âge de 21 ans ; jusque là, à n'importe
quel âge, la capacité du fils contractant seul, sera la même.
Il est évident, cependant, qu'on déclarera inexistants les
actes de celui dont la raison et l'intelligence sont encore
si peu développées, qu'il n'a aucune conscience de l'acte
qu'on lui fait faire.

Les principes sont posés par les articles suivants :

ART. 1304. — Dans tous les cas où l'action en nullité ou
en rescision d'une convention n'est pas limitée à un moindre temps par une loi particulière, cette action dure dix

ans..... — Le temps ne court à l'égard des actes faits par les interdits que du jour où l'interdiction est levée, et à l'égard de ceux faits par les mineurs, que du jour de la majorité.

Art. 1305. — La simple lésion donne lieu à la rescision en faveur du mineur non émancipé, contre toutes sortes de conventions qui excèdent les bornes de . sa capacité, ainsi qu'elle est déterminée au titre *de la Minorité, de la Tutelle et de l'Emancipation.*

Art. 1311. — Il n'est plus recevable à revenir contre l'engagement qu'il avait souscrit en minorité, lorsqu'il l'a ratifié en majorité, soit que cet engagement fût nul en sa forme, soit qu'il fût seulement sujet à restitution.

Pour exposer plus clairement l'économie de ces dispositions, nous allons passer successivement en revue les actes qui peuvent avoir porté préjudice au mineur, et dont il pourrait se plaindre. Nous examinerons les diverses situations qui peuvent se produire : il nous sera plus facile de donner une solution pour chaque ordre de choses.

Nous nous demanderons quels sont les droits et les obligations du mineur vis-à-vis :

1° Des actes faits valablement par le tuteur ;

2° Des actes faits par le tuteur sans l'accomplissement des formalités exigées au titre *de la Tutelle ;*

3° Des actes faits par le mineur agissant seul.

I. — Actes faits valablement par le tuteur. — Les actes faits valablement par le tuteur peuvent causer un certain préjudice au mineur : on se demande si la loi lui accorde l'action en rescision pour lésion.

L'ancien droit Français répondait à cette question de la manière suivante : ou les actes faits par le tuteur étaient des actes de pure administration nécessaire, alors ils étaient maintenus ; ou il ne rentraient pas dans cette catégorie, et alors ils étaient sujets à rescision.

Pothier consacre la première partie de cette solution en ces termes : « Les mineurs ne sont point restitués pour cause de lésion contre les actes qu'ils ont faits depuis leur émancipation, ou contre ceux que leurs tuteurs ont faits. lorsque ces actes sont de pure administration nécessaire, par exemple, pour des baux faits de leur héritage pour le temps qu'on a coutume de faire des baux, contre la vente ou l'achat de choses mobilières, etc... La raison est tirée de l'intérêt des mineurs, parce que, autrement, ils ne trouveraient que difficilement des personnes qui voulussent contracter avec eux, dans la crainte d'avoir des procès avec les mineurs sous prétexte de lésion, ce qui causerait un plus grand préjudice que ne leur serait avantageux le bénéfice de restitution, s'il leur était accordé contre de pareils actes. » (1).

Domat (2) enseigne que dans les autres actes, tels qu'une vente, bien que toutes les formalités aient été remplies, les mineurs étaient restituables, s'ils avaient été lésés.

Le Code n'a pas reproduit cette doctrine. Les principes généraux du droit sont d'ailleurs conformes aux règles du Code.

Si des formalités ont été exigées pour l'accomplissement

(1) Pothier, *Procédure civile*, V. ch. IV, art. 11.

(2) Domat, *Lois civiles*, n° X et n° XIX.

de certains actes, c'est que le législateur voulait protéger l'incapable ; dès que le tuteur a observé les prescriptions légales, les actes qu'il passe sont aussi inattaquables que s'ils avaient été faits par le mineur devenu majeur.

La solution de l'ancien droit se comprenait jusqu'à un certain point. On admettait, en effet, que tous les actes étaient rescindables pour cause de lésion. La lésion, dans notre droit moderne, ne peut être invoquée que dans les cas expressément prévus par le Code. Les contractants sont responsables de l'étendue de leurs engagements : la loi ne vient à leur secours que dans des hypothèses tout à fait spéciales.

Dans son *Rapport au Tribunat*, Jaubert confirmait cette théorie, lorsqu'il écrivait (1) : « La restitution du mineur pour cause de lésion est fondée sur deux idées principales : la loi protège la faiblesse de l'âge ; voilà pour la personne du mineur ; et à l'égard de l'autre partie qui contracte, c'est à elle seule qu'elle doit imputer l'événement. » Les actes du tuteur ne sont jamais visés dans les travaux préparatoires, lorsqu'il s'agit de causes de rescision : la rescision n'étant accordée que contre ceux qui abusent de l'inexpérience du mineur (2).

Mais il peut arriver, en fait, que les actes du tuteur accomplis dans les formes voulues et dans les limites de ses attributions, aient été préjudiciables pour le mineur : on se

(1) Jaubert. *Rapport*. Locré, t. VI. p. 220.

(2) En sens contraire, un seul auteur à notre connaissance, M. Demante, t. V. n° 270 bis.

demande quels seront les moyens que le mineur pourra employer pour remédier aux actes qui lui auront porté préjudice ?

Demante a soutenu que ces actes sont sujets à restitution pour lésion (1) ; quant à nous, au contraire, nous croyons que la voie de la restitution ne lui sera pas ouverte.

La lésion n'est, en effet, qu'un vice du consentement ; elle résulte soit d'une erreur, soit de l'inexpérience de celui qui contracte : or, ici nous sommes en présence d'un acte fait dans les formes voulues et passé avec le consentement du tuteur, et ce consentement n'a été en aucune façon vicié. Le Code n'oblige le tuteur, dans l'article 450, qu'à gérer en bon père de famille, et s'il ne remplit pas convenablement ses devoirs, le mineur est à l'abri de toute mauvaise gestion par l'hypothèque légale qu'il a sur les biens de son tuteur. Il est donc, à nos yeux, suffisamment protégé par cette hypothèque, et toute autre voie de recours lui est fermée.

II. — Actes faits par le tuteur sans l'accomplissement des formalités exigées par la loi.—Les formes prescrites étant dans l'intérêt du mineur, leur inobservation entraîne la nullité de l'acte. Les articles du Code traitant des formes exigées sont conçus en termes prohibitifs, et ne laissent aucun doute sur l'esprit du législateur (2).

Mais quelle sera la nullité de ces actes ? Les actes sont-ils inexistants ou simplement annulables ?

(1) Demante, t. V, p. 507 et suivantes.

(2) Art. 457, 461, 463, 464, 466, 467, etc.

Nous estimons que ces actes sont compris dans la catégorie des actes appelés nuls en la forme par l'article 1311,
et qu'ils sont, par conséquent, annulables. En effet, les
formes ont été établies dans l'intérêt du mineur ; le mineur
peut y renoncer lorsque ses intérêts n'ont pas été lésés. Il
résulte donc de ce principe que la nullité peut être couverte
par la ratification de celui que la loi a voulu protéger.

On est amené à admettre cette solution par l'examen des
termes de l'article 1311. Par la distinction qu'il fait entre les
actes nuls en la forme et les actes sujets à restitution, il indique que ce n'est pas seulement en cas de lésion, mais même
en cas d'inobservation des formes que le mineur pourra se
plaindre et agir contre les tiers. Comme conséquence, nous
admettrons que dans les hypothèses où les formalités exigées par la loi n'ont pas été remplies, le mineur pourra se
prévaloir uniquement du défaut de formes, sans être obligé
de prouver la lésion.

Il est vrai qu'on peut objecter à cette solution que s'il
n'y a pas lésion, le mineur n'a aucun intérêt à agir : sans intérêt pas d'action ; mais nous répondrons que le mineur est
lésé par le fait même qu'on n'a pas accompli les formes que
la loi imposait dans le but de le protéger ; et ensuite, peu
importe qu'il y ait ou non intérêt, la loi doit être respectée :
puisqu'elle a prescrit des formes, ces formes doivent
être observées (1). Autrement, à quoi serviraient les formalités ? Dans chaque acte où le Code exige des formes solen-

(1) Laurent. *Droit civil*, t. XVI n° 41.

nelles, il faudrait toujours distinguer si l'une des parties a été lésée ou non par l'acte dont il s'agit; ce système, on le comprend, serait inadmissible.

La jurisprudence, après avoir beaucoup hésité, est actuellement fixée en ce sens (1).

III — Actes faits par le mineur agissant seul. — Les articles 1304, 1305 et suivants s'occupent de la situation du mineur qui a contracté seul. Dans les dix ans du jour de sa majorité, le mineur pourra intenter l'action en nullité ou en rescision des conventions qu'il a passées.

M. Bigot-Préameneu, dans l'*Exposé des motifs* sur le titre des Obligations, indique la véritable portée de cette action accordée au mineur (2) : « Il résulte de l'incapacité du mineur non émancipé qu'il suffit qu'il éprouve une lésion pour que son action en rescision soit fondée. S'il n'était pas lésé, il n'aurait pas d'intérêt à se pourvoir, et la loi lui serait même préjudiciable si, sous prétexte de l'incapacité, un contrat qui lui est avantageux pouvait être annulé. Le résultat de son incapacité est de ne pouvoir être lésé, et non de ne pouvoir contracter : *Restituitur tanquam læsus, non tanquam minor.* »

Il résulte du passage de l'*Exposé des motifs* que nous venons de citer, que le mineur a, en règle générale, pleine capacité pour s'obliger : ce ne sera que dans le cas de lésion,

---

(1) V. les arrêts rapportés par Dalloz. vº. Obligations nº 2979, 364 2º. — Dijon, 8 janvier 1845. D. P. 1845. II. 80.

(2) Bigot-Préameneu, *Exposé des motifs*, séance du 7 pluviose, an XII.

où il pourra demander la rescision de ses actes, ce sera donc seulement dans ce cas, que la question de savoir s'il est tenu d'une obligation naturelle pourra se poser.

La lésion est le préjudice résultant, dans un contrat commutatif, de la disproportion existant entre l'engagement d'une partie et l'engagement de l'autre.

La rescision pour cause de lésion, n'est admise, en droit Français, que dans trois cas :

1° En cas de partage, pour lésion de plus du quart (1);

2° En cas de vente d'immeubles, en faveur du vendeur, pour lésion de plus des sept douzièmes (2);

3° En cas d'obligation contractée par un mineur, pour simple lésion (3).

L'ancien droit Français admettait que la simple lésion du mineur suffisait pour autoriser l'action en rescision (4).

Le droit actuel partage sur ce point la théorie de l'ancien droit, pour les actes faits par le mineur seul. On ne permet pas au mineur d'attaquer les contrats qu'il a passés, par la seule raison que le tuteur n'est pas intervenu, mais uniquement parce qu'il a été lésé. L'âge du mineur lui-même n'est pas pris en considération; c'est la lésion seule qui déterminera la recevabilité de l'action. Il est, cependant, sous-entendu que si le mineur a contracté à un âge où il était tota-

---

(1) Code civil, Art. 887.

(2) C. c. Art. 1674.

(3) C. c. Art. 1305.

(4) Pothier. Oblig. n° 40.

lement inconscient de ses actes, la convention sera déclarée nulle : elle le sera, non pas parce l'un des contractants est mineur, mais parce que le consentement n'a pu être valablement donné.

À côté des actes autorisant la restitution pour cause de lésion, le Code parle d'actes nuls en la forme, pour lesquels l'action en nullité sera accordée au mineur. Il importe d'examiner quels sont ces actes.

Avec M. Laurent (1), nous repousserons toutes les théories qui prétendent que les actes nuls en la forme sont ceux passés par le mineur sans *l'autorisation* du tuteur. Ce sont, en effet, des souvenirs romains qui ont pu donner naissance à de pareilles doctrines, car, nulle part, dans notre droit Français, il n'est question d'autorisation du tuteur.

À Rome, le mineur lui-même assistait à l'acte : c'était le mineur qui était partie. Le tuteur se tenait à son côté et donnait son *auctoritas*, sans laquelle la convention était nulle.

Actuellement, il en est autrement. Le tuteur fait seul les actes intéressant le mineur, et ce dernier ne paraît jamais. Telle est la doctrine du Code, et les mots *autorisation du tuteur* n'ont jamais figuré dans les lois françaises.

Par actes nuls en la forme, nous entendrons les actes pour lesquels la loi ordonne certaines formalités indiquées par les articles au *Titre de la tutelle* : telles que l'autorisation du conseil de famille, l'homologation du tribunal, l'avis de trois jurisconsultes dans certains cas.

(1) Laurent. *Droit civil*, t. XVI.

Dans toutes les hypothèses énumérées jusqu'ici, dans lesquelles la loi permet au mineur d'intenter l'action en restitution ou en nullité, une obligation naturelle survivra-t-elle à l'extinction de l'obligation civile ?

Aucun doute ne peut exister. Tous les auteurs sont d'accord, et lorsqu'ils veulent citer un cas d'obligation naturelle, l'hypothèse du mineur est la première qui se présente.

L'article 2012 du Code civil, dont nous avons déjà examiné les dispositions, est formel en ce sens, et confirme cette solution.

Quant à l'esprit du législateur, les travaux préparatoires du Code civil l'indiquent de la façon la plus claire, et ils déclarent formellement que le mineur qui s'est fait restituer est tenu naturellement.

### § 2. — *De l'obligation de la femme contractant sans l'autorisation de son mari.*

Le Sénatus-Consulte Velléien défendait à la femme d'intercéder pour autrui. Son peu d'expérience, dont on ne voulait pas la rendre victime, justifiait cette solution aux yeux des jurisconsultes romains (1).

On sait qu'à Rome, comme en France d'ailleurs, une caution pouvait valablement accéder aux obligations naturelles. Or, un texte formel de Julien nous enseigne que l'en-

---

(1) L. 42, § 2, Dig. *Ad SCtum Velleionum*, XVI. 1.

gagement du fidéjusseur ne pourra garantir valablement la dette de la femme. « *Si ab ea muliere, quæ contra senatus-consultum intercessisset, fidejussorem accepissem ; Gaius Cassius respondit, ita demum fidejussori exceptionem dandam si a muliere rogatus fuisset. Julianus autem recte putat, fi lejussori exceptionem dandam, etiam si mandati actionem adversus mulierem non habet; quia totam obligationem senatus improbat ; et a prætore restituitur prior debitor creditori* (1).

En droit Romain, l'obligation de la femme intercédant pour autrui est complètement annulée, et ne laisse même pas subsister une obligation naturelle.

Le législateur français décide qu'en règle générale, l'obligation de la femme sera valable. Mais la femme peut, aux termes de l'article 1304, en demander l'annulation dans certains délais, dans les mêmes conditions que le mineur, pour les dettes contractées durant son incapacité.

Quoique cet article rapproche ces deux causes d'annulation des obligations pour incapacité, nous devons faire ressortir la grande différence qui existe entre elles.

L'obligation du mineur peut être annulable ou rescindable, selon les conditions que nous avons énumérées plus haut. L'obligation de la femme sera seulement annulable. Et peu importe qu'il y ait eu ou non lésion, le seul vice qu'on reproche à cet engagement c'est le défaut de forme. En négligeant d'obtenir l'autorisation de son mari, la femme a

(1) L. 16. § 1. Dig. *Ad. SCtum Velleianum*, XVI. 1.

commis une faute grave, puisqu'elle n'a pas tenu compte d'une disposition d'ordre public : le pouvoir du mari.

Malgré cette différence, il n'en est pas moins vrai que, de même que le mineur, la femme qui a obtenu l'annulation du contrat, demeure tenue naturellement à l'acquittement de sa dette. C'est ce que dit le tribun Jaubert dans son *rapport au Tribunat* : « Une femme mariée, qui ne peut s'obliger civilement sans l'autorisation de son mari ou de justice, est pourtant responsable envers sa conscience de l'inexécution de son engagement. Elle ne pourrait, même après la dissolution du mariage, être poursuivie facilement, ou du moins elle pourrait se renfermer dans l'exception prise de la nullité de son engagement. Mais si, devenue libre, elle a payé volontairement, pourrait-elle redemander ce qu'elle a payé ? Non, sans doute ; elle aurait pu se garantir de l'action, mais elle a renoncé à se servir de l'exception. Si donc un regret immoral la portait à vouloir répéter, sous prétexte qu'elle n'aurait pu être civilement contrainte, le magistrat la repousserait en lui rappelant qu'elle avait satisfait à une obligation naturelle (1). »

Cette opinion était déjà, dans notre ancien droit, celle de Pothier (2).

La jurisprudence et la doctrine sont d'accord sur ce point (3) ; c'est la théorie généralement enseignée.

(1) Jaubert, *Rapport*. Locré, l. VI, p. 206. — Cf. Bigot-Préameneu, *Exposé des motifs*. Locré, l. VI, p. 168.

(2) Pothier. *Des obligations*. n° 192.

(3) Toullier, t. III. n° 385. — Colmet de Santerre, t. V. n° 174 *bis* IV. — Demolombe, t. XXVII. n°ˢ 36, 37.

Cependant, nous devons signaler sans y insister une opinion particulière : celle de M. Laurent (1). Cet auteur soutient que l'engagement de la femme ne conserve pas la valeur d'une obligation naturelle, lorsqu'elle a été annulée par le tribunal. M. Laurent n'insiste pas non plus sur cette question, parce que, dit-il, elle est de pure théorie. En pratique, le résultat sera le même ; mais le savant auteur y arrive par un raisonnement qui nous semble erroné. D'après lui, la débitrice qui, malgré l'annulation, a ainsi payé, ne peut répéter, car elle renonce au bénéfice du jugement, ce qui, pense-t-il, est très valable.

Cette explication doit être rejetée, car nous démontrons plus loin qu'une décision judiciaire ne laisse subsister aucune obligation, même naturelle. Il nous est impossible, en conséquence, d'admettre la doctrine de M. Laurent, qui repose sur un tel argument ; mais, nous le répétons, il n'y a qu'un intérêt fort médiocre à cette controverse et en pratique, la question ne souffre aucun doute.

### § 3. — *Des interdits.*

Après avoir parlé du mineur et de la femme mariée contractant sans l'autorisation de leur tuteur ou de leur mari, le Code permet encore à l'interdit d'avoir l'action en nullité ou en rescision Nous devons donc examiner en quelques mots la situation de l'interdit.

(1) *Droit civil*, t. XVII, p. 20.

L'interdit est l'individu privé de raison, déclaré par la justice incapable de faire un acte valable. Il reçoit un tuteur pour le représenter dans les actes de la vie civile.

Nous n'avons pas à entrer ici dans les causes qui nécessitent cette intervention de la justice (1) : c'est uniquement la question de capacité que nous devons examiner.

L'article 502 est formel dans ses termes :

> ART. 502. — L'interdiction ou la nomination d'un conseil aura son effet du jour du jugement. Tous actes passés postérieurement par l'interdit ou sans l'assistance du conseil seront nuls de droit.

Malgré les termes absolus de cet article, qui semblent déclarer, au premier abord, qu'il s'agit ici d'une nullité absolue, nous devons admettre, en présence des termes de l'article 1304, que nous avons cité plus haut, que les actes de l'interdit sont simplement annulables. Les règles seront donc les mêmes que pour les obligations contractées par un mineur.

La loi française, à la différence de la loi romaine, ne reconnaît pas les intervalles lucides : c'est ce qui explique la place différente que nous donnons dans les deux droits, aux obligations de l'interdit.

En droit Romain comme en droit Français les obligations contractées durant la folie sont nulles : aucune législation ne peut admettre d'autres principes.

Mais le droit Romain reconnaissait à l'interdit le pouvoir de s'engager pendant ses intervalles lucides, et d'être ainsi

(1) V. *Code civil*, art. 489.

créancièr d'une obligation civile ; on ne peut donc citer aucun cas dans lequel l'interdit romain puisse être lié naturellement : ses obligations étant toujours ou civiles ou inexistantes.

En droit Français, au contraire, la loi ne reconnaissant pas les intervalles lucides, on devait admettre, conformément à la raison, que l'interdit contractant dans ces intervalles, était maître, lors de la levée de l'interdiction, de décider la valeur qu'il attribuait à ses engagèments. Mais, en tout cas, restitué contre ses actes, non comme lésé mais comme interdit, il subsistera toujours à sa charge une obligation naturelle.

Bien entendu, ces règles ne s'appliqueront pas aux actes passés par un interdit judiciaire. La nullité la plus rigoureuse est, dans ce cas, proclamée par la loi. D'ailleurs, ce n'est pas en leur faveur, mais contre les interdits eux-mêmes que cette nullité est prononcée : il faut en conclure qu'elle est absolue, et qu'elle ne peut permettre l'existence d'une obligation naturelle.

§. 4. *Des personnes pourvues d'un curateur ou d'un conseil judiciaire.*

Les principes que nous avons formulés relativement à la capacité du mineur (1) non émancipé s'appliqueront à

(1) Cf. *suprà*, sct. II. § 1.

la situation du mineur émancipé. La lésion donnera lieu à rescision en sa faveur contre toutes les conventions excédant les bornes de sa capacité.

Les prodigues, et les personnes qui, bien que faibles d'esprit, ne sont point néanmoins privées de raison pour être interdites, sont pourvues d'un conseil judiciaire.

La capacité de ces personnes est indiquée dans les articles 513 à 515 du Code civil; quant aux actes qu'elles passent sans observer les règles que la loi édicte dans un but de protection, ils sont régis par les mêmes règles que celles que nous avons examinées précédemment à propos des cas prévus par les articles 1304 et suivants. Dans les dix ans de la durée de l'interdiction, elles pourront faire annuler ou rescinder leurs obligations, mais elles seront cependant tenues d'une obligation naturelle.

Il est inutile d'insister, car les points sont certains et admis unanimement par la doctrine et par la jurisprudence.

# APPENDICE.

---

## DES OBLIGATIONS QUI NE DOIVENT PAS ÊTRE DÉCLARÉES NATURELLES.

---

### § 1er. — Des dettes de jeu.

Les jeux de hasard ont été de tout temps désapprouvés par les législateurs, et les obligations dont ils étaient la cause ont été rarement sanctionnées. « A la différence des contrats ordinaires qui rapprochent les hommes, dit Portalis (1), les promesses contractées au jeu les divisent et les isolent. »

Les Romains déniaient à l'obligation contractée pour dettes de jeu, non-seulement le caractère d'obligation naturelle, mais même celui d'obligation morale. Le perdant avait le droit de répéter ce qu'il avait payé (2).

On n'exceptait de cette règle que les jeux d'adresse et les jeux propres à développer les forces du corps (3).

---

(1) Fenet, t. XIV, p. 359.

(2) L. ult. §§ 1 et 2. Dig. *De aleatoribus*, XI. 5.

(3) L. 2. § I. Dig. *De aleatoribus*, id. ; l. 5, C. *De aleatoribus*, III, 43.

L'ancien droit n'était pas moins rigoureux. Nous n'avons pas l'intention de citer tous les arrêts et ordonnances rendus pour empêcher le jeu en France ; nous dirons seulement que cette probibition se rencontre à toutes les époques.

En 813, le Concile de Mayence interdit les jeux dans toute la chrétienté, et Charlemagne renouvelle ces dispositions dans ses Capitulaires.

L'article 138 de l'ordonnance du mois de janvier 1629 (1) porte : « Toutes dettes contractées pour jeu sont nulles, et toutes obligations et promesses faites pour le jeu, quelque déguisées qu'elles soient, sont nulles et de nul effet, et déchargées de toutes obligations civiles et naturelles. »

Nous arrivons donc à la rédaction du Code civil, avec toute une série de dispositions prohibitives : il faut voir maintenant quelle est la théorie du législateur de 1804. Il la formule ainsi dans les articles 1965 et 1967.

> Art. 1965. — La loi n'accorde aucune action pour une dette de jeu ou pour le payement d'un pari.
>
> Art. 1967.— Dans aucun cas, le perdant ne peut répéter ce qu'il a volontairement payé, à moins qu'il n'y ait eu de la part du gagnant, dol, supercherie ou escroquerie.

Dans l'article 1966, la loi fait une exception pour certains jeux tenant à l'adresse et à l'exercice du corps, à condition que l'enjeu ne soit pas trop élevé.

Moins rigoureux que le législateur Romain, le législateur Français refuse la répétition à celui qui a payé volontaire-

---

(1) *Edits et Ordonnances*, t. I, p. 180.

ment ; il apppplique la règle : *in pari causa, melior est causa possidentis*. Il est certain qu'il n'admet pas l'existence de l'obligation naturelle.

L'article 1967 en est la preuve la plus évidente. Il est obligé de nous formuler l'exception à la disposition de l'article 1965 : si, en effet, cet article 1967 n'avait pas existé, nous aurions dû voir dans la dette de jeu une obligation naturelle, puisqu'elle possèderait tous les caractères de l'obligation civile, moins l'action.

De plus, le Code n'a pas entendu déroger aux principes du droit Romain et de l'ancien droit, qui s'accordaient sur ce point. Les paroles de M. Portalis, d'ailleurs, ne laissent aucun doute à cet égard : elles établissent clairement la pensée du législateur : « On ne peut être heureux au jeu que de l'infortune des autres ; tout sentiment naturel, entre joueur, est étouffé ; tout lien social est rompu ; — un joueur forme le vœu inhumain et impie de prospérer aux dépens de ses semblables ; il est réduit à maudire le bien qui leur arrive, et à ne se complaire que dans leur ruine (1). »

Ces paroles excluent même l'idée de dette morale, et nous admettrons que les dettes de jeu ne peuvent devenir la cause d'aucune obligation.

Quant à savoir quelles sont les dettes de jeu tombant sous l'application de l'article 1965, il faut voir là plutôt une question de fait qu'une question de droit.

Ainsi dans certains cas, les jeux de cartes seront des

(1) Fenet, t. XIV.

jeux de hasard ; dans d'autres, ils seront permis, et pourront donner lieu à une action (1).

Les jeux de bourse sont prohibés comme les jeux de
hasard ordinaires. La jurisprudence décide qu'il y a là une
nullité d'ordre public (2). Des tribunaux se sont même dé-
clarés d'office non recevables pour examiner les demandes
respectivement intentées par des spéculateurs et l'agent de
change qui leur avait prêté sciemment son ministère (3).

Comme conséquence de ce qui précède, il faut soutenir
qu'une dette de jeu ne pourra être cautionnée, ni être valablement confirmée. Elle ne pourra, dès lors, être d'aucun
profit pour le créancier.

La dette de jeu ne pourra non plus devenir la cause
d'une obligation civile valable. C'est un point admis par
toute la doctrine et par l'unanimité des arrêts. Les partisans eux-mêmes de la théorie qui prétend reconnaître une
obligation morale dans la dette de jeu, sont forcés de reconnaître cette conséquence de la prohibition légale. Mais ils
ne remarquent pas qu'ils enregistrent leur propre condamnation, car s'il est un point de droit certain, c'est assurément le suivant: l'obligation morale est susceptible de devenir la cause d'un engagement civil valable. Ils sont

(1) Comparez. Cassation, 31 juillet 1863. Dalloz, 1863. V. 220. —
Cassation, 31 mars 1874. Dalloz, 1875, I. 229. — Cassation, 21 janvier
1876. Dalloz, 1878, I. 269. — Cassation, 7 novembre 1876, *Sirey* 1878.
I. 448.

(2) Angers. 24 août 1865. Dalloz. 1866. II. 211.

(3) Lyon. 29 juin 1871. Dalloz, 1871. II. 152. — Paris. 13 mai
1873. Dalloz, 1873. II. 240.

donc en contradiction, non-seulement avec les principes
mêmes des obligations morales, mais comme nous l'avons
démontré précédemment, avec les travaux préparatoires et
les textes du Code.

## § 2. — *De l'obligation du failli en cas de concordat.*

Le Concordat peut être défini : un traité par lequel les
créanciers remettent le failli à la tête de ses affaires et lui accordent des facilités pour le payement, ou même des remises
de sa dette.

Ce traité, homologué par le tribunal, sera obligatoire pour
tous les créanciers portés ou non au bilan, vérifiés ou non
vérifiés (1). Après cette homologation, le dessaisissement
du failli cessera, et ce dernier pourra reprendre son commerce.

Sa seule obligation est de payer les dividendes fixés par
l'assemblée, aux époques qu'elle aura déterminées.

Désormais, les créanciers auront le droit de poursuite
individuelle que leur avait enlevé la faillite.

On a soutenu que le droit des créanciers était un droit
nouveau et non le droit ancien qui survivait au concordat ;
qu'en un mot, il y avait eu, par l'effet de cet arrangement, une
véritable novation de la dette.

Cette question a une grande importance théorique et pra-

(1) Art. 516, *Code de commerce.*

tique. Si on admet l'affirmative, les dettes commerciales et civiles du failli revêtiront, toutes, le caractère de commercialité. De plus, on devra décider que les dettes dont il a été fait remise au failli par le concordat, seront considérées comme n'ayant jamais existé. La novation est, en effet, un mode d'extinction des obligations.

En admettant la négative, les dettes du failli conserveront leur caractère primitif ; et, en second lieu, il restera à sa charge une obligation, dont nous aurons à déterminer plus tard la nature.

La jurisprudence décide que le concordat n'emporte pas novation (1). « Considérant, dit un arrêt de la cour de Paris, du 22 juin 1844, que le concordat qui se borne à accorder au failli des termes ou la remise d'une partie de la dette n'opère pas novation, qu'il laisse subsister le titre primitif avec les effets et les voies d'exécution qui y sont attachés par la loi, etc...., » Dans l'espèce de cet arrêt, on se demandait si la contrainte par corps devait produire ses effets : tout dépendait du point de savoir si la dette était civile ou commerciale (1).

On peut donner comme motif de cette solution, qu'il n'y a novation qu'autant que les parties ont eu l'intention de nover. Cette intention fait ici complètement défaut. En accordant le concordat, les créanciers ont voulu donner au failli

---

(1) Paris, 22 juin 1844. Dalloz, *Répertoire*, vº Faillite, ch. 2, sect. IX, art. 5. p. 269, note I.

(1) Cf 9 août 1869. Dalloz, 1870, II, 10. — Paris, 20 juin 1870. Dalloz, 1871, II, 3.

le pouvoir de les désintéresser dans une certaine mesure :
ils ont craint qu'en se montrant vis-à-vis de lui trop rigoureux, leur débiteur fût dans l'impossibilité d'acquitter ses
dettes.

D'ailleurs, cette doctrine était celle de l'ancien droit.
D'après l'ordonnance de 1673, les effets du concordat étaient,
en général, ceux des contrats ordinaires. L'ordonnance ne
prescrivait pas d'appeler au concordat tous les créanciers :
mais aussi le concordat n'avait pas d'effet vis-à-vis des ab-
sents. Le traité était particulier et non général comme aujour-
d'hui (1). Mais le Code, en lui donnant un caractère obligatoire pour tous, n'a pas pour cela changé sa nature.

Il y a donc lieu d'estimer qu'une obligation survit à l'é-
gard du failli, après l'obtention du concordat. Il est nécessaire maintenant d'examiner la nature de cette obligation.

D'abord, le failli doit se considérer comme obligé au
payement de sa dette ; il encourt, en effet, certaines déchéances, qui sont la sanction de la faillite.

Il perd tous ses droits politiques (2).

Il ne peut plus paraître à la Bourse (3).

Il ne peut plus être admis à l'escompte de la Banque de
France (4).

Ces déchéances disparaissent lors de la réhabilitation : et

(1) Paris, 28 messidor, an XII, *Affaire Flahaut*.

(2) Constitution de frimaire an VIII. — Loi du 31 mai 1850.

(3) Art. 613 du *Code de commerce*.

(4) Décret du 16 janvier 1808.

la première condition pour l'obtenir, est l'entier acquittement des obligations qui ont déterminé la mise en faillite.

L'obligation survivant au concordat sera donc une obligation supérieure à l'obligation naturelle, puisque la loi sanctionne par des déchéances les dettes du débiteur.

Ensuite, l'obligation ne sera pas une obligation morale. Personne ne peut voir dans le payement qu'il effectue, le caractère d'une donation. Or, tout le monde reconnaît aujourd'hui qu'il y a donation dans l'acquittement d'un devoir moral.

Nous allons plus loin, et nous pensons que l'obligation du failli concordataire sera une véritable obligation civile.

Un texte suppose cette solution : c'est l'article 545 du Code de commerce.

> Art. 545. — Nonobstant le concordat, les créanciers conserveront leur action pour la totalité de leur créance contre les coobligés du failli.

Les cautions, d'après cet article, ne seront pas libérées par la remise faite au failli. Nous trouvons là le caractère qui nous sert à déterminer la survivance de l'obligation civile. En droit Français, l'obligation naturelle qui succède à l'extinction d'une obligation civile, ne peut se voir garantir par les garanties accessoires de l'obligation primitive : les cautions n'ont eu l'intention de s'engager que pour la dette civile, et lors de son extinction elles se sont crues libérées.

L'intention des parties confirme cette doctrine. Elles n'ont pas voulu faire au débiteur une remise de la dette,

mais plùtôt consentir à suspendre leur droit d'exécution sur
ses biens, afin de lui permettre de rester à la tête de ses
affaires, de faire prospérer son commerce par son intelligence et son activité, et, finalement, de désintéresser ses
créanciers. Il y a, si nous pouvons nous exprimer ainsi, renonciation à l'exigibilité de la créance (1).

La jurisprudence a souvent varié sur cette matière : mais
elle admet toujours au moins l'existence de l'obligation naturelle, et jamais celle de l'obligation morale.

C'est à tort, selon nous, qu'on a décidé qu'un failli concordataire qui, pour obtenir des délais d'exécution de ses
promesses de la part d'un créancier, s'était engagé à lui
payer même ce dont on lui avait fait remise par le concordat, n'était tenu que naturellement (2). En fait, peu importait la solution, puisque le résultat était le même que si
on avait déclaré l'obligation civile, puisqu'il s'agissait de
savoir seulement si la répétition était permise. Mais en droit
c'était inexact.

Dans l'hypothèse suivante, la jurisprudence a beaucoup
hésité : le failli avait obtenu la remise de sa dette, mais à la
condition de désintéresser ses créanciers dès qu'il serait re-
venu à meilleure fortune. Il avait déclaré qu'il s'acquitte-
rait lorsque, d'après sa conscience, il pourrait le faire sans
ébranler ses affaires. La jurisprudence actuelle décide, avec

(1) En ce sens, M. Beauregard, à son cours. — *Contrà*, Aubry et
Rau, IV, § 297.

(2) Rennes, 8 janvier 1872, *J. Palais* 1872, p. 462.

raison, que l'obligation de ce failli sera une obligation civile (1). La Cour d'Aix est même allée plus loin : elle a appliqué rigoureusement les principes, et elle a déclaré que c'était au tribunal de décider si la fortune du failli était suffisante pour se libérer, lorsqu'il y avait sur ce point contestation entre lui et ses créanciers (2).

### § 3. — De l'absolution du défendeur.

Il est inutile de revenir ici sur les principes que nous avons examinés en droit Romain. Dans toute législation, en effet, la chose jugée doit être tenue pour vraie.

L'article 1352 du code civil pose la règle : contre la présomption légale, la loi dispense de toute preuve celui au profit duquel elle existe, et parmi les présomptions légales l'article 1350 range l'autorité de la chose jugée.

Il en résulte que l'obligation civile éteinte par une décision judiciaire ne laisse pas subsister après elle une obligation naturelle.

Il en sera de même du serment.

Ces points étant reconnus par tout le monde, nous ne croyons pas devoir y insister : le droit naturel veut que partout les arrêts de la justice soient respectés : *Res judicata pro veritate accipitur.*

(1) Cass. 29 avril 1873. Dalloz 1873 I 207. Cass. 26 janvier 1874. Dalloz 1875 I 23. *Contrà.* Bordeaux, 14 juin 1869. Dalloz 1874 V 357.

(2) Aix, 11 juin 1872. Dalloz 1873 II 177.

## § 4. — *Des obligations contractées par les fonctionnaires traitant de leur démission.*

L'ancien droit Français, pour des raisons dans l'étude desquelles nous n'avons pas à entrer ici, avait admis la vénalité des offices.

A différentes époques, cependant, sous l'influence des observations des Etats-Généraux, des Edits avaient essayé de réagir, mais ils furent aussitôt abrogés qu'édictés, et, en fait, la vénalité des charges subsista jusqu'aux lois du 4 août 1789 et du 6 octobre 1791.

La Révolution, comme dans toutes les réformes qu'elle avait entreprises, prit des mesures extrêmes : elle supprima partout la vénalité, sans s'apercevoir qu'il eût été plus sage de la maintenir dans certains cas.

On doit, en effet, établir une distinction entre les différents offices susceptibles d'être cédés à prix d'argent. De ce que, par exemple, la charge du juge devait être supprimée, il ne s'ensuivait pas que celle de notaire dût l'être également. Aucune délégation de la puissance publique n'est donnée aux notaires; c'est par leur valeur propre et leur travail que ces officiers créent leur charge : il y a là une question de propriété à apprécier. C'est, d'ailleurs, ce que tous les anciens jurisconsultes estimaient, et la réforme demandée par les Etats-Généraux n'était pas aussi radicale que le fut celle de la Constituante.

« Les greffiers, notaires et sergents, dit Loyseau, n'ont aucun commandement, ains ont leur pouvoir limité, ou à ce que le juge leur commande, ou à ce dont les parties s'accordent devant eux (1). » Le même auteur ajoute plus loin, pour confirmer que dans l'hypothèse des offices ministériels, la considération du titulaire est pour beaucoup dans le choix des parties : « Par le moyen de l'hérédité des offices, il y a plus d'assurance de la foy publique et du bien d'un chacun en particulier, dont les greffiers et les notaires sont gardiens et dépositaires ; et surtout pour ce que par leur continuation en une même famille, leurs minutes sont plus sûrement gardées, plus aisées à trouver et moins sujettes à être ou égarées ou diverties (2). »

Malgré les lois prohibitives de la Constituante et de la Convention, la vénalité existait, en fait, pour les offices appelés aujourd'hui offices ministériels. La jurisprudence des tribunaux (3) refusait de reconnaître la validité de ces conventions : c'était son devoir ; car quelques mauvaises que soient les lois, elle doit les appliquer. Quant au gouvernement, il tolérait cette situation et admettait le droit de présentation moyennant un prix débattu entre le cédant et le cessionnaire (4).

A la suite des traités de 1815 et de l'invasion étrangère,

(1) Loyseau, l. I, ch. I, 29.

(2) Loyseau, liv. II, ch. III, 9.

(3) Bordeaux, 27 janvier 1816, *Sirey* 1816, II, 59. — Paris, 12 octobre 1815, *Sirey* 1816, II. 39.

(4) Voir circulaire ministérielle du 24 février 1817.

les finances étant obérées, le gouvernement de Louis XVIII proposa, lors de l'établissement du budget de 1816, d'élever le cautionnement des officiers publics, afin d'augmenter, par là, les ressources de l'Etat.

La loi de finances du 28 avril 1816 établit une nouvelle fixation des cautionnements; mais, voulant donner une compensation aux officiers auxquels elle imposait ce sacrifice, elle permit aux avocats à la Cour de cassation, notaires, avoués, greffiers, huissiers, agents de change, courtiers (1), commissaires-priseurs, de présenter à l'agrément de Sa Majesté des successeurs, pourvu qu'ils réunissent les qualités exigées par la loi (2). On revenait donc à la pratique antérieure à la Révolution Française.

Dans son paragraphe 2, l'article 91 de la loi du 28 avril 1816 ajoute : « Il sera statué par une loi particulière sur l'exécution de cette disposition et sur les moyens de faire jouir les héritiers ou ayant-cause desdits officiers. » Cette loi n'a pas encore été rendue.

Il semble résulter des textes, que le droit de présentation est rétabli dans sa plus large acception pour les officiers ministériels : désormais, ils pourront vendre leurs charges à leurs successeurs, moyennant un prix qu'ils débattront avec eux, le gouvernement se réservant seulement le droit de

---

(1) La loi du 18 juillet 1866 a proclamé la liberté de la profession de courtier en marchandises : elle a donc supprimé une des catégories d'offices auxquels s'appliquait l'article 91 de la loi du 28 avril 1816.

(2) Loi du 28 avril 1816, art. 91.

nommer le titulaire, s'il remplit les conditions d'âge, de capacité, de moralité nécessaires.

Cette doctrine fut admise sans contestation sous la Restauration, et pendant les premières années du gouvernement de Louis-Philippe. Mais à l'occasion de désastres survenus chez les notaires de Paris, par suite du prix trop élevé des charges, des pétitions furent adressées à la Chambre des Députés, en 1838, pour demander la suppression de la vénalité des offices.

La Chambre des Députés, dans sa séance du 22 février 1840, passa à l'ordre du jour sur cette question, et le ministre de la justice, à qui les pétitions furent renvoyées, regarda comme hors d'atteinte le droit de présentation des officiers ministériels.

Mais la Chancellerie, à qui le titulaire de l'office présentait son successeur, abaissait généralement le prix de la cession et diminuait l'évaluation proposée par les parties : pour remédier à cette situation, les officiers ministériels rétablissaient le prix dont ils étaient convenus, au moyen de contre-lettres.

Nous devons examiner la valeur de ces contre-lettres.

Nous pensons, contrairement à la jurisprudence actuelle, qu'elles sont valables.

La Chancellerie n'a, en effet, aucun droit d'examiner le prix des offices : aucun texte de loi ne lui confère ce pouvoir.

La loi réglementaire promise par l'article 91, paragraphe

2 de la loi de finances de 1816, n'étant pas encore rendue, on doit donc se rapporter aux termes exacts de cet article.

Le gouvernement s'est uniquement réservé le droit d'examiner si le cessionnaire est capable : les questions de capacité et de moralité sont les seules dont il ait à se préoccuper.

On a objecté cependant que, dans l'ancien droit, les Edits royaux avaient déterminé le prix des offices ; mais nous ne nous arrêterons pas à cette objection, car la fixation du prix n'avait été établie que pour évaluer les offices, en cas de dépossession du titulaire ou de contestations entre ses ayant-cause. De plus, cette fixation ne s'appliquait qu'aux offices de judicature.

Dans la transmission des offices, désignés aujourd'hui sous le nom d'offices ministériels, on distinguait toujours deux choses : la transmission de la finance, contrat de droit privé qui n'est soumis à aucun contrôle, et la transmission de la fonction : cette transmission, faite par le roi, ne pouvait avoir lieu que selon un prix déterminé par des rôles spéciaux, déposés à la Chancellerie, et ce prix ne devait pas être dépassé. En un mot, la clientèle, que le travail et l'intelligence du titulaire peuvent seuls créer, n'était jamais sujette à fixation.

L'article 1321 du Code civil admet la validité des contre-lettres : aucun texte n'a jusqu'ici apporté de dérogation à cet article ; il doit donc recevoir son application.

Cet argument est d'autant plus fort que, lors de la rédaction de l'article 91 de la loi du 28 avril 1816, l'article 1321 du Code civil était en vigueur, et produisait chaque jour ses effets, dans la pratique : le législateur était au courant de cette situation, et s'il a gardé le silence, c'est évidemment qu'il entendait ratifier par là les dispositions de cet article.

Peut-être dans la loi réglementaire que nous a promis le paragraphe 2 de l'article 91 de la loi de 1816, la question eût-elle été tranchée dans un sens ou dans l'autre, mais en l'absence de texte, nous devons revenir au droit commun.

Ce droit commun est même implicitement reconnu par le législateur, puisqu'il s'exprime ainsi dans l'article 11 de la loi du 25 juin 1841, portant fixation du budget des recettes : « Lorsque l'évaluation donnée à un office pour la perception du droit d'enregistrement d'une transmission à titre gratuit, entre-vifs, ou par décès sera reconnue insuffisante, ou que la simulation du prix exprimé dans l'acte de cession à titre onéreux sera établie d'après des actes émanés des parties ou de l'autorité administrative ou judiciaire, il sera perçu, à titre d'amende, un droit en sus de celui qui sera dû sur la différence de prix ou d'évaluation. »

Dans le cas prévu par cette disposition de loi, la régie de l'enregistrement percevra son double droit, et cependant les tribunaux déclareraient nulle la contre-lettre qui constaterait la simulation de prix ! Il y a là un défaut de logique évident ; comment payer sur ce qui n'existe pas ?

Ce n'est pas seulement la régie de l'enregistrement qui est en désaccord avec le tribunaux ; c'est la jurisprudence des tribunaux qui se trouve en contradiction avec elle-même. Elle commence par déclarer que la contre-lettre est nulle ; puis elle admet sa validité dans certains cas. Ainsi, sera valable la stipulation restée secrète, portant que le prix déterminé au contrat public et ostensible de cession, subira une diminution au profit du cessionnaire en cas de perte d'une portion déterminée de la clientèle. La jurisprudence pense que cette clause n'a rien de contraire à l'ordre public. Pourquoi cette divergence entre les arrêts, si ce n'est parce que le principe appliqué par les tribunaux est faux (1)?

La jurisprudence actuelle, se retranchant derrière des considérations d'ordre public, trouve que, puisque les lois du 4 août 1789 et du 6 octobre 1791 ont aboli la vénalité des charges, tout ce qui rappelle cette vénalité doit être annulé (2). Elle n'oublie qu'une seule chose, c'est que cette vénalité a été rétablie par un texte formel : la loi du 28 avril 1816, dans son article 91.

Les partisans du système de la jurisprudence se sont demandé si, à défaut d'obligation civile, il ne devait pas cependant subsister d'obligation naturelle. Nous n'avons pas à insister sur ce point, car actuellement toute la jurisprudence est constante pour nier l'existence de l'obligation naturelle. Après avoir annulé la contre-lettre pour des

(1) Paris, 11 décembre 1849. D. P., 1850. II. 114.

(2) V. Paris, 15 février 1840; Metz, 14 février 1843, Dalloz, *Répertoire* v° office, p. 153, note. — Cassation, 30 juillet 1844, *id.* p. 160, note 2. — Cass., 17 décembre 1845, D. P. 1845, IV. 374. — Cass., 22 juin 1847. D. P., 1847, IV. 347. Rouen, 10 mai 1847, et sur pourvoi, Req. 26 décembre 1848, D. P. 1849, I. 14. — *Contrà*, Grenoble, 16 décembre 1837, Grenoble, 22 février 1840.

motifs d'ordre public, il eût été bizarre de conclure à la validité de l'obligation naturelle. « Attendu, dit un arrêt de cassation (1), que si on admet que les contre-lettres sont nulles, ces contre-lettres ne sauraient engendrer une obligation naturelle dont l'effet serait de les soustraire à la prohibition de la loi. » Le droit civil, dit fort bien cet arrêt, prohibant le contrat, se prêterait en même temps à en prohiber l'exécution (2).

M. Massol essaye de démontrer qu'il existe ici une obligation morale : mais on peut réfuter cette opinion, en se servant des mêmes raisons que celles par lesquelles nous avons repoussé l'existence des obligations naturelles.

D'ailleurs, M. Massol, pas plus heureux que la jurisprudence, se contredit à quelques lignes de distance. Sans formuler d'arguments précis (il n'en existe pas à notre avis), il constate, en les approuvant, que les tribunaux décident que le payement stipulé dans les contre-lettres ne peut-être d'aucun profit pour celui qui l'a reçu, parce que *ces conventions occultes blessent l'ordre public* (3). Puis, dans la même section, un peu plus loin, il écrit : « Il n'y a que les conventions contraires aux lois d'ordre public et aux bonnes mœurs qui n'enchaînent pas la conscience. » Contradiction flagrante avec la théorie que M. Massol admet, puisqu'il croit, dans le cas de contre-lettres, à l'existence de l'obli-

(1) Cass., 30 juillet 1844, Dalloz, vº office, p. 160-162, note.

(2) V. Cass., 28 mai 1856. *Sirey*, 1856. I. 587.

(3) Massol. *Obligations naturelles*, p. 326.

gation morale. Cette contradiction, on le sent, préoccupe le savant auteur, mais il ne peut la faire disparaître.

Tout le monde reconnaît avec lui, que le cessionnaire manque à l'honnêteté en voulant modifier ainsi les termes de la convention, et en voulant faire annuler par les tribunaux les conditions de la cession : c'est par là qu'on s'aperçoit que le système de la jurisprudence, qui déclare irréprochable ce cessionnaire, fait fausse route.

Nous maintenons donc notre solution, et nous pensons que la contre-lettre produit tous ses effets ordinaires et oblige civilement celui qui l'a souscrite.

Après avoir examiné la situation des fonctionnaires auxquels la loi du 28 avril 1816 accordait le droit de présentation, il nous reste à envisager la situation de ceux auxquels la loi n'a pas conféré ce droit.

Cette question paraît facile à résoudre ; cependant elle a fait doute en jurisprudence. C'est, par exemple, un percepteur des contributions directes qui, se démettant de ses fonctions en faveur d'un tiers, sous condition que ce tiers lui paye un capital, ou lui serve une rente viagère (1).

La jurisprudence avait d'abord admis la validité d'un tel contrat (2) ; mais actuellement elle est revenue à une solution plus rationnelle (3).

_____

(1) Demolombe. *Cont.* t. I, n° 337.

(2) Cass., 2 mars 1825. Dalloz, 1835, I. 150. — Bordeaux, 5 décembre 1845. *Sirey,* 1846, II. 328.

(3) Paris, 18 novembre 1837. *Sirey,* 1838, II. 65. — Montpellier, 17 décembre 1849. *Sirey,* 1850, II. 216. — Troplong. *Vente,* t. V, n° 220. — Aubry et Rau, t. III, p. 215. — Demolombe. *Contrats,* I. n° 337.

En effet, la loi du 4 août 1789 a aboli la vénalité des offices ; c'est un principe d'ordre public qu'il faut absolument respecter partout où il n'y a pas été expressément dérogé. « Quoi de plus contraire, qu'un pareil trafic, à notre droit constitutionnel, et aux intérêts les plus élevés de la société, dit M. Demolombe ; il fausse, il pervertit ce grand principe d'égalité, en vertu duquel tous les Français sont admissibles aux emplois publics ; et, en même temps qu'il peut priver l'Etat de serviteurs intelligents, il ouvre par l'appât d'intérêts pécuniaires, la lice à toutes les intrigues, et met, pour ainsi dire, les emplois publics aux enchères, pour devenir le lot, non du plus capable, mais du plus offrant. »

Comme conclusion, nous dirons que, sauf les cas prévus par l'article 91 de la loi de finances du 28 avril 1816, un fonctionnaire ne peut traiter de sa démission avec un tiers. Les officiers appelés officiers ministériels ont seuls ce droit. Quant à ces derniers, ils peuvent par contre-lettre, obliger valablement et civilement leur successeur à payer un prix supérieur à l'évaluation de la Chancellerie ; aucun texte de loi ne leur enlève leur liberté à cet égard. Incontestablement des abus peuvent se produire, mais il n'appartient jamais ni aux commentateurs ni aux juges de corriger les imperfections de la loi.

# POSITIONS.

## DROIT ROMAIN.

I. — Le *jus pœnitendi* ne doit pas être appliqué dans tous les contrats innommés.

II. — La compensation proprement dite ne produit pas d'effets à l'égard des obligations naturelles.

III. — Les pactes nus engendrent une obligation naturelle.

IV. — L'engagement contracté par le pupille, sans l'*auctoritas* de son tuteur, est nul, à moins qu'il ne se soit enrichi.

V. — La sentence du juge éteint non-seulement l'obligation civile, mais même l'obligation naturelle.

VI. — La prescription laisse subsister l'obligation naturelle.

## DROIT FRANÇAIS.

### I. — CODE CIVIL.

I. — L'aveu de l'obligé ne nous paraît pas devoir être l'élément constitutif de l'obligation naturelle.

II. — Le créancier d'une obligation naturelle ne peut user du droit de rétention pour obtenir l'exécution de sa créance.

III. — L'obligation naturelle peut être ratifiée.

IV. — La prescription laisse subsister l'obligation naturelle.

V. — Les rentes féodales abolies par la Révolution française subsistent comme obligations naturelles.

VI. — Le jeu et le pari n'engendrent pas d'obligations naturelles.

VII. — Les contre-lettres, modifiant le prix de cession d'un officice ministériel, sont valables.

## II. — DROIT CRIMINEL.

I. — L'interdiction légale ne résulte pas d'une condamnation par contumace.

II. — La condamnation prononcée par un tribunal étranger ne peut pas servir de premier terme à la récidive.

## III. — DROIT COMMERCIAL.

I. — Le ministère public ne peut pas poursuivre comme banqueroutier un commerçant qui n'a pas été déclaré en faillite par le tribunal de commerce.

II. — La remise accordée au failli concordataire ne doit pas être soumise au rapport ni à la réduction.

## IV. — HISTOIRE DU DROIT.

Les mots « TERRA SALICA, » employés par les dernières rédactions de la loi salique, se rapportent aux terres du défunt acquises par succession.

## V. — DROIT INTERNATIONAL.

I. — Une femme française séparée de corps recouvre son indépendance quant à sa personne et peut, en conséquence, se faire naturaliser en pays étranger, sans l'autorisation de son mari ou de justice.

II. — Les étrangers ne jouissent en France que des droits civils qui leur sont accordés par un traité ou par une disposition expresse ou implicite de la loi.

Vu :

Ce 10 Août 1880.

*Le Doyen de la Faculté,*

*Président de la Thèse,*

DANIEL DE FOLLEVILLE.

Permis d'imprimer :

Ce 12 Août 1880.

*Pour M. le Recteur empêché,*

*L'Inspecteur d'Académie délégué,*

V. CUNE.

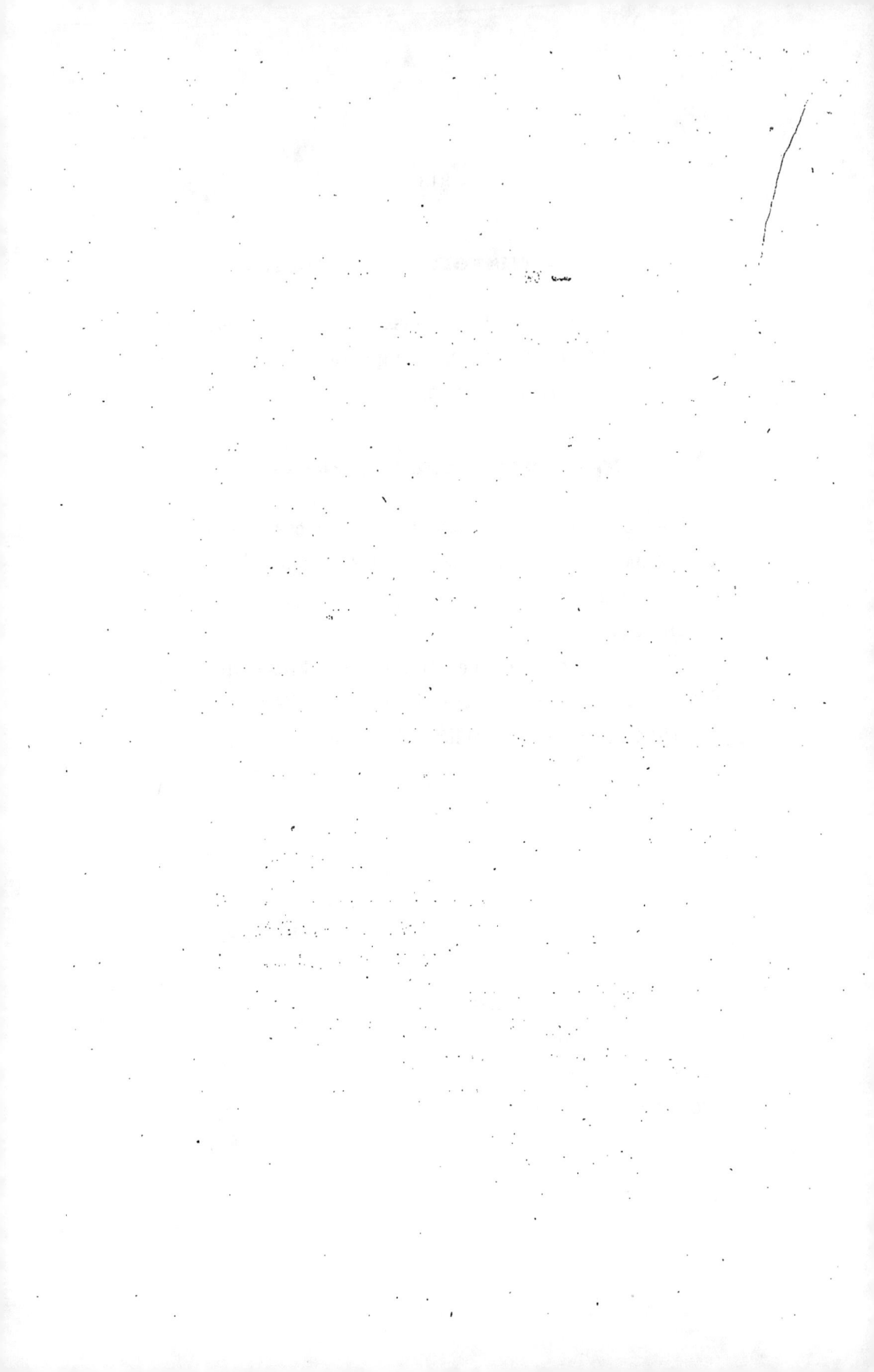

# TABLE DES MATIÈRES.

Introduction.

## DROIT ROMAIN.

# DROIT FRANÇAIS.

Arras. — Imprimerie G. DE SÈDE et Cⁱᵉ.

www.ingramcontent.com/pod-product-compliance
Lightning Source LLC
Chambersburg PA
CBHW060416200326
41518CB00009B/1371

* 9 7 8 2 0 1 4 5 2 3 8 5 0 *